权威·前沿·原创

皮书系列为
"十二五""十三五"国家重点图书出版规划项目

中国社会科学院创新工程学术出版资助项目

经济蓝皮书春季号
BLUE BOOK OF
CHINA'S ECONOMY (SPRING)

2017年
中国经济前景分析

ANALYSIS ON THE PROSPECT OF CHINA'S ECONOMY
(2017)

主　编／李　扬
副主编／李　平　李雪松　张　平

社会科学文献出版社
SOCIAL SCIENCES ACADEMIC PRESS（CHINA）

图书在版编目（CIP）数据

2017 年中国经济前景分析／李扬主编 . -- 北京：
社会科学文献出版社，2017.5
　（经济蓝皮书春季号）
　ISBN 978 - 7 - 5201 - 0717 - 4

　Ⅰ. ①2… 　Ⅱ. ①李… 　Ⅲ. ①中国经济 - 经济预测 -
研究报告 - 2017 ②中国经济 - 经济发展趋势 - 研究报告 -
2017 　Ⅳ. ①F123. 24

　中国版本图书馆 CIP 数据核字（2017）第 070785 号

经济蓝皮书春季号
2017 年中国经济前景分析

主　　编／李　扬
副主编／李　平　李雪松　张　平

出 版 人／谢寿光
项目统筹／邓泳红
责任编辑／宋　静　彭　战

出　　　版／社会科学文献出版社·皮书出版分社（010）59367127
　　　　　　地址：北京市北三环中路甲 29 号院华龙大厦　邮编：100029
　　　　　　网址：www. ssap. com. cn
发　　　行／市场营销中心（010）59367081　59367018
印　　　装／北京季蜂印刷有限公司

规　　　格／开　本：787mm × 1092mm　1/16
　　　　　　印　张：20.5　字　数：268 千字
版　　　次／2017 年 5 月第 1 版　2017 年 5 月第 1 次印刷
书　　　号／ISBN 978 - 7 - 5201 - 0717 - 4
定　　　价／79.00 元

皮书序列号／PSN B - 1999 - 008 - 1/1

本书如有印装质量问题，请与读者服务中心（010 - 59367028）联系

中国经济形势分析与预测
学术委员会

主要编撰者简介

李 扬 1981 年、1984 年、1989 年分别于安徽大学、复旦大学、中国人民大学获经济学学士、硕士、博士学位。1998～1999 年，美国哥伦比亚大学访问学者。

中国社会科学院前副院长。中国社会科学院首批学部委员。研究员，博士生导师。十二届全国人大代表，全国人大财经委员会委员。中国博士后科学基金会副理事长。第三任中国人民银行货币政策委员会委员。2011 年被评为国际欧亚科学院院士。

中国金融学会副会长。中国财政学会副会长。中国国际金融学会副会长。中国城市金融学会副会长。中国海洋研究会副理事长。

曾五次获得"孙冶方经济科学奖"著作奖和论文奖。已出版专著、译著 23 部，发表论文 400 余篇，主编大型金融工具书 6 部。主持国际合作、国家及部委以上研究项目 40 余项。

李 平 中国社会科学院数量经济与技术经济研究所所长、研究员，中国社会科学院重点学科技术经济学学科负责人和学科带头人。中国社会科学院研究生院教授、博士生导师，中国数量经济学会理事长、中国技术经济学会副理事长、中国区域经济学会副理事长。长期从事技术经济、产业经济等领域研究工作，主持参与多项国家重大经济问题研究和宏观经济预测，包括"我国未来各阶段经济发展特征与支柱产业选择（1996～2050）""中国能源发展战略（2000～2050）"等项目研究；参加"三峡工程""南水北调工程""京沪高速铁路工程"等国家跨世纪重大工程的可行性研究和项目论证。国家南水北调工程审查委员会专家，起草南水北调综合审查报告，国家京沪高速铁路评估专家组专家，代表作有《特大型投资项目的区域和宏观经济影响分析》《中国工业绿色转型》《"十二五"时期工业结构调整和优化升级研究》等。

李雪松 经济学博士，中国社会科学院财经战略研究院副院长、研究员，中国社会科学院研究生院教授、博士生导师，工信部工业经济分析专家咨询委员会成员，中国数量经济学会副理事长。曾在荷兰经济政策分析局、美国芝加哥大学经济系做访问研究。主要研究领域为宏观经济分析及宏观经济政策效应评价。在《中国社会科学》《经济研究》《数量经济技术经济研究》等刊物发表论文百余篇，著有《中国宏观经济模型及经济政策评价》《"十三五"及 2030 年发展目标与战略研究》《高级经济计量学》等。曾获中国社会科学院研究生院优秀教学奖、中国社会科学院优秀科研成果奖、中国社会科学院优秀对策信息奖、孙冶方经济科学奖，入选"新世纪百千万人才工程"国家级人选、国务院政府特殊津贴专家。

张 平 中国社会科学院经济研究所副所长，研究员，中国社会科学院研究生院教授，博士生导师。1988 年在中国社会科学院经济研究所从事研究工作至今，曾经参加和主持与世界银行、亚洲开发银行、世界劳工组织等多项国际合作；多次主持社科基金重大招标课题、社科院重大课题和国家交办的课题。在理论研究和调查的基础上写出了很多文章和论著，主要涉及的研究领域为中国经济增长、宏观政策和收入分配。合作三次获得孙冶方经济科学奖，独立完成的《增长与分享》和合作完成的《中国经济增长前沿》均获得中国社会科学院专著二等奖。

2009 年入选人力资源和社会保障部"新世纪百千万人才工程"国家级候选人。2011 年获得国务院颁发的表彰为发展我国社会科学研究事业做出突出贡献专家的政府特殊津贴（政府特殊津贴第 2010 - 293 - 001 号）。

摘　要

在世界经济处于深度调整期、"逆全球化"思潮和贸易保护主义倾向抬头和各类不确定性因素增加的国际背景下，2017年我国经济总体依然保持平稳较快增长，经济结构继续优化，就业基本保持稳定。预计2017年中国经济增长6.6%左右，实现年初预期6.5%的经济增长目标，继续保持在合理运行区间。预计2017年居民消费价格上涨2.1%；工业品出厂价格上涨6.4%。第三产业增加值占比继续提高，固定资产投资增速小幅回落，消费增速总体平稳，进出口增速下降，贸易顺差基本稳定，CPI与PPI背离的剪刀差有所缩小，居民收入稳定增长。

2017年应加大积极财政政策的实施力度，适度扩大财政赤字规模，以"稳增长"为目标，供给侧改革与扩大内需并重；有效降低企业税费负担，适当降低增值税税率，推进个人所得税改革；充分发挥积极财政政策在促进企业创新中的作用；推进财税体制改革，矫正供需结构错配和要素配置扭曲，提高资源配置效率。同时综合应用货币政策工具及创新，调控和引导货币总量增速，防范流动性风险。

目　录

皮书数据库阅读**使用指南**

慎言去全球化（代前言）

李　扬*

　　近年来，随着全球经济危机逐步深入，去全球化现象由微而著，并引起全世界越来越大的担心。这是一个关乎全局的大判断，因而必须认真分析，仔细推敲，不宜轻下结论。我们认为，与其说当今世界出现了去全球化趋势，毋宁说，主宰世界200余年的传统全球化范式渐趋式微，已经不能符合变化了的全球经济发展的需要。因此，世界正在通过各主要国家和地区的全面"再平衡"，积极探索全球化的新理念、新范式和新路径。

一

　　回溯200余年全球化的历程，我们不难发现，20世纪80年代之前的全球化，只是形成了少数发达经济体的俱乐部。在第一次世界大战之前，广大殖民地及落后国家进入全球经济体系，实是被其宗主国"裹挟"而入的；第二次世界大战之后的发展中国家及新兴市场经济体之进入全球经济体系，也是被发达经济体作为原料产地、商品市场和过剩产能转移地来看待和"辐射"的。这种全球化留下的最主要遗产，就是在这个世界上明显地形成了"中心－外围"体系，以及在世界秩序中的等级差别。在此基础上，进一步形成了"西方"和

---

　　* 李扬，中国社会科学院经济学部主任、国家金融与发展实验室理事长。

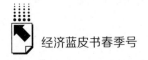

"东方","北方"和"南方"阵营的分野和对立。

在这种"中心－外围"全球体系中，发达经济体显然是主宰一切的"核心国家"，它们主要发展高附加值的服务业，特别是金融业，同时致力于"制造"并向其他国家输出各类的"规则""标准""秩序""最佳实践"。在另一端，作为全球经济体系的"外围国家"，广大新兴经济体承接了发达经济体的产业转移，依托低廉的劳动成本，以资源的浪费和环境的破坏为代价，主要从事传统的制造业，并以不合理的价差同发达经济体的服务产品相交换，同时，被动地接受各种冠以"国际惯例""最佳实践"等基于发达经济体之实践和价值标准之上的规则、标准、秩序和最佳实践。

依托这样的国际分工格局所形成的全球化经济，深刻地蕴含着失衡的因子。在亚洲金融危机之前，这种失衡，在规模上还不甚显著，因而尚可通过各国间的政策协调予以调整。亚洲金融危机之后，随着以中国为首的广大发展中国家的崛起，发达经济体，特别是美国的国际收支状况日趋恶化，失衡由微而著，终至不可收拾。在 20 世纪 90 年代之前，全球贸易赤字的 22% 集中于全球排名前五的国家；本世纪头十年，这五个主要国家便已经占据全球贸易赤字的 76%。当不平衡的问题变得规模巨大、长期延续且集中于少数国家时，这个世界就遇到了真正的难题。

为了平衡缺口，就有了核心国家日益依赖各种金融服务乃至径直用国际储备资产来与外围国家的制造业产品相交换的情形，进一步，则形成发达国家成为债务人、广大新兴市场经济国家成为债权人的荒谬局面。这正是传统的全球经济秩序失衡因而难以持续的主要原因。

现在，随着新兴市场经济体的崛起并成为全球经济增长的主要动力，完全由发达经济体主导的全球发展模式正在逐渐弱化。在这个意义上我们认为，所谓去全球化，其本质只是全球经济格局发生巨变的表现形式之一。

二

我们可以通过对比全球贸易增长率和 GDP 增长率的相对变化，得到准确把握全球化动态的标尺。以下四组数据清楚地显示了近年来全球化的变化轨迹。

1960～2015 年，按实际值计量，全球贸易平均增长率达到 6.6%，同期，全球 GDP 年平均增长率为 3.5%。这样一种相对增长，是全球化顺畅发展的表征。

然而，2008～2015 年，全球贸易年均增长率按实际值计量仅为 3.4%，同期，全球 GDP 年均增长 2.4%。不仅贸易增速放缓，而且贸易增速与产值增速之间的差距也急剧缩小。

特别是 2011 年以来，全球贸易增长连续 5 年降至 3% 以下，勉强与 GDP 增长同步。这表明，各国经济开始"失联"，去全球化趋势显露。

2013～2015 年，全球贸易增长率甚至低于全球 GDP 增长的平均水平。世界银行 2016 年《发展报告》也尖锐指出："在商品领域，85% 的产品系列贸易增长放缓，其中资本品和中间产品的贸易增长放缓最为明显。"贸易增长低于经济增长，而且连年持续，说明去全球化已经蔚成趋势。

以上数据告诉我们，去全球化的趋势，自本轮危机开始便在酝酿，2013 年则进入了加速进程。

三

全球化是一个可以使得参与各国都得到好处的进程，当然，居于这个进程主导地位的发达经济体，分润了更多的好处。迄今为止，发达经济体使用的能源远高于全球的平均水平；它们享受的生态环境优于别国，而这在很大程度上正是全球产业分工的结果；它们至今仍然处在全球整个资本、商品及服务流的高端；它们是全球教育体系的中心；它们是最大的旅游目的地；更重要的是，它们至今仍然是绝大多数国际规则的制定者，并仍然不断挥舞着这些规则在责难直至"制裁"他国；如今世界 500 强的公司，多数仍是西方国家的公司。

然而，正是这些享受着全球化最大好处的国家，如今正在去全球化的浪潮中推波助澜。仔细分析，其缘由是多重的。

这首先是因为，经济全球化的发展，出人意料地产生了动摇发达经济体在全球经济发展中主导地位的结果。一方面，发达经济体作为全球金融风暴的中心，举凡经济发展方式、经济结构、财政结构以及金融结构等，均存在严重的缺陷，这些缺陷长期不得调整，导致以发达经济体为主导的传统全球化格局渐入迟暮。另一方面，新兴经济体的崛起，特别是近年来新兴经济体经济实力的增强，彻底改变了全球经济版图，为全球经济发展增添了大量新因素。可以合理地预见，在未来的全球发展中，广大发展中国家和新兴市场经济体将发挥日益重要的作用。

传统全球治理机制"礼崩乐坏"，是发达经济体走向全球化对立面的又一原因。前已述及，第二次世界大战以来，在美国等发达经济体主导下，国际社会在几乎所有领域中都建立了专门的治理机构，并相应制定了专业化的治理规则、最佳实践和惯例。这些机构及其运行规则，共同构成了完备的全球化治理机制。这些机构、规则和机制一向运转有效，但显然未能经受住本轮危机的冲击。2007 年以来全球反危机的实践告诉我们：现行的全球治理机制，既不能有效应对传统挑战，更无法适时应变日趋复杂的非传统挑战，几乎所有的国际治理机构和治理机制都已失灵。可以认为，第二次世界大战以来建立的以美国为主导的国际治理体系已经开始崩塌。近年来，全球举行双边、多边峰会的次数远远超过历史上任何一个时期，但世界仍不安宁，便是全球治理机制"礼崩乐坏"的明证。

总之，数百年来，发达经济体已经习惯了与广大发展中国家和新兴经济体保持巨大落差的优越地位，他们不能接受广大后发国家"赶上来"的现实；一旦这种状况出现，他们不由自主地就会发出特权和优越感丧失的哀鸣。美国总统奥巴马 2015 年 10 月 5 日在《跨太平洋伙伴关系协定》（TPP）达成协议后发表的声明，就清晰地表达出他们的内心语言："当超过 95% 的潜在客户生活在我们的国境之外，我们不能让像中国这样的国家书写全球经济的规则。"

四

如果将自全球危机开始显现的去全球化浪潮完全归结为某种背离历史发展的逆流，甚至归诸"阴谋"，那肯定过于简单，甚至是偏颇的。因为，去全球化有其"不得不为之"的必然性，而且有着"纠偏"的必要性。

从发达经济体的立场考虑问题。我们先不妨以美国为例。奥巴马政府的一系列表态和表现，固然明白无误地表达了对传统全球化的否定，但是，其基本的趣向，还是要另辟蹊径，重塑全球化的格局，同时重拾对全球化的引领和掌控。TPP、TTIP 云云，本质上还是某种"另起炉灶"全球化方案。至于特朗普，虽然多有保护主义言论，而且其某些贸易保护主义的政策确实会产生去全球化的效果，但是，在"美国优先"的总方针下，我们还是看到了其推进全球化的新思路：一方面，他所领导的美国新政府不愿像历届美国政府一直热心做的那样，成为全球化之公共产品的主要提供者，他要求自己的盟友和类如中国这样的新兴大国也承担这种责任和成本；另一方面，美国新政府一改过去主要在多边框架下推动全球化并寻求美国利益的老路子，转而主要通过双边框架，一对一地推动同各国的经济交往并以此寻求美国利益的最大化。

　　广大发展中国家和新兴经济体也日益强烈地感觉到变化的必要性。不妨以中国为例。众所周知，长期以来，我国的经济发展方式严重地存在不平衡、不协调、不可持续的问题；经济增长对内过度依赖投资，对外过度依赖外需，是其主要表现。所谓"过度依赖外需"，无非指的是我国长期实行出口导向政策，从而造成进出口总额以及贸易和经常项目顺差占 GDP 比重过高。为了提高经济发展的质量，使得中国经济迈上新台阶，我们必须扭转这种状况。经过多年努力，这一目标已经基本达到：我国进出口总额占 GDP 比重最高时曾达到65%，2016 年已降至32%；我国贸易顺差占 GDP 比重也从最高时的16%，降至2016 年的4.5%，经常项目顺差占比更降到2.8%。应当说，经过持久不懈的努力，我国经济发展过度依赖外需的状况已经得到有效扭转。然而，倘若将这一成就置于全球化的框架中分析，结果又将如何呢？毋庸讳言，我国经济对外依存度不断降低的过程，中国经济发展方式这种从粗放和外延向精细和内涵的革命性转变，同时客观上产生了去全球化的结果。放眼世界，20 世纪中期以来，广大发展中国家大都采取了出口导向的发展战略，这种战略客观上都产生了促进全球化发展的结果；本轮金融危机以来，为了克服全球经济失衡，多数国家都对本国的出口导向发展战略进行了调整，从而大大减少了贸易顺差（或逆差）。多数国家都如此行事，合成的结果自然就是贸易增长低于 GDP 增长，显示出去全球化的趋势。

　　如果再将由贸易差额变化引致的资本流动的变化考虑在内，并考虑到各国都在致力于在本国内平衡储蓄和投资，那么，各国调整本国发展战略所产生的去全球化结果将更为明显。然而，我们注意到，在联合国贸发会议2017 年 2 月 1 日公布的《全球投资趋势监测报告》中，虽然全球跨国投资总量在减少，但在国别层面上显示出一些令人深思的新动态。当年引资排名第一的，就是那个宣称要搞保护主义的美国，引资 3851 亿美元，增长 11%；排名第二的则是刚刚"脱欧"因而被视为去全球化急先锋的英国，引资 1790 亿美元，增长了近 6 倍；中国排名则下降为第三，引资 1390 亿美元。这种情况似乎说明，改换一种思路或格局，围绕美、英展开的全球化，依然有着强劲的动力。

调整的必要性还存在于全球化成果的分配上。诚然，根据所有经济学专业的学生都学习过的比较优势理论，贸易参与双方均会收获"得自贸易的收益"，而且整体所得一定大于所失。然而，就在人们喜悦地看到"帕累托效率改善"总是伴随着国际分工和协作的深化如期而至之时，一个绕不开的福利问题越来越清晰地呈现在人们面前：全球化的深化固然使各方受益，但是，受益的程度可能有霄壤之别；当全球贸易带来的超额好处在危机逐渐深化过程中趋于消耗殆尽的今天，确保这些好处被广泛分享就变得无比重要。简言之，由贸易增长带来的收入分配效应，已经累积到不可忽视的程度了；平息利益受损者之不满，建设一个更为公平的世界，成为进一步推进全球化回避不了的严峻挑战。

如此看来，如果将国内因素和全球因素综合起来考察，如果将全球化之提高资源配置效率的效应同其收入分配和再分配效应结合起来分析，特别是，如果我们将以上因素置于世界各国都在推进本国经济发展方式变革的深刻背景下去分析，"去全球化"显然是一个原因、过程和结果都相当复杂的事情。我们倾向于认为，如今去全球化的种种现象确实证实了旧全球化模式之不可持续，然而，这些现象同时意味着，世界各国正在积极寻找本国发展战略与全球化步调相契合的新机制和新格局。

我们应慎言去全球化。

B.1
中国经济形势分析与预测

——2017年春季报告

"中国经济形势分析与预测"课题组*

要点提示

2017年，在世界经济处于深度调整期、"逆全球化"思潮和贸易保护主义倾向抬头、发达经济体政策外溢效应变数和不确定性因素增加的国际背景下，虽然面临国内产能过剩、经济增长内生动力不足、金融风险不断积聚等诸多困难，中国经济总体依然保持平稳较快增长，经济结构继续优化，就业基本保持稳定。

预计2017年中国经济增长6.6%左右，增速比上年略微回落0.1个百分点，可实现年初预期6.5%的经济增长目标，继续保持在经济增长的合理区间。主要考虑是：供给侧的主要因素持续减弱；需求侧的全球贸易低速增长，外部需求持续低迷且贸易保护主义抬头，内部需求结构分化；在财政收入增速下降和政府债务率较高的条件下，持续快速增长的基础设施固定资产投资后劲不足，投资收益率持续下降，投资对经济增长的拉动效应在不断减弱，而且民间资本投资大幅下滑，外商投资持续低迷；消费增速总体保持平稳小幅下滑趋势，过快增长的购房贷款将对整体消费产生长期不利影响。

预计2017年第三产业增加值占比继续提高，固定资产投资增速

---

* 课题总负责人：李扬；执行负责人：李平、李雪松、张平；执笔：李平、娄峰、樊明太、张涛、张延群、万相昱；参加起草的还有李文军、胡洁、刘强、刘生龙、蒋金荷、胡安俊、王怡等。

小幅回落，消费增速总体平稳，进出口增速下降，贸易顺差基本稳定，CPI 与 PPI 背离的剪刀差有所缩小，居民收入稳定增长。预计2017 年居民消费价格上涨 2.1%；工业品出厂价格上涨 6.4%。

总而言之，2017 年，我国经济增长将在新常态下运行在合理区间，结构调整取得积极进展，就业、物价保持基本稳定，中国经济不会发生硬着陆。

从税收政策模拟结果来看，①降低增值税税率有利于我国经济增长，有利于降低通货膨胀压力，从弹性系数上看，增值税税率每减少1 个百分点可以使我国 GDP 实际增速提高约 0.1 个百分点，而 GDP平减指数（反映物价总水平）降低约 0.4 个百分点；从产业结构上看，增值税税率每减少 1 个百分点可以使我国第一产业和第二产业名义增加值分别增加 0.3 个和 0.2 个百分点，而第三产业名义增加值减少约 1 个百分点。②降低增值税税率，虽然使我国政府税收总收入有所减少，但是该政策对我国的进出口影响显著，有利于我国出口，而且该政策可以提高我国社会福利总水平，从而有利于我国社会的和谐发展。

当前，我国经济下行压力持续存在，2017 年加大积极财政政策的实施力度十分必要。适度扩大财政赤字规模；当前应以"稳增长"为目标，供给侧改革和扩大内需并重；切实有效降低企业税费负担，适当降低增值税税率，推进个人所得税改革；均衡国民税赋，尽快实施房产税和遗产税；充分发挥积极财政政策在促进企业创新中的作用；推进财税体制改革，矫正供需结构错配和要素配置扭曲，提高资源配置效率。同时，综合应用货币政策工具及创新，调控和引导货币总量增速，防范流动性风险；继续实施差别化信贷政策，鼓励增量信贷支持双创和供给侧结构改革；保持合理的实际利率和社会融资成本，稳定人民币汇率合理波动预期；加强对金融转型和其杠杆过程中隐含的金融系统性风险的监测和防范。

一 当前国际经济环境分析

2016 年，全球经济总体呈现温和复苏的发展态势。国际大宗商品价格企稳，国际投资环境有所改善，发达经济体经济增速有所回升，而部分处于困境中的发展中国家也有望走出衰退低谷；然而，由于全球经济复苏进程缓慢且屡屡不及预期，金融市场的反复剧烈动荡、经济运行不确定性风险以及地缘政治冲突此消彼长，全球经济远未摆脱危机困扰，而伴随着不确定性因素的不断析出，未来全球经济将被迫直面经济内生增长动力匮乏和经济增速持续低迷、全球贸易萎缩和全球化贸易体系受挫、各国经济政策缺乏协调和流动性错配、地缘政治冲击加剧和全球收入分配格局恶化等一系列重大考验，脆弱的全球经济复苏进程很可能持续震荡反复。

自 2016 年以来，美国经济继续保持较好复苏态势。以能源与新技术革命为驱动，美国再工业化进程不断强化，民众对美国经济复苏的信心增强，政府财政整顿压力削弱，社会投资逐步回升。美元的持续走强促进了跨境资金回流，而低位震荡的国际大宗商品价格对生产和消费需求形成有效支撑，缓解了通胀压力。虽然美联储加息进程和特朗普政府政策导向的不确定性是美国经济面临的最大风险，但是美国经济增长的内生动力正在不断加强和积聚，原因在于：一方面，过度宽松的国际货币形势和脆弱的大宗商品价格走势显著加剧了美联储加息计划的政策准备和政策执行复杂程度，过于激进的去杠杆计划会对美国的经济基本面，尤其是劳动参与率、对外出口和国内通胀等指标造成严重冲击，加之其他发达经济体的货币政策对冲，美联储加息的频度和强度难免持续削弱；另一方面，特朗普政府在政策态势上的种种变数并未违背共和党传统执政原则，保守执政党必须不失时机地为新经济业态的形成与发展创造条件，结构性减税、宽松积极的财政

政策、扶植境内制造业、提高政府债务上限、重构国际经贸环境甚至
强硬而严格的移民政策都成为未来美国政府的常规化政策手段，而为
了防范或应对股市的下行风险，在现任美联储主席结束任期前后，美
联储货币政策甚至可能反转，以推动美国经济的结构性调整并实现新
一轮的增长周期。

欧元区乃至整个欧洲经济继续着异常艰辛而曲折的复苏进程。欧
洲央行持续升级的量化宽松政策以及各国政府不断推动的改革措施，
尽管起到了拉动内需和刺激投资的作用，但长期运行的负利率政策和
不断注入的流动性在加剧经济运行不确定性风险的同时，并未有效刺
激实体经济，宽松货币体系难以为继。而"英国脱欧"事件及其后
续影响、荷兰与法国等国家大选进程中民粹主义和极右翼势力抬头以
及土耳其与欧盟国家关系僵化等问题，给2017年的欧洲经济蒙上了
一层新的阴霾，所谓欧洲经济一体化进程实质性落空。总体而言，尽
管过程曲折，但是欧元区经济总体开始缓慢复苏。

近年来，日本通过多维度质化和量化的宽松货币政策以及积极的
财政政策来逐步提高经济活力，使通缩压力暂时缓解，出口稳步回
升，国内生产总值负增长局面得以扭转。然而，人口老龄化和经济增
长内生动力匮乏，仍是困扰日本经济的难题。进入负利率时代的日
本，面临高额的债务负担，从长期角度看负向影响了政府、央行和大
型企业对经济复苏的信心。作为"安倍经济学"核心内容的结构性
改革，至今仍无明确应对举措，不断拖延的改革进程将堆积日本经济
长期运行的风险。而短期看，日本股市和汇市的风险正在积聚。

新兴市场国家由于其自身经济结构不合理以及对境外投资依存度
高等因素，加之受美国货币政策常规化导致的资本外流、欧元区发达
国家对外需求不足和中国经济结构调整的外生影响，经济增速较前期
大幅放缓，并呈现出严重分化趋势。其中，印度在摆脱2016年货币
改革及其后续衍生问题的冲击后，人口结构优势将逐步显现，消费增

长态势转向良好，经济增速有望继续回升；巴西面临严重的经济负增长和通胀高企的滞涨状态，而经济的衰退导致了其政治局势的动荡，在国际大宗商品价格完全转入上升通道前，巴西难以彻底摆脱经济持续下滑的状态；南非现已风采不再，其内生经济增长动力严重匮乏，外部市场环境无明显改善，财政状况不断恶化，未来经济仍将持续低迷；通过对内调整经济结构和对外谋求国际关系再平衡，俄罗斯经济正在努力摆脱衰退状态，预计未来两年将实现正增长。总体而言，预计新兴市场国家和发展中经济体未来整体保持平稳增长态势，其经济运行风险主要来自跨境资本流动无序和大宗商品价格的波动，应重点防范系统性金融汇率市场风险对实体经济造成的冲击。

二 2016年中国经济形势回顾

1.经济运行缓中趋稳，对世界经济增长的贡献超过30%

2016年，我国经济结构调整加快，经济增长新动力不断积聚，全年实现国内生产总值74.4万亿元，增长6.7%，比2015年下降0.2个百分点，仍然处于合理的增长区间；分季度看，2016年第一季度至第四季度，GDP增速分别为6.7%、6.7%、6.7%、6.8%，经济增长呈现稳中趋升的发展态势。从国际比较看，2016年中国经济6.7%的增速位居世界第一，对世界经济增长贡献超过30%，成为增长最重要的发动机。

2.经济结构优化，劳动生产率不断提高

2016年，第一产业增速为3.3%，第二产业增速为6.1%，第三产业增速为7.8%，从而使第三产业比重不断提高，2016年达到51.6%，连续六年持续上升。2016年，消费需求对经济增长的贡献率达到64.6%，成为拉动经济增长的主引擎。从行业看，2016年，战略性新兴产业、高技术制造业发展势头良好，高技术产业增加值增长 10.8%，比规模以上工业快 4.8 个百分点，占规模以上工业增加值的比重为 12.4%。2016 年全员劳动生产率为 94825 元/人，比 2015 年提高 6.4%，虽然增速比上年略微下降，但下降幅度逐渐趋稳。

3. 固定资产投资增速平稳，民间投资大幅下降

2016 年全社会固定资产投资 60.6 万亿元，名义增长 8.1%，增速比 2015 年略微减少 1.4 个百分点。从区域上看，东部地区份额最大，中西部地区增速较快，东北地区出现负增长。从结构上看，在固定资产投资中，制造业投资增长 4.1%，基础设施投资增长 15.8%，房地产开发投资增长 6.9%，2016 年基础设施投资成为稳增长的主要动力之一，多拉动 GDP 增长 0.7 个百分点。值得注意的是，2016 年民间投资增速仅为 3.2%，比上年大幅降低 6.9 个百分点，显著低于固定资产总投资的整体增速，这是近十年来没有出现过的现象。

4. 中西部增速加快，区域格局不断协调

从增长速度看，2016 年增速最快的 10 个省（区、市）分别为西藏、重庆、贵州、天津、江西、云南、安徽、福建、宁夏、湖北，中西部地区占到 8 席，成为拉动中国经济增长的重要因素。从经济总量看，区域发展格局不断协调。东部、中部、西部和东北四大板块占全国 GDP 的比重分别为 52.3%、20.6%、20.3%、6.8%。总体而言，中部和西部 GDP 在全国的比重保持平稳小幅上升的发展趋势；东部地区稳中略降；东北地区显著下滑。

5. 供给侧改革效果显现，价格指数不断回暖

我国政府努力推进"三去一降一补"的供给侧改革，以钢铁、煤炭行业为重点去产能，2016 年退出钢铁产能超过 6500 万吨、煤炭产能超过 2.9 亿吨；同时，政府积极推动企业兼并重组，发展直接融资，实施市场化法治化债转股，工业企业资产负债率有所下降。中央政府出台了一系列减税降费、降低"五险一金"缴费比例、下调用电价格等降低企业成本的政策，在上述多种政策措施综合作用下，价格指数不断回暖，尤其是煤炭价格、钢铁价格在下半年大幅上涨，由此带动居民消费价格指数（CPI）、工业生产者出厂价格指数（PPI）、制造业采购经理指数（PMI）、非制造业商务活动指数都出现了不同程度的上升。其中，工业生产者出厂价格指数自2016年9月持续出现正增长，制造业采购经理指数自2016年8月一直处于50以上，供给侧结构性改革效果初显。

三 2017年中国经济预测

2017年是全面落实"十三五"规划的关键一年，也是深化推进供给侧结构性改革、企业转型升级的重要一年。在坚持稳中求进、改革创新背景下，在传统增长动力与新经济、新动能的共同作用下，经济运行的内在稳定性正在逐渐巩固。

根据中国宏观经济季度模型预测，2017年第一季度至第四季度，我国GDP增长率分别为6.9%、6.7%、6.6%、6.5%，呈现稳中微降的发展趋势，2017年全年GDP增长6.6%，比上年略微下降0.1个百分点，仍然保持平稳较快的合理增长区间。这种预测趋势与供给侧和需求侧两方面的现实情况相一致。

①从供给侧方面决定我国经济增长主要因素来看，近年来，我国劳动力持续减少，全要素生产率的增长率持续下降，而由于资本收益率的不断下滑，境外资本有回流迹象，国内部分制造业也有外迁之动向。

②世界经济复苏乏力且不断分化、"逆全球化"思潮和贸易保护主义倾向抬头、地缘政治冲突加剧等使外部需求持续低迷，加之中国对西方主要发达国家（尤其是美国）长期保持高额贸易顺差，由此带来的国家间贸易谈判压力加大，以上种种原因将导致我国货

物和服务贸易顺差减少,从而降低"净出口"对我国经济增长的拉动作用。

③在2016年基础设施投资大幅增长的基础上,2017年基础设施计划投资额继续大幅增长,依然成为拉动我国固定资产投资乃至促进GDP增长的主要动力之一,然而在目前我国财政收入增速下降和政府债务高企的条件下,基础设施投资大幅增长状态难以持久,后劲不足,而且伴随着投资收益率下降和资金使用率降低,"债务 - 投资"驱动经济稳增长模式的效果逐渐弱化;2017年,在中央防范金融风险、抑制资产泡沫,以及新一轮"限购""限贷""限售"等宏观调控政策下,房地产销售将逐渐降温和回落,这一方面将限制和降低房地产开发投资增速,另一方面也会削弱房地产对家电、家具、建材等行业拉动作用;导致民间投资增速和外商投资持续低迷的主要因素(利润不断下滑、盈利前景恶化、信用风险上升、融资成本过高、投资领域受限、市场壁垒难以真正破除等)没有得到显著改善,民间投资和外商投资将持续低迷。

④过高的房价不仅使企业生产和营运成本急剧上升、实体经济资金流失,而且这种中长期透支性购房消费使我国逐渐丧失经济增长持久内生动力,并进一步导致产业升级受阻、社会财富分化、资本外流、出口减少、社会道德水准下降、经济体的奖勤罚恶功能扭曲等一系列问题;2017年汽车购置税减免政策优惠力度减弱,加之2016年汽车消费增速快速上升导致基数较大,从而难以避免汽车消费增速再次跌入个位数增长;然而,令人欣喜的是,我国新技术引发新产业、新业态、新模式,新兴消费保持了旺盛的增长势头,显示出在供给侧结构性改革的推进和创业创新发展的影响下,新产业新业态继续加快成长,市场需求有所改善。

⑤信贷方面。2016年,我国信贷增速远高于社会预期,但从结构上看,信贷高速增长的主要原因是居民快速增加的购房贷款,而企

业中长期贷款占比大幅下降，由于企业中长期贷款代表着企业对未来经济发展的信心和前景展望，所以，从信贷结构上可以判断出，我国的实体经济未来发展短期内很难有明显改善，而实体经济是社会财富创造的基础和源泉，实体经济的萎缩必然导致中长期经济增长动力的匮乏。

⑥从经济先行指数角度来看，通过经济先行指数来判断经济运行趋势，是国际学术界进行经济预测的方法之一，根据中国社会科学院数量经济与技术经济研究所的中国经济先行指数（该指数由 12 个子指标构成），2017 年第一季度 GDP 增速是全年最高点，然后呈现平稳微幅下调的发展趋势。

2017 年第二季度至第四季度，预计全社会固定资产投资名义增速分别为 8.2%、7.8% 和 7.7%，2017 年全社会固定资产投资将达到 65.8 万亿元，名义增长 8.0%，实际增长 7.4%，增速分别比 2016 年小幅回落 0.1 个和 1.4 个百分点，整体而言，固定资产投资增速仍在小幅下调，但降幅进一步缩小。从投资结构上看，制造业固定资产投资、基础设施固定资产投资、房地产固定资产投资名义增长率分别为 3.5%、16.5% 和 5.2%，基础设施固定资产投资增速远高于制造业和房地产固定资产投资增速，这也意味着基础设施固定资产投资仍将成为 2017 年我国经济增长的主要动力之一。2017 年，民间固定资产投资增速为 4.4%，比上年上升 1.2 百分点，说明民间投资信心有所恢复，但是与往年平均增速相比，民间固定资产投资增速明显大幅偏低。从原因上看，天量 M2 投放带来的房价水涨船高，进而推动租金、人工等经营成本上升，导致企业生产和经营压力日益增加，而上游原材料价格的快速上涨使中下游企业经营压力进一步加剧。这也说明我国需要加快出台系列降税减费、破除市场壁垒、抑制房地产泡沫、调整信贷结构等措施，切实降低企业经营成本，提振民营资本发展信心，进一步激发实体经济投资热情。

2017 年第一季度至第四季度，预计 CPI 增长率分别为 1.4%、2.1%、2.5% 和 2.4%，呈现先升后降的发展态势，2017 年全年 CPI 增长率为 2.1%，比 2016 年略微增加 0.1 个百分点，依然处于温和上涨阶段。PPI 增长率第一季度至第四季度分别为 7.4%、6.6%、6.2% 和 5.4%，2017 年全年 PPI 增长率为 6.4%，增幅比 2016 年大幅增加 7.7 个百分点，通胀压力逐渐显现。从影响因素上看，目前经济仍然处于下行阶段，工资和居民收入增长减慢，实体经济活动还没有走出低迷，特别是产能过剩和企业债务杠杆率过高的问题还没有彻底解决，投资增速还将在未来一段时间在低位徘徊；进口价格指数大幅回升，将对 CPI 和 PPI 产生一定向上推动的作用；货币供给与经济增长相适应，不会对通胀产生明显的推动作用；农产品生产正常；综合以上影响物价变动的各个因素，2017 年我国物价水平将处于政策调控目标范围之内，物价上涨不会对经济增长产生负面的影响。

2017 年第一季度至第四季度，预计社会消费品零售总额名义增速分别为 10.0%、9.5%、9.4% 和 9.3%，呈现趋于平稳的发展趋势；2017 年社会消费品零售总额将达到 36.4 万亿元，名义增长 9.5%，实际增长 8.0%，增速分别比上年小幅回落 0.9 个和 1.6 个百分点，下降幅度逐渐收窄。

预计 2017 年农村居民人均纯收入实际增速和城镇居民人均可支配收入实际增速分别为 6.2% 和 5.5%，农村居民人均纯收入实际增速持续八年高于城镇居民人均可支配收入实际增速；财政收入 16.7 万亿元，增长 4.7%，财政支出 20.3 万亿元，增长 7.9%。

总之，2017 年中国经济增速将在新常态下运行在合理区间，就业、物价保持基本稳定，产业结构继续优化，增长质量继续提高。表 1 列出了 2017 年国民经济主要指标的预测结果。

表1 2017 年中国经济主要指标预测

指标名称	2016 年统计值（全年）	2017 年第一季度统计值	2017 年第二季度预测值	2017 年第三季度预测值	2017 年第四季度预测值	2017 年预测值（全年）
1. 总量						
GDP 增长率(%)	6.7	6.9	6.7	6.6	6.5	6.6
2. 产业						
第一产业增加值增长率(%)	3.3	3.0	3.1	3.4	3.1	3.2
第二产业增加值增长率(%)	6.1	6.4	6.1	5.9	5.8	6.0
第三产业增加值增长率(%)	7.8	7.7	7.7	7.6	7.4	7.6
第一产业对 GDP 增长的拉动(个百分点)	0.3	0.2	0.2	0.2	0.2	0.2
第二产业对 GDP 增长的拉动(个百分点)	2.5	2.5	2.4	2.3	2.3	2.3
第三产业对 GDP 增长的拉动(个百分点)	4.0	4.3	4.1	4.1	4.0	4.1
第一产业贡献率(%)	3.8	2.2	2.7	2.9	2.7	2.6
第二产业贡献率(%)	36.6	36.1	35.6	35.3	35.4	35.6
第三产业贡献率(%)	59.6	61.7	61.7	61.8	61.9	61.8
3. 投资						
全社会固定资产投资(十亿元)	60862	9553	19039	18537	18632	65761
名义增长率(%)	8.1	9.1	8.2	7.8	7.7	8.0
实际增长率(%)	8.8	8.6	7.5	7.0	6.8	7.4
房地产固定资产投资(十亿元)	10258	1929	3057	2911	2893	10790

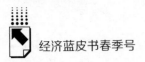
续表

指标名称	2016年统计值（全年）	2017年第一季度统计值	2017年第二季度预测值	2017年第三季度预测值	2017年第四季度预测值	2017年预测值（全年）
房地产固定资产投资名义增长率（%）	6.9	9.1	5.6	4.1	3.4	5.2
基础设施固定资产投资（十亿元）	15201	2471	5234	4934	5072	17711
基础设施固定资产投资名义增长率（%）	15.8	23.5	19.6	13.2	13.6	16.5
制造业固定资产投资（十亿元）	18784	2934	5645	5473	5390	19442
制造业固定资产投资名义增长率（%）	4.1	5.8	3.5	3.3	2.5	3.5
民间固定资产投资（十亿元）	36522	5731	11132	10683	10594	38140
民间固定资产投资名义增长率（%）	3.2	7.7	5.4	3.6	2.6	4.4
4. 消费						
社会消费品零售总额（十亿元）	33232	8582	8553	8924	10341	36400
名义增长率（%）	10.4	10.0	9.5	9.4	9.3	9.5
实际增长率（%）	9.6	8.4	7.9	7.8	7.8	8.0
5. 外贸						
进口总额（十亿美元）	1587	417	439	451	495	1802
进口增长率（%）	-5.5	24.0	12.7	8.8	10.6	13.5
出口总额（十亿美元）	2098	483	525	544	553	2105
出口增长率（%）	-7.7	8.2	1.2	-1.7	-4.6	0.3
货物贸易顺差（十亿美元）	511	66	87	93	58	303

续表

指标名称	2016年统计值（全年）	2017年第一季度统计值	2017年第二季度预测值	2017年第三季度预测值	2017年第四季度预测值	2017年预测值（全年）
6. 价格						
工业品出厂价格指数上涨率（%）	-1.3	7.4	6.6	6.2	5.4	6.4
居民消费价格指数上涨率（%）	2.0	1.4	2.1	2.5	2.4	2.1
核心CPI上涨率（%）	1.6	2.0	2.1	2.5	2.3	2.2
投资品价格指数上涨率（%）	-0.6	0.5	0.7	0.8	0.8	0.7
GDP平减指数（%）	1.2	1.2	1.4	1.6	1.5	1.4
7. 居民收入						
城镇居民人均可支配收入实际增长率（%）	5.6	6.3	5.5	5.3	5.1	5.5
农村居民人均纯收入实际增长率（%）	6.4	7.2	6.0	5.7	5.9	6.2
8. 财政收支						
财政收入（十亿元）	15955	4437	4723	3676	3865	16701
财政收入增长率（%）	4.8	14.1	1.3	2.4	1.3	4.7
财政支出（十亿元）	18784	4592	5438	4885	5346	20261
财政支出增长率（%）	6.9	21.0	6.2	4.4	3.0	7.9
财政赤字（十亿元）	-2829	-155	-715	-1209	-1481	-3560
9. 货币金融						
新增贷款（十亿元）	12650	4226	3609	2714	2568	13117
居民储蓄存款余额（十亿元）	59775	62552	62804	64153	64472	64472

指标名称	2016 年统计值（全年）	2017 年第一季度统计值	2017 年第二季度预测值	2017 年第三季度预测值	2017 年第四季度预测值	2017 年预测值（全年）
居民储蓄存款余额增长率(%)	9.5	7.7	8.0	8.2	7.9	7.9
M2(十亿元)	155007	159960	166331	169083	172688	172688
M2 增长率(%)	11.3	10.6	11.6	11.5	11.4	11.4
各项贷款余额(十亿元)	106604	110830	114439	117153	119721	119721
各项贷款余额增长率(%)	13.5	12.4	12.8	12.5	12.3	12.3
社会融资总额(十亿元)	17802	6930	3565	4053	3490	18038

四 基于可计算一般均衡模型的财政税收政策模拟

（一）政策模拟背景

"十三五"时期是中国实现经济增长方式转换的关键时期，也是我国建设创新型国家、全面建成小康社会的决战阶段，为此，中央明确提出"供给侧结构性改革"重大发展战略，习近平总书记也多次强调供给侧结构性改革一定要"降成本"。目前，从国内环境上看，我国企业综合税负偏高，负担过重，实体经济利润空间不断收窄，由此，企业、社会团体和学术界的"减税"呼声日渐高涨；从国际环境来看，美国新任总统上任后，大幅降低企业所得税，使现行所得税税率从35%降至15%；英国 2016 年也公布下调企业所得税税率计划，从20%调低至15%以下；印度 2017 年初分别下调了个人所得税、消费税和服务税等的税率，以刺激国内需求。因此，在这种国际国内大背景下，降低税负既是促进我国实体经济复苏的关键措施，也是减缓资本外流压力、激发经济体活力、提高我国企业竞争力的迫切需求。

为此，从经济系统论角度，根据我国最新的投入产出表和我国税收结构的现实特征，编制了中国财政税收社会核算矩阵，构建出中国财政税收可计算一般均衡（CNT – CGE）模型，并模拟分析了增值税税收相关制度改革。

（二）中国增值税改革可计算一般均衡（CGE）模型的模拟实证分析

在全面"营改增"之后，增值税成为我国财税收入的主要构成之一，2016年增值税在国家财政税总收入中的占比最大，因此，本报告进行如下政策模拟。

1.政策模拟 I

模拟假设：降低企业增值税税率，将现有四档增值税税率（17%、11%、6%、3%）全部下调到原来的13/17（即 rvat（i）= 0.7647 × rvat0（i），rvat0（i）为行业原增值税税率，rvat（i）为变动后的行业增值税税率），其他条件不变，模拟对国内生产总值、产业结构、居民收入和居民消费、政府收入和政府消费、进出口、社会福利等宏观经济变量的影响，模拟结果如表2所示。

表2　政策模拟 I 中的主要宏观经济变量增长率

单位：%

变量名称	增长率	变量名称	增长率
实际 GDP	0. 4093	农村居民实际总收入	1. 4769
名义 GDP	− 1. 0996	城镇居民实际总收入	0. 4479
GDP 平减指数	− 1. 5027	农村居民总储蓄	− 0. 0484
第一产业增加值（名义值）	1. 1497	城镇居民总储蓄	− 1. 0580

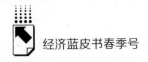

续表

变量名称	增长率	变量名称	增长率
第二产业增加值（名义值）	0.4920	增值税	− 21.1155
第三产业增加值（名义值）	− 3.3912	营业税	− 4.0421
总储蓄	− 14.5901	消费税	− 1.2512
固定资产总投资	− 11.9886	其他间接税	− 1.3971
总进口	− 1.3987	关税	− 1.8564
总出口	16.2820	城镇居民个人所得税	− 0.0480
贸易顺差	83.5851	农村居民个人所得税	− 1.0132
农村居民名义总收入	− 0.0480	企业所得税	0.5658
城镇居民名义总收入	− 1.0615	政府总收入	− 5.8385
社会福利变量增长量（水平 Value 值）			
社会福利增加额 1110.1438 亿元			

　　表2显示，降低企业增值税税率，将增值税的普通税率从17%下调到13%，在其他条件不变的假设条件下，我国实际 GDP 将提高0.4%，这说明该政策有利于提升我国 GDP 实际增长率，有利于我国经济增长；从产业上看，第一产业和第二产业的名义增加值分别提高1.1%和0.5%，但第三产业的名义增加值却下降3.4%，这说明该政策虽然会使第三产业增速降低，从而减少第三产业在国民经济中的比重，但由于第一产业和第二产业主要由实体经济部门构成，因此该政策总体有利于我国的实体经济发展，有利于巩固我国经济中长期发展的基础和动力；另外，GDP 平减指数下降1.5%，该政策降低了企业生产成本，从而使产品的销售价格下降，最终使总体价格水平有所下降，这说明该政策有利于减缓和抑制我国通货膨胀压力。

　　从贸易上看，该政策下，我国出口提高16.28%，进口下降1.4%，说明该政策可以有效提高我国产品的国际价格竞争力，促进我国出口显著提升；由于模型中设定我国汇率固定不变，因此，随着我国出口水平的大幅提高和进口水平的略微下降，我国货物贸易顺差大幅提高83.6%。其原因在于随着企业增值税税率的下调，我国企业的生产成本降低，国内产品价格也随之下降，从而使我国产品价格相对便宜，因此刺激了国内外市场对我国产品的需求，又由于国内外产品替代性的存在，因此，我国出口增加、进口减少。

从居民收入上看，虽然物价总水平的降低使农村居民和城镇居民的名义总收入分别下降0.05%和1.1%，但扣除价格因素，我国农村居民和城镇居民的实际总收入分别增加1.48%和0.45%，这说明该政策有利于我国居民的收入水平提高，而且农村居民的实际收入增速大于城镇居民，因此有利于缩小我国城乡居民收入差距。

从税收结构上看，该政策下，政府的增值税收入大幅减少21.1%；并导致营业税、消费税、其他间接税、关税、城镇居民个人所得税和农村居民个人所得税分别下降4.04%、1.25%、1.40%、1.86%、0.05%和1.01%；而企业所得税反而增加0.57%，从而导致政府税收总收入下降约5.8%，说明该政策总体会使政府收入下降，但是企业所得税的增加也从侧面反映了该政策促进了企业利润增加，有利于我国企业的长期发展，符合国家供给侧结构性改革所倡导的"降成本"发展战略。

另外，该政策下，社会福利增加额为1110.14亿元，说明该政策总体可以有效提高社会总福利，有利于我国的社会和谐发展。

表3显示，从行业角度上看，该政策方案下，总体而言，第一产业和第二产业的国内总产出普遍有所增加，而第三产业的总产出有所减少。其中通信设备、计算机及其他电子设备制造业，仪器仪表及文化办公用机械制造业，纺织业，纺织服装鞋帽皮革羽绒及其制品业的国内产出增幅最大，分别为31.9%、20.6%、12.9%和10.0%；几乎所有行业的产出价格水平均有所下降，其中，批发和零售贸易业，煤炭开采和洗选业，通信设备、计算机及其他电子设备制造业的产出

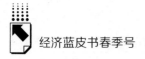

表3　政策模拟 I 中的主要经济变量分行业变化率

单位：%

行业	国内总产出	总产出价格	资本形成	居民总消费	政府消费	出口	进口
农林牧渔业	1.2713	-0.4587	-12.9139	-0.162	-5.411	3.1508	0.3098
煤炭开采和洗选业	0.5202	-2.8626	UNDF	2.4197	UNDF	12.9034	-5.2811
石油和天然气开采业	2.875	-2.2286	UNDF	UNDF	UNDF	12.5805	-1.8524
金属矿采选业	1.6265	-1.8008	UNDF	UNDF	UNDF	9.2888	-2.0758
非金属矿及其他矿采选业	-3.6146	-1.4729	UNDF	UNDF	UNDF	2.2795	-6.6957
食品制造及烟草加工业	1.4967	-1.2166	UNDF	0.4656	UNDF	6.5899	-1.5281
纺织业	12.8775	-1.6331	UNDF	1.2468	UNDF	20.5622	5.1307
纺织服装鞋帽皮革羽绒及其制品业	10.0124	-2.0459	UNDF	1.785	UNDF	19.4952	0.2828
木材加工及家具制造业	-2.0611	-1.4519	-11.7947	0.8058	UNDF	3.8396	-6.7582
造纸印刷及文教体育用品制造业	2.7458	-1.653	-11.777	0.8083	UNDF	9.8295	-1.6805
石油加工、炼焦及核燃料加工业	0.5102	-2.0485	UNDF	1.0449	UNDF	9.1856	-3.8992
化学工业	4.2829	-1.6774	UNDF	1.0099	UNDF	11.5832	-0.3881
非金属矿物制品业	-6.8882	-1.6969	UNDF	0.71	UNDF	-0.2907	-10.1542
金属冶炼及压延加工业	-0.0647	-1.4869	UNDF	UNDF	UNDF	6.1067	-4.5279
金属制品业	0.8745	-1.7485	-11.6004	1.0004	UNDF	8.2494	-4.0736
通用、专用设备制造业	-2.5865	-1.8675	-11.4084	1.2121	UNDF	5.0432	-10.0659
交通运输设备制造业	-4.5038	-2.0779	-11.4832	1.3034	UNDF	3.8636	-9.5866
电气、机械及器材制造业	-0.0609	-1.8321	-11.4634	1.1954	UNDF	7.6113	-6.5235

行业	国内总产出	总产出价格	资本形成	居民总消费	政府消费	出口	进口
通信设备、计算机及其他电子设备制造业	31.9265	-2.2404	-10.8254	2.1169	UNDF	44.4421	10.8039
仪器仪表及文化办公用机械制造业	20.5639	-1.9251	-11.8273	0.8007	UNDF	30.3127	1.5278
工艺品及其他制造业(含废品废料)	0.6053	-1.3205	-12.2683	0.2581	UNDF	6.0994	-3.1957
电力、热力的生产和供应业	1.0491	-2.2087	UNDF	1.6086	UNDF	10.945	-3.5891
燃气生产和供应业	1.1228	-1.6524	UNDF	0.8288	UNDF	8.0922	-2.2372
水的生产和供应业	1.9007	-1.5372	UNDF	0.8348	UNDF	8.4147	-2.509
建筑业	-11.733	-1.1671	-12.277	0.1078	UNDF	-7.4891	-13.8418
交通运输及仓储业	-1.4971	-0.7893	-12.6132	0.0657	-5.0843	1.6752	-3.2455
邮政业	0.7042	-0.9492	UNDF	0.157	UNDF	4.6203	-1.6074
信息传输、计算机服务和软件业	-2.6946	-0.5767	-12.7912	-0.1296	UNDF	-0.4172	-3.9603
批发和零售贸易业	3.2233	-3.0131	-10.0008	2.787	UNDF	16.6607	-6.8192
住宿和餐饮业	-0.1192	-0.723	UNDF	-0.2529	UNDF	2.8223	-1.9098
金融业	1.3627	-0.0854	UNDF	-0.9291	-5.7553	1.7095	1.1682
房地产业	-3.2857	0.0434	-13.3452	-0.7476	UNDF	-3.4533	-3.2017
租赁和商务服务业	2.8076	-0.9578	UNDF	0.0394	-4.8072	6.8426	-0.872
研究与实验发展业	1.0961	-0.9456	UNDF	UNDF	-5.1211	5.012	-0.9159
综合技术服务业	-2.4383	-0.5909	-12.7928	UNDF	-5.2794	-0.0978	-3.5918
水利、环境和公共设施管理业	-2.6626	-0.8109	UNDF	-0.2351	-5.0703	0.5598	-4.2459
居民服务和其他服务业	0.154	-0.6908	UNDF	-0.2622	UNDF	2.9701	-1.7612
教育	-3.9063	-0.2817	UNDF	-0.454	-5.5735	-2.8158	-4.4506

续表

行业	国内总产出	总产出价格	资本形成	居民总消费	政府消费	出口	进口
卫生、社会保障和社会福利业	-1.6877	-1.0661	UNDF	0.142	-4.823	2.619	-3.7881
文化、体育和娱乐业	-1.3242	-0.6475	UNDF	-0.2581	-5.237	1.2735	-2.9628
公共管理和社会组织	-5.4013	-0.4018	UNDF	UNDF	-5.4588	-3.8654	-6.1662

注：UNDF 表示该行业初始值为零。

价格下降最多，分别下降 3.0%、2.9% 和 2.2%；由于政府收入的减少，各行业原有的政府消费均有所减少，普遍下降约 5%。

表 3 还显示，该政策下，我国各行业出口大多数均有所增加，其中，通信设备、计算机及其他电子设备制造业，仪器仪表及文化办公用机械制造业，纺织业的出口增幅最大，分别为 44.4%、30.3% 和 20.6%，说明该政策可以使我国产品，尤其是通信设备、计算机及其他电子设备制造业，仪器仪表及文化办公用机械制造业，纺织业的国际竞争力水平提升，有利于我国企业参与国际竞争。从经济理论上看，进出口增幅主要取决于该行业的需求替代弹性系数，由于这些行业的替代弹性系数相对较大，因此在生产条件发生变化时，这些行业发生较大的变动。

2. 政策模拟 II

模拟假设：降低企业增值税税率，将现有四档增值税税率全部下调到原来的 15/17、13/17、11/17、9/17（即 rvat（i）= 15/17 × rvat0（i）；rvat（i）= 13/17 × rvat0（i）；rvat（i）= 11/17 × rvat0（i）；rvat（i）= 9/17 × rvat0（i），rvat0（i）为行业原增值税税率，rvat（i）为变动后的行业增值税税率），其他条件不变，模拟对国内

生产总值、产业结构、居民收入和居民消费、政府收入和政府消费、进出口、社会福利等宏观经济变量的影响，模拟结果如表4所示。

表4 政策模拟Ⅱ中的主要宏观经济变量的变化率

单位：%

变量名称	增值税税率 rvat(i) =				平均弹性系数
	0.8824 × rvat0(i)	0.7647 × rvat0(i)	0.6471 × rvat0(i)	0.5294 × rvat0(i)	
实际GDP	0.1962	0.4093	0.6563	0.8479	0.1039
名义GDP	−0.5211	−1.0996	−1.8154	−2.723	−0.2946
GDP平减指数	−0.7159	−1.5027	−2.4556	−3.5408	−0.3964
第一产业增加值（名义值）	0.5532	1.1497	1.7029	2.3143	0.2843
第二产业增加值（名义值）	0.1461	0.492	1.4488	3.0368	0.2043
第三产业增加值（名义值）	−1.5045	−3.3912	−6.2884	−10.3837	−0.9865
总储蓄	−6.3002	−14.5901	−28.4262	−48.7649	−4.4077
资本形成	−5.0903	−11.9886	−23.9221	−41.7821	−3.6880
总进口	−0.8027	−1.3987	−1.1334	0.4012	−0.2224
总出口	6.8952	16.282	32.8516	58.0016	5.0609
贸易顺差	36.1981	83.5852	162.2185	277.2622	25.1724
农村居民收入	−0.0045	−0.0480	−0.1922	−0.4879	−0.0268
城镇居民收入	−0.5134	−1.0615	−1.6823	−2.3969	−0.2755
增值税	−10.4629	−21.1155	−31.8217	−42.7576	−5.2897
营业税	−1.769	−4.0421	−7.6796	−12.8775	−1.1962
消费税	−0.5441	−1.2512	−2.4474	−4.2326	−0.3805
其他间接税	−0.5975	−1.3971	−2.8164	−4.9671	−0.4346
居民所得税	−0.4689	−0.9727	−1.5506	−2.2262	−0.2536
企业所得税	0.3101	0.5658	0.6708	0.5392	0.1189
关税	−1.0199	−1.8564	−1.8729	−0.5934	−0.3401
政府总收入	−2.8394	−5.8385	−9.1557	−12.8667	−1.5034
社会福利变量增长量（水平Value值）					
社会福利增加额	519.9287 亿元	1110.144 亿元	1830.647 亿元	2672.724 亿元	

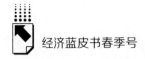

表4显示，该政策有利于我国实际GDP增长，有利于我国降低通货膨胀压力，从弹性系数上看，增值税税率每降低1个百分点可以使我国GDP实际增速提高约0.1个百分点，而GDP平减指数（反映物价总水平）增加约0.4个百分点；从产业结构上看，增值税税率每降低1个百分点可以使我国第一产业和第二产业名义增加值分别增加0.3个和0.2个百分点，而第三产业名义增加值减少约1个百分点。

从贸易上看，该政策对我国的进出口影响显著，尤其是对出口的影响巨大，平均弹性系数表明，在汇率保持不变的前提条件下，增值税税率每降低1个百分点可以使我国出口大幅增加5.1个百分点，贸易顺差更是大幅提高约25个百分点，当然在实际经济中，我国出口的快速提升和贸易顺差的大幅增加，肯定会使人民币汇率升值压力骤增，甚至会激发国际贸易保护倾向进一步抬头，从而引起贸易摩擦和贸易制裁，进而削弱该政策的实际效果，但基本方向应该一致。

从政府的税收来源结构上看，增值税税率每降低1个百分点可以使我国增值税、营业税、消费税、其他间接税和居民所得税分别下降5.29个、1.20个、0.38个、0.43个和0.25个百分点，而企业所得税反而上升0.12个百分点；总体来说，增值税税率每降低1个百分点可以使我国政府税收总收入下降1.5个百分点。

另外，该政策下，社会福利水平分别增加519亿元、1110亿元、1830亿元和2672亿元，增值税税率每降低1个百分点可以使得我国社会总福利增加约294亿元，说明该政策总体可以提高我国社会总福利，从而有利于我国社会和谐发展。

五　政策建议

（一）以降低宏观税负为重心加大积极财政政策实施力度

当前，我国经济依然面临着结构性减速压力，由于短期平衡经济波动的有效手段主要来自需求侧，因此，在经济存在下行压力时，加大积极财政政策的实施力度仍是宏观调控的重要措施。然而，财政收入持续低速增长，实施积极财政政策的难度显著增加，当前应以"稳增长"为积极财政政策的核心目标，支持供给侧改革和扩大内需并重两手抓，将积极财政政策的重心从结构性减税深化为降低宏观税负。采取适度扩大财政赤字规模、切实减轻企业税费负担、推进个人所得税改革、加强财政风险防控及提高财政资金使用效率；加快构建新的地方税体系，适度扩大地方财政税源；做好地方政府债券置换工作，认真防范地方政府债务风险。

1. 当前应以"稳增长"为目标，支持供给侧改革和扩大内需并重

首先需要明确当前积极财政政策的核心目标及其实现路径。经济理论表明，供给与需求是推动经济增长的两方面基本力量。只有供给与需求彼此适应、协调均衡提升，长期的经济增长才能实现。因此，以"稳增长"为核心目标的积极财政政策，应着力对供给与需求两方面发挥其重要作用。当下，支持供给侧改革与扩大内需是积极财政政策促进经济增长的两个主要实现途径。一方面，积极财政政策要大力支持供给侧改革，核心是为实体经济减轻税费负担和经济结构调整提供有力支撑。另一方面，积极财政政策要在扩大市场需求方面下功夫，努力改善企业发展的需求环境。企业发展的原动力在于市场需求，如果没有市场需求，企业就没有发展的空间和动力源泉。需要特别强调的是，在目前复杂的经济形势下，应有意识地加强积极财政政策对扩大内需的作用，如何有效启动市场需求是至关重要的问题。

2. 切实有效减轻企业税费负担，适当降低增值税税率，推进个人所得税改革

2016 年 7 月 26 日，中共中央政治局会议明确提出了降低宏观税负的要求。近几年实施的结构性减税政策对降低企业税负无疑起到了积极作用，我国税收占国内生产总值的比重呈现下降趋势；然而，总体上看，我国企业的宏观税负依然处于较高水平，具体体现在非税收入快速增长、个人所得税增长过快、企业增值税负担过重等方面。当前在我国经济增速减缓、企业利润增速下滑的形势下，积极财政政策的一个核心内容是减轻企业税费负担，减轻企业税费负担有利于帮助企业，尤其是中小企业恢复活力，从而促进企业增加投入、扩大生产、增加就业、刺激产业发展。政策模拟也显示：适当降低增值税税率有助于我国实际 GDP 增长，有利于降低通货膨胀水平，有利于我国出口和社会福利提高等；并且要进一步清理不合理收费为企业减负。同时，推进个人所得税改革势在必行，个人所得税改革应按结构性减税的方向进行，即应以降低中低收入群体的个人所得税水平、提高高收入群体所得税水平为基本方向。

3. 均衡国民税赋，尽快实施房产税和遗产税

目前，我国高度依赖流转环节的课税。换句话说，我国主要依赖向劳动者课税，而对资产持有和资本利得课税力度远低于世界平均水平。就税赋公平而言，单纯向劳动者课税（而不向食利者课税），基本忽视对资产持有和资本利得课税，这不仅背离公平和效率原则，而且削减了税收引导资本流向生产和消费的基本功能。目前房价的过快上涨对经济、社会产生了巨大负面影响，不仅抑制了人们除购房以外的其他需求，挤压了制造业发展空间，削弱了实体经济发展根基，从而使我国经济增长中长期内生动力不足；而且，使社会财富快速向少数富人手中聚集，使居民收入分配差距进一步拉大，从而容易激化社会矛盾，影响社会和谐；因此，我国迫切需要尽快实施累进制的房产税和遗产税。

4. 充分发挥积极财政政策在促进企业创新中的作用

应确保财政科技投入的增幅明显提高，形成多元化、多渠道、高效率的科技投入体系。从促进科技创新角度出发，大幅度增加对

科研机构基础研究和产业应用研究的投入。综合运用税收激励政策、无偿资助、贷款贴息、风险投资、后补助、偿还性资助等多种投入方式，对企业的技术创新活动给予重点支持，发挥财税政策的导向和分担风险作用，鼓励和吸引更多的企业资金进入技术进步和创新领域。

5. 推进财税体制改革，矫正供需结构错配和要素配置扭曲，提高资源配置效率

首先，分税制带来的市场分割、户籍制度对劳动力自由流动的阻碍、金融领域的资源错配等问题是造成国内资源错配和效率损失的重要因素。要积极完善分税制，推进中央与地方事权和支出责任划分改革使中央与地方的事权和财权相匹配。一方面，适度提高地方政府的财权，适度提升地方财政的收入比例，适度扩大地方政府对现有财政资金的支配权，提高中央向地方财政的转移支付，使地方政府有更大权限支配财政资金；另一方面，厘清中央和地方的事权，教育、医疗、养老金、环境等部分事权回收中央，由中央财政统筹划拨，地方负责执行，由此理顺中央和地方的财权事权关系，激发地方政府的积极性。

其次，用好积极财政政策，促进收入分配调整。目前，城市和农村内部的差距非常大，城市最高收入组家庭平均总收入是最低组的约 12 倍，农村则高达 27 倍。收入分配改革应当成为供给侧结构性改革的重要内容。参与收入分配的劳动、资本、土地、技术等生产要素是经济增长的动力源泉，收入分配不合理，会影响各要素所有者参与社会财富创造的积极性。财政政策对调节初次分配过程中造成的过大收入差距具有重要的功能，通过优化财政转移支付制度，保障人民群众特别是低收入群体的基本生活，加大民生支出，逐步提高民生支出所占比例，有助于促进基本公共服务均等化。

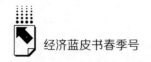

（二）货币政策要在审慎中性中改善流动性调控、引导金融增量配置

1. 调控和引导货币总量增速，防范流动性风险

近两年来，广义货币 M2 增长速度是放缓的，而且动态来看，它在相对低位呈非趋势性的波动，增速有升有降；而 M1 增速持续上涨，并且自 2015 年第四季度以来持续高于 M2 的增速，这种特征说明我国货币流动性在保持相对宽松的同时，货币供给的构成也发生了结构性的显著变化。M1 增速提高，直接原因在于单位活期存款增长速度加快；M2 增速在相对低位呈非趋势性波动，是由于准货币增速在相对低位的非趋势性波动，特别是单位定期存款和其他存款的增速在相对低位的非趋势性波动，原因在于非金融企业在经济增速下行条件下长期资本投资意愿不足，短期流动性偏好增强，非金融企业在低利率条件下持有活期存款的机会成本降低，非金融企业对组合资产价格上涨预期，特别是对房地产价格上涨、股市价格上涨、人民币对美元汇率的贬值的预期，机关团体活期存款特别是其中的地方政府存在短期流动性偏好。

最近强调 2017 年货币政策要保持稳健中性，适应货币供应方式新变化，努力畅通货币政策传导渠道和机制，维护流动性基本稳定。但实践中，我国货币政策传导的有效渠道和机制受到现行金融结构和货币流动性结构的约束。隐含的是即使想稳健中性，有可能由于金融结构约束而难以实现。

因此，要实施货币政策稳健中性取向，一方面，必须加大力度改善金融结构、畅通货币政策传导渠道和机制，否则货币政策稳健中性的效果要打折扣；另一方面，在现行金融结构约束下，货币政策转向稳健中性还是要稳中有进，应避免由于货币政策过早转向稳健中性而促使 M2 增速过快下降，引发宏观流动性风险。这意味着要继续综合运用货币政策工具组合，动态调控和引导货币总量增速，保持货币总量的合理增长和银行流动性的合理宽松。

2. 继续实施差别化信贷政策，鼓励增量信贷支持双创和供给侧结构性改革

从信贷政策的角度来说，需要考虑贷款和社会融资存量的增长速度和结构配置，基于金融机构的贷款投向和社会融资规模来源进行分析。贷款和社会融资存量的增速和配置，相对应的是金融机构的资产方和非金融机构的负债方。

金融机构贷款增速，社会融资存量增速，作为货币政策的监测指标并不完全同步，自然会影响货币政策效应的判断及政策取向。社会融资存量的构成和增速的动态变动表明，对实体经济发放的人民币贷款余额同比增速稳中放缓、外币贷款余额同比降速扩大；非金融企业境内股票融资余额同比增速上升、债券融资余额同比升中放缓，委托贷款余额和信托贷款余额的增速回升，但未贴现银行承兑汇票余额降速扩大。从反映信贷政策的金融机构人民币贷款投向和结构看，我国金融机构人民币贷款投向住户、非银行业金融机构的比重都有所提高，但投向非金融企业及机关团体的比重降低；特别是住户购房购车等中长期消费贷款的比重继续稳步提高，非金融企业及机关团体的房地产开发、工业等的中长期贷款的比重则有所降低，房地产贷款的比重继续稳步提高。

相应的政策含义是：要根据宏观审慎评估和产业政策取向，继续实施差别化信贷政策，鼓励增量信贷支持供给侧结构性改革和实体经济发展，在增长中优化贷款和社会融资规模的存量配置。因此，在现行以银行为主导的金融结构下，必须发挥窗口指导和广义信贷政策的结构调整引导功能，通过差别准备金率、宏观审慎评估基础上的差别利率，引导信贷增量和金融配置支持国民经济重点领域和薄弱环节，鼓励信贷增量和金融配置支持双创和供给侧结构性改革。同时，必须

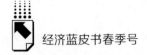

完善多层次资本市场建设，提高直接融资比重，通过债转股等降低实体经济的杠杆率和融资成本。最后，信贷增量和股权增量的配置必须有利于改善金融存量配置、支持实体经济，因此，房地产信贷方面必须支持存量房交易和用来住的房产更新改造。

3. 保持合理的实际利率和社会融资成本，稳定人民币汇率合理波动预期

利率作为金融资产的价格影响着社会融资的需求和供给。我国目前的名义利率处于相对低位，也由于美联储加息相应的利率平价效应而存在上升要求；不过，我国目前的利率受到经济增速压力相应的信贷需求抑制，在民间投资意愿不足的条件下名义利率的上调也受到抑制。据中国人民银行测算，银行间市场利率和实体经济贷款利率稳中回落趋势显著，基于社会融资规模统计框架计算的企业融资成本也缓步回落。

但是，随着我国通胀率的回升，如果名义利率不调整，我国实际利率有可能进一步下降。在现有金融结构下，这种实际利率下降如果不是创新和技术进步的产物，也会对金融体系造成冲击。因此，相应的政策含义是，必须跟踪、监测通胀率变动，发挥政策利率预期引导能力，稳定实际利率波动空间。

在我国经济增速面临动能转换和美国等发达经济体再工业化过程中，我国的外汇储备和国际资本外流面临着国际性冲击；不过，继续推进我国的人民币国际化和资本开放进程、应对国际性金融冲击，都需要我国保持一定规模的外汇储备。同时，很多实证研究也表明汇率波动对我国外向型企业，特别是存在金融信贷约束的外向型企业具有明显的影响。因此，相应的政策含义是：货币政策必须兼顾改善外汇储备结构与完善人民币汇率形成机制的动态平衡，要保持和完善贸易平衡、防范资本不合理外流从而调整和完善外汇储备规模和结构；同时，保持人民币汇率在合理均衡基础上的规范浮动，稳定人民币汇率预期，防范人民币汇率超调。

4. 加强对金融转型和其杠杆过程中隐含的金融系统性风险的监测和防范

我国经济在新常态中加快了结构转型和金融去杠杆进程，这虽然是我国经济下行压力的自然体现，但结构转型和金融去杠杆进程也可能隐含着金融系统性风险的显露；特别地，在房地产信贷、影子银行、互联网金融、地方政府债务平台、民间融资和跨境资本流动等高泡沫领域，由于存在市场机制缺失或监管能力不足，其隐含的金融风险随着转型的加快有可能显露并形成对宏观经济稳定的系统性冲击。这要求我国货币政策和金融监管把防范金融风险放到更加重要的位置。

国际金融危机以来各国中央银行都在考虑把金融稳定、宏观审慎评估引入货币政策框架，中国人民银行也于 2017 年一季度开始正式将表外理财纳入广义信贷范围进行宏观审慎评估，合理引导金融机构加强对表外业务风险的管理。不过，这种宏观审慎评估对货币政策和金融监管的影响还存在不确定性，因为必须考虑评估对象的博弈机制。

因此，相应的货币政策和金融监管的含义是：必须加强房地产信贷、影子银行、互联网金融、地方政府债务平台、民间融资和跨境资本流动等领域的资金流动和金融配置监测，结合宏观审慎评估加强金融监管，努力防控资产泡沫和重点领域的金融风险，同时要提高和改进监管能力，确保不发生系统性金融风险。

B.2
2016年中国农业农村
发展态势及政策建议

魏后凯　全世文*

摘　要：　在国家强农惠农富农政策的支持下，2016年中国农业农村经济持续稳定发展。粮食再获丰收，但粮食总产量较上年有小幅下降，结束了连续十二年的增长。第一产业在国民经济中的比重进一步下降。大米和小麦进口量上升，玉米进口量下降。农村居民收入持续增长，城乡收入比2.72；农村居民的消费结构进一步升级。受国际粮食价格下降的影响，国内三大主粮的生产者价格全线下降，但猪肉价格涨幅明显。总体上看，中国当前农业农村发展仍然具有较强的内生动力。但农业农村经济运行中的各种矛盾逐渐凸显，潜在的粮食供需矛盾依然存在，农业面源污染和农产品质量等安全问题突出，农业的国际竞争力趋弱，农民进一步增收的压力较大。为此，要调整国家粮食安全政策的思路，强化对农业国际竞争力的重视，建立保障农民持续增收的长效机制，并为农业农村绿色转型提供政策支持。

关键词：　农业经济　农村发展　粮食安全　农民收入

---

* 魏后凯，中国社会科学院农村发展研究所所长，研究员，博士生导师；全世文，中国社会科学院农村发展研究所助理研究员。

2016年，中国第一产业增速回落，其增加值比重进一步下降；粮食产量继十二年连续增长以后首次出现小幅下降；农村居民人均可支配收入持续增长，城乡收入差距稍有缩小；农村居民的消费支出保持快速增长，消费结构进一步升级；三大主粮的生产者价格全线下降，猪肉价格明显上涨。总体上看，当前中国农业农村经济的基本面良好，激活农业农村发展的内生动力仍然具有较大的空间。目前，中国农业农村发展已经进入关键的转折期，农业农村经济运行中的各种矛盾逐渐凸显。为此，要进一步完善国家农业政策体系，重点是调整国家粮食安全政策的思路，强化对农业国际竞争力的重视，建立保障农民持续增收的长效机制，并为农业农村绿色转型提供政策支持。

一　2016年中国农业农村发展趋势与特点

2016年，为加快补齐农业农村短板，加快推进农业现代化进程，确保亿万农民迈入全面小康社会，国家继续加大对农业农村发展的政策支持力度。在脱贫攻坚方面，中央财政进一步加大了对扶贫的支持力度，全国财政专项扶贫资金投入超过1000亿元，易地扶贫搬迁人口超过240万人，确定了贫困人口、贫困村、贫困县退出标准和程序，支持贫困县统筹整合使用财政涉农资金，集中力量解决突出贫困问题。在农村改革方面，稳步推进农村集体产权制度改革，完善农村土地"三权分置"办法、集体林权制度和生态保护补偿机制，积极开展供销合作社、农垦等改革试点。在农业现代化方面，主要是全面推开农业"三项补贴"改革，深入推进重要农产品收储制度改革，大力支持农产品结构调整、新型农业经营体系培育和农村一二三产业融合发展，积极开展耕地轮作休耕、重金属污染耕地修复、地下水超采区综合治理等试点。在农村公共服务方面，着重按照城乡一体化的思路，整合城乡居民基本医疗保险制度，统筹推进县域内城乡义务教育一体化，进一步加强农村基础设施和公共服务建设，启动实施新一轮农村电网改造升级工程，全年共新建改建农村公路29万公里。在国家强农惠农富农政策的有力支持下，2016年中国粮食再获丰收，农业农村经济稳定增长，农民收入和生活水平不断提升，城乡收入和消费差距进一步缩小。

1. 第一产业增速回落，其增加值比重进一步下降

2016年中国第一产业增加值仍然保持较稳定的增长态势（见图1），全年第一产业增加值63671亿元，较上年增长3.3%，增速比上年回落0.6个百分点，而同期国内生产总值增速仅回落0.2个百分点。由于增速回落幅度较大，2016年第一产业增加值占国内生产总值的比重进一步下降到8.6%，比上年减少0.2个百分点，比2010年减少0.9个百分点；按当年价格计算，第一产业对国内生产总值名义增长的贡献率为4.8%。

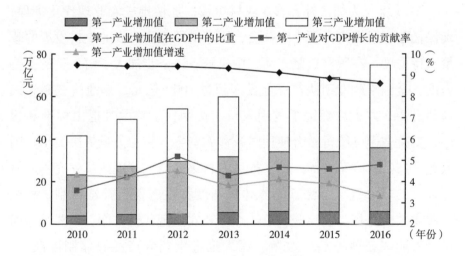

图1　2010～2016年第一产业增加值及其在国民经济中地位的变化

注：2010～2015年第一产业对GDP增长的贡献率按不变价格计算，2016年按当年价格计算。

资料来源：《中国统计年鉴2016》和《中华人民共和国2016年国民经济和社会发展统计公报》。

根据配第克拉克法则，随着经济发展水平的不断提高，第一产业在国民经济总量中所占的比重会逐渐下降。中国的经济发展过程基本符合这一规律，进入新千年以来，第一产业增加值占国内生产总值的比重从2000年的14.7%持续下降到2016年的8.6%，期间仅2004年有微小的反弹。这一现象也反映出以工业为中心的现代产业生产率的增长速度高于农业，第一产业的增长潜力相对较小。考虑到农业从业人口占总人口的比重仍然较高，农业劳动生产率显著低于第二、第三产业，因此，进一步转移农业劳动力仍然是未来农村发展的重心之一。

2. 粮食再获丰收，产量小幅下降

2016年，中国粮食总产量在保持了十二年连续增长以后首次出现了小幅的下降，粮食总产量达到61623.9万吨（见图2），较上年减少520.02万吨，减产0.84%。2016年粮食产量下降同时受到粮食播种面积减少和粮食单产下降的影响。2016年全国粮食播种面积为169542.3万亩，较上年减少了472.2万亩（减少0.28%），因播种面积减少而减产172.60万吨，占粮食减产总量的33.19%。2016年全国粮食单位面积产量为363.47公斤/亩，较上年减少了2.05公斤/亩（减少0.56%），因单产下降而减产347.42万吨，占粮食减产总量的66.81%。

保障粮食等重要农产品的有效供给一直是中国农业政策的一个核心目标。从2003年到2015年，中央不断加大对粮食生产的投入力度，并制定实施了一系列相关的惠农补贴政策。但是，随着农业生产资料的持续投入，土地生产率进一步提高的空间十分有限。2017年中央一号文件指出，当前农业的主要矛盾由总量不足转变为结构性矛盾，突出表现为阶段性供过于求和供给不足并存。2016年各地针对粮食品种的结构性供需矛盾，主动优化农业生产结构和区域布局，适当调减了非优势区玉米种植面积，采取"玉米改大豆"、"粮改饲"和"粮改油"等措施调整农业种植结构。粮食产量小幅下降的另一个原因是 2016 年农业气象灾害较上年偏重，部分地区受灾较重，导致夏粮、早稻因灾减产。

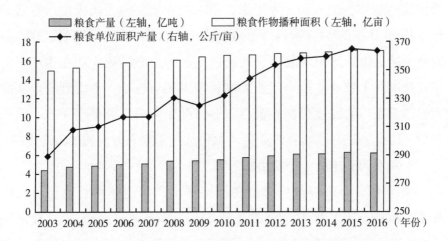

图 2 2003～2016 年中国粮食播种面积及粮食总产量变化趋势

资料来源：《中国统计年鉴》（2004～2016）和国家统计局网站《关于 2016 年粮食产量的公告》。

3. 农村居民收入持续增长

2016 年中国农村居民人均可支配收入为 12363 元，较上年名义增长 8.24%（见图 3），扣除价格因素的影响，实际增长 6.2%，名义增长率和实际增长率较上年分别回落 0.65 个和 1.3 个百分点。从 2010 年起，农村居民人均收入的增长速度已经连续第 7 年超过城镇居民人均收入的增长速度。但是，由于城镇居民收入的基数较高，城乡收入差距缩小的幅度并不明显，2016 年城乡收入比为 2.72，仅比上年缩小了 0.01，而且，城乡居民收入增长速度的差距呈现明显的减小趋势，2010 年农村居民收入增长率比城镇居民高 3.1 个百分点，2016 年这一差距减小到 0.6 个百分点。

从收入构成来看，2016 年农村居民人均工资性收入 5022 元，较上年名义增长 9.17%，增长速度回落 1.62 个百分点。农民工就近务工数量增加和工资水平继续增长是带动农村居民工资性收入增长的主要因素，2016年全国农民工总量28171万人，较上年增长1.53%，增长速度小幅上升。2016年农村居民人均经营净收入4741元，较上年名义增长5.27%，增长速度回落1.01个百分点。其中，第一产业经营净收入3270元，比上年名义增长3.7%，受全年粮食减产，玉米、苹果等农产品价格持续低迷的影响，种植业净收入的增长速度有所下降。受生猪价格大幅上涨以及饲料价格下降的影响，生猪养殖收入有较大幅度的增长。2016年农村居民转让承包土地经营权的租金净收入和出租房屋收入增长较快，农村居民人均财产净收入272元，较上年名义增长8.15%，增长速度回落5.09个百分点。2016年全国各地大力推进精准扶贫，增加扶贫投入，以及其他惠民政策的实施使农民得到实实在在的实惠，农村居民人均转移净收入为2328元，比上年名义增长12.67%，增长速度较上年提高2.60个百分点。随着农民收入水平的不断提高，2016年全国农村贫困人口下降到4335万人，比上年减少1240万人。

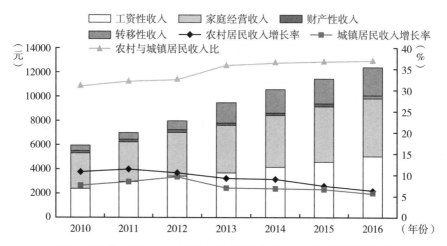

图3　2010～2016年中国农村居民人均收入及其增长趋势

注：城镇居民收入指标为人均可支配收入，农村居民收入指标在2013年以前为人均纯收入，2013年及以后年份为人均可支配收入。

资料来源：《中国统计年鉴》（2011～2016）、《中国统计摘要》（2016）、各年度《国民经济和社会发展统计公报》以及国家统计局住户调查办公室。

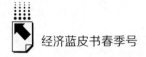

4. 农村居民消费支出持续增长，结构进一步升级

2016 年农村居民人均消费支出 10130 元，较上年名义增长 9.84%（见图 4），实际增长 7.8%，名义增长率和实际增长率较上年分别回落 0.18 个和 0.8 个百分点，消费支出增长率的波动态势与图 3 所示的收入增长率波动态势基本一致。从 2011 年起，农村居民人均消费支出的增长速度已经连续第 6 年超过城镇居民消费支出的增长速度。城乡消费支出的差距也一直保持稳定的下降趋势，2016 年城乡消费支出比为 2.28，较上年缩小了 0.04。城乡消费比低于城乡收入比说明城镇居民较农村居民具有更高的储蓄率。自 2014 年以来，城乡居民消费支出增长速度的差距呈现出不断减小的趋势，2014 年农村居民消费支出增长率比城镇居民高 4.2 个百分点，2016 年这一差距减小到 2.1 个百分点。

总体来看，农村居民人均消费支出保持平稳增长，交通通信、居住、教育文化娱乐支出增速较快。其中，食品支出 3266 元，较上年名义增长 7.15%，增长速度回落 1.17 个百分点；衣着支出 575 元，较上年名义增长 4.45%，增长速度回落 3.41 个百分点；居住支出 2147 元，较上年名义增长 11.46%，增长速度提高 2.19 个百分点；生活用品及服务支出 596 元，较上年名义增长 9.24%，增长速度提高 1.52 个百分点；交通通信支出 1360 元，较上年名义增长 16.93%，增长速度提高 2.07 个百分点；文教娱乐支出 1070 元，较上年名义增长 10.39%，增长速度回落 2.39 个百分点；医疗保健支出 929 元，较上年名义增长 9.81%，增长速度回落 2.42 个百分点；其他消费支出 186 元，较上年名义增长 6.9%，增长速度提高 0.15 个百分点。

农村居民消费结构升级的趋势明显，总体上看，生存型消费支出的比重保持下降趋势。其中，2016 年农村居民食品支出占总消费支出的比重（恩格尔系数）为 32.24%，较上年下降 0.81 个百分点；衣着支出占比为 5.68%，较上年下降 0.29 个百分点；居住支出占比

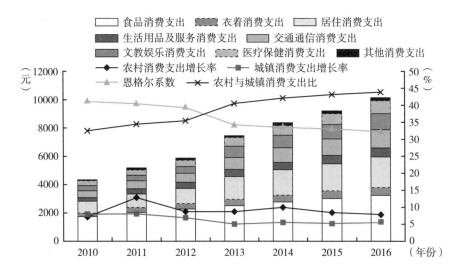

图4 2010～2016年中国农村居民人均消费支出及其变化趋势

资料来源：《中国统计年鉴》（2011～2016）、各年度《国民经济和社会发展统计公报》和国家统计局住户调查办公室。

20.19%，较上年上升0.31个百分点。发展型消费支出的比重保持上升趋势。其中，2016年农村居民交通通信支出占比为13.43%，比上年上升0.81个百分点；教育文化娱乐支出占比为10.56%，比上年上升0.05个百分点；医疗保健支出占比为9.17%，与上年持平。

5. 粮食生产者价格下降，但肉禽及制品消费价格涨幅较大

自2004年前后中国对主要粮食作物实施最低收购价政策以来，国内粮食价格基本保持连续上涨的趋势。但是，国内粮食生产者价格从2015年起出现下降的迹象，2016年粮食生产者价格的下降态势更加明朗（见表1），小麦价格连续两年下降，2016年较上年下降5.9%，稻谷价格较上年下降1.2%，玉米价格连续两年下降，且2016年跌幅最大，较上年下降13.2%。但是，受生猪价格大幅上涨和饲料价格下降的影响，2016年畜牧业产品价格较上年上涨10.4%，增长速度提高6.17个百分点。另外，渔业产品价格较上年上涨

3.4%，增长速度提高 0.95 个百分点。

居民食品消费价格指数的波动情况与农产品生产者价格的波动基本一致。2016 年城市与农村粮食消费价格较上年分别上涨 0.58% 和 0.43%，虽然没有像粮食生产者价格一样出现下降，但是，粮食价格涨幅系 2003 年以来的最低涨幅，较上年分别回落 1.61 个和 1.23 个百分点。城市和农村肉禽及制品消费价格较上年分别上涨 10.82% 和 12.67%，增长速度分别提高 6.0 个和 7.15 个百分点；城市和农村水产品消费价格较上年分别上涨 4.97% 和 3.28%，增长速度分别提高 3.25 个和 1.12 个百分点。

表 1　2010～2016 年中国农产品生产者价格指数（上年＝100）

年份	农产品	小麦	稻谷	玉米	大豆	畜牧业产品	渔业产品
2010	110.94	107.86	112.82	116.07	107.85	102.96	107.56
2011	116.45	105.18	113.28	109.89	106.34	126.20	110.04
2012	102.74	102.86	104.09	106.60	105.68	99.73	106.18
2013	103.22	106.73	102.23	100.20	105.74	102.40	104.32
2014	99.83	105.09	102.18	101.74	101.75	97.10	103.10
2015	101.67	99.23	101.57	96.46	99.03	104.23	102.45
2016	103.40	94.10	98.80	86.80	—	110.40	103.40

资料来源：中经网统计数据库。

表 2　2010～2016 年中国食品类居民消费价格指数（上年＝100）

年份	城市居民消费价格指数			农村居民消费价格指数		
	粮食	肉禽及制品	水产品	粮食	肉禽及制品	水产品
2010	111.51	102.64	108.46	112.27	103.47	106.94
2011	112.22	122.19	112.28	112.22	123.67	111.24
2012	104.13	102.83	107.70	103.62	100.24	108.96
2013	104.55	104.45	104.09	104.85	104.02	104.59
2014	103.15	100.61	104.49	103.08	99.73	103.98
2015	102.19	104.82	101.72	101.66	105.52	102.16
2016	100.58	110.82	104.97	100.43	112.67	103.28

资料来源：2010～2015 年数据来源于中经网统计数据库，2016 年数据根据国家统计局月度价格指数计算得到，2016 年"肉禽及制品"价格指数使用"畜肉类"价格指数替代。

2016 年粮食价格下跌的主要原因有两个。一是世界粮食增收导致粮食价格普遍偏低。根据联合国粮农组织数据,2016 年世界谷物产量增加 4320 万吨,谷物供给量增加 4830 万吨,其中,小麦产量增加 1400 万吨,稻米产量增加 680 万吨,粗粮产量增加 2250 万吨。国际粮食价格继 2011 年达到历史最高值以来始终保持下降趋势,2016 年国际谷物价格下降 9.54%。二是国家取消了玉米临时收储政策,按照市场定价、价补分离的原则和保障农民合理收益的要求,推进了玉米价格形成机制的改革。国家对稻米和小麦的最低收购价与上年基本持平,其中早籼稻收购价格由 2015 年的每 50 公斤 135 元降低到 2016 年的 133 元。

二 当前农业农村发展面临的主要问题

应该看到,虽然近年来中国农业农村发展取得了较大成效,但由于人多地少,农业小规模分散经营仍占主体地位,加上农业的弱质性和农村原有基础较差,长期困扰中国农业农村发展的“农业弱、农民苦、农村穷”的状况至今仍未得到根本改变。特别是,随着当前中国农业发展的主要矛盾由总量不足转变为结构性矛盾,农产品供求结构性失衡、潜在的粮食供需矛盾、农产品质量和安全问题、农业国际竞争力低和农民增收难度加大等,已经成为新形势下中国农业农村发展中亟待破解的重要难题。

1. 潜在的粮食供需矛盾依然存在

长期以来,保障粮食安全一直是中国农业政策体系的核心目标之一。在历次农业政策调整和改革的过程中,国家始终把保障粮食安全作为农业农村工作的“首要任务”和深化农业农村改革的“基本底线”。2017 年中央一号文件则把“确保粮食生产能力不降低”作为推进农业供给侧结构性改革的三个“前提条件”之一。中国粮食安全

政策的基本思路是提高粮食自给率。自 2008 年以来,中国已经连续
9 年成为谷物净进口国,谷物自给率呈现缓慢的下降趋势,2016 年谷
物自给率为 98.24%(见图 5),从这个意义上讲,中国保障口粮自
给基本没有太大的风险。但是,2016 年中国进口大豆 8391.3 万吨,
占世界大豆出口总量的 60% 以上。如果将大豆计算在内,中国粮食
自给率的下降趋势则更加明显,2006 年跌破 95% 的基本自给线,
2012 年跌破 90% 的安全水平线,2016 年下降至 86.76%。

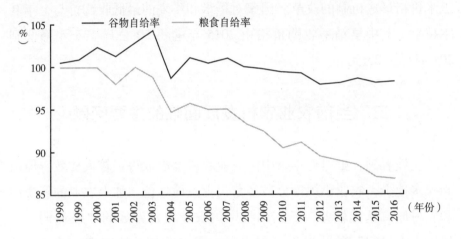

图 5 1998～2016 年中国谷物自给率与粮食自给率

注:谷物自给率=谷物产量/(稻谷及大米、小麦、玉米净进口量+谷物产
量),粮食自给率=粮食产量/(稻谷及大米、小麦、玉米、大豆净进口量+粮食
产量)。

资料来源:《中国统计年鉴》(1999～2016)、国家统计局网站《关于 2016 年
粮食产量的公告》和农业部国际合作司。

虽然近年来中国的粮食产量实现了连续增长,2016 年粮食产量
仅有小幅下降,但是,中国对粮食需求的增长速度更高。根据联合国
粮农组织数据,中国人均卡路里摄入量一直保持稳健且快速的增长,
2013 年人均每日卡路里摄入量达到 3108 大卡。但是,这一水平与发
达国家相比仍然存在明显差距,仅相当于美国和德国 20 世纪 70 年代

的人均摄入量。考虑到未来中国人均收入仍然会保持较快速度的增长，而且城市化进程还将伴随大量劳动力从农村转移到城市，中国未来的饮食习惯将会继续保持从传统的以纤维为主的饮食结构向以肉食为主的西方饮食结构转变。因此，包括口粮和饲料用粮在内的粮食需求总量将会进一步保持快速上升。如图 6 所示，2013 年中国人均粮食消费总量达到415.56 千克，而同年德国和美国分别高达 531.29 千克和1199.76 千克，食品消费结构的升级意味着未来中国粮食安全的主要问题是饲料用粮的安全。

因此，中国粮食供给和需求的潜在矛盾仍然存在。这一矛盾的本质原因在于中国的农业资源相对贫乏，尤其是耕地资源和水资源严重不足。饲料用粮的供给不足是未来中国农业发展必须面临的一个客观事实。这也就意味着国家需要调整解决粮食安全问题的思路。

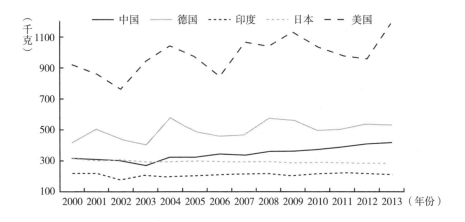

图 6　2000～2013 年部分国家人均谷物年消费量

资料来源：根据联合国粮农组织数据库历年各国谷物产量、谷物进出口量和人口进行计算。

2. 农业面源污染和农产品质量问题严峻

实现农业经济与生态环境保护相协调的可持续发展，促进农业的绿色转型，是农业农村发展的重要目标之一。在耕地资源的紧约束条件下，长期以来，中国一直坚持通过提高土地生产率来保障粮食产量的政策路径。图7显示了中国粮食增产的显著效果：1961～2014年，中国通过良种培育、增加生产要素投入使小麦、水稻和玉米三大主粮的单产分别增长了9.03倍、3.25倍和5.06倍，明显超过世界上其他国家同期的增产速度。

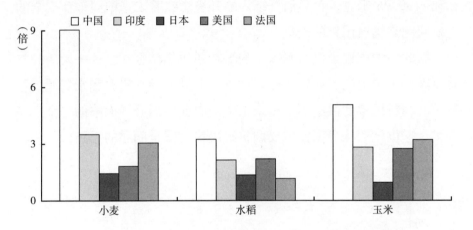

图7　1961～2014年部分国家谷物单位面积产量的增长倍数

资料来源：根据联合国粮农组织数据库各国历年谷物单产数据计算。

农业实现持续增产的同时也面临着资源浪费和面源污染等突出问题，对农业生产和食品安全都造成了严重的影响。农业面源污染问题与落后的农业生产与管理方式直接相关，包括化肥与农药的过量与不当施用、农膜的弃置、秸秆的露天焚烧等。其中，尤其以化肥的过量施用最为突出，如图8所示，1961～2013年，中国的亩均化肥施用量增长了45.36倍，仅次于印度的69.23倍，明显高于同期世界其他国家的增长幅度；由于中国施用化肥的基数较印度更大，因此，从绝对量上来看，中国亩均化肥施用量仍然显著高于印度。但是，化肥施用量的大幅上升并未给土地生产率带来同等幅度的提高，如图8所示，中国同期的土地生产率仅增长了 7.95 倍。这反映了中国化肥施用的低效率，这种低效率一方面来自生产资料投入的边际递减规律，另一方面来自施肥方法的非科学性。

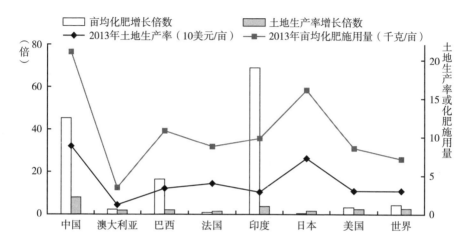

图8　1961～2013 年部分国家农用化肥施用量的增长倍数

资料来源：根据联合国粮农组织数据库各国历年农业产值（不变价）、耕地面积、化肥施用量计算。

以化肥的过量投入为代表，不可持续的农业生产方式带来了一系列严峻的社会问题，正因为如此，国家才在近两年出台了一系列的政策与规划，将发展可持续农业作为一个重要的政策目标。短期来看，推广科学的农业生产与管理方式是减少农业面源污染最直接的政策途径。根据中商情报网数据，2016 年中国化肥行业盈利大幅下滑，农用氮、磷、钾化学肥料（折纯）产量为 7004.9 万吨，同比下降 8.2%。海关数据显示，2016 年中国累计出口化肥 2672 万吨，同比下降 22.5%；累计进口化肥 832 万吨，同比下降 25.4%。

3. 农业的国际竞争力依然偏低

在开放经济体中，农业的国际竞争力是指一国在国际市场上出售其农产品的能力，即保持农产品的贸易顺差或贸易平衡的能力。农业的国际竞争力在很大程度上反映了一国农业的综合生产能力和盈利能力，提高国际竞争力也是农业政策的主要目标之一。但是，与粮食产量目标和农民收入目标相比，中国农业的国际竞争力目标长期以来未得到足够的重视。

中国从2004年前后开始对主要粮食作物实施最低收购价政策，十余年来，最低收购价一直保持平稳的上升，拉动国内粮食价格也持续上升。但是，近5年来国际粮食产量持续走高导致国际粮食价格整体上呈现下降趋势，2011～2016年，国际谷物价格持续下降了39.02%。因此，国内外粮食价差一直处于居高不下的状态。如图9所示，2015年全年国内外大米价差几乎都在350美元/吨以上，2016年上半年随着国际大米价格小幅走高，国内外大米价差下降到300美元/吨以下，至2016年底又上升到350美元/吨。相比之下，国内外小麦价差长期稳定在200美元/吨以上，且2016年下半年还呈现出缓慢扩大的趋势。由于2016年国家取消了玉米的临时收储政策，国内玉米价格出现显著下降（见表1），所以国内外玉米价差也呈现出缩小趋势。

从2000年起中国年进口大豆超过1000万吨，此后大豆进口量一直保持快速增长，2016年达到8391.3万吨（见表3），国内大豆产业基本被挤垮。与近年来国际谷物价格持续走低的态势相吻合，中国从2012年起开始大幅增加大米、小麦和玉米的进口量，2012年大米进口量达236.9万吨，较2011年增长近4倍，2015年大米进口量首次超过300万吨，2016年进口量进一步上升到356.2万吨。2012年小麦进口量达370.1万吨，较2011年增长近3倍，此后小麦年进口量一直维持在300万吨以上，2016年进口量达到341.2万吨。2012年玉米进口量达520.78万吨，较2011年增长近4倍，此后玉米年进口量也维持在300万吨左右，2016年进口量达到316.8万吨。

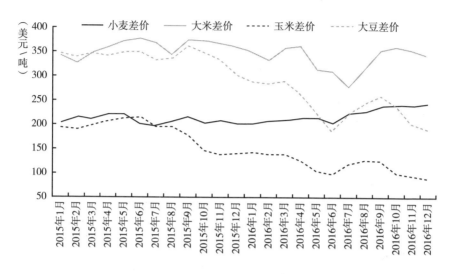

图9　2015~2016年国内与国际粮食价差

资料来源：①国内粮食价格来自郑州批发市场，粮食品种分别为普通2等白小麦、标1早粳米、3等黄玉米和3等大豆，根据当月汇率进行折算；②国际粮食价格来自联合国粮农组织食品价格监测数据，粮食品种分别为美国1等冬小麦、泰国白大米、美国2号黄玉米、美国2号黄大豆。

表3　2015~2016年中国主要农产品进出口量

单位：万吨，%

品种	进口量		进口增长率	出口量		出口增长率
	2016 年	2015 年		2016 年	2015 年	
大米	356.2	337.7	5.48	39.5	28.7	37.63
小麦	341.2	300.7	13.47	11.3	12.2	-7.38
玉米	316.8	473	-33.02	0.41	1.1	-62.73
大豆	8391.3	8169.4	2.72	—	13.4	—
棉花	124.0	175.9	-29.51	—	3.0	—
食用植物油	688.4	839.1	-17.96	11.5	13.7	-16.06
食糖	306.2	484.6	-36.81	11.7	7.5	56.00
畜产品	234	204.5	14.43	56.4	58.9	-4.24
水产品	93.7	89.8	4.34	207.4	203.3	2.02

资料来源：农业部国际合作司。

谷物进口量在国内谷物消费总量中的占比虽然较低,但进口量的整体增加反映了中国农业竞争力低下的事实,也说明了粮食最低收购价政策的不可持续性。一方面,粮食最低收购价大幅高于国外粮食价格导致粮食库存大幅增加,管理成本上升;另一方面,在农业对外开放程度不断提高的大趋势下,国际市场的低价粮食又会对国内粮食产量带来严重威胁。因此,推进农产品价格形成机制的改革是当前中国农业政策面临的一个关键问题。

4. 农民进一步增收的压力较大

长期以来,在城乡二元体制下,中国城乡发展严重不平衡,城乡收入差距很大。迄今为止,中国仍然是世界上城乡收入差距最大的国家之一。在改革开放初期,中国的城乡收入比曾一度下降到 2 以下,1983 年最低时仅有 1.82,但之后城乡收入比持续上升,尤其是从2002 年到 2012 年一直保持在 3 以上,2009 年高峰时曾达到 3.33。近年来,随着国家惠农补贴力度的持续加大,农村居民收入的增长率开始超过城镇居民收入的增长率,城乡收入比呈现持续下降的趋势,到2016 年已下降到 2.72。总体上讲,城乡收入差距扩大的根本原因在于经济发展过程中非农产业和农业劳动生产率的差距不断扩大。从 1960年到 2015 年,中国农业劳动生产率年均增长率为 4.09%,明显低于二三产业劳动生产率年均 5.70% 的增长率(见图 10)。55 年中国农业劳动生产率仅增长 9.07 倍,而二三产业劳动生产率则提高了 21.1 倍。从国际比较来看,几乎所有发达国家甚至一些发展中国家(如巴西)农业劳动生产率的增长速度都高于二三产业劳动生产率的增长速度。

中国农业劳动生产率的增长路径与发达国家和以巴西为代表的部分发展中国家有所不同。由于粮食安全在中国具有特殊的政治意义,且土地承担着对农民的社会保障功能,因此,中国的农业发展长期维持着小规模分散化经营的格局,农业劳动生产率的增长几乎完全来自土地生产率的增长。但发达国家在经济发展的不同阶段都经历过农业

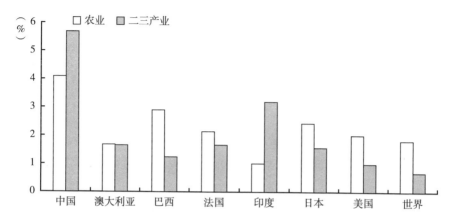

图10 世界及主要国家农业和二三产业劳动生产率增长率国际比较

注：①农业劳动生产率基于农业增加值（不变价）和农村人口计算，二三产业劳动生产率基于二三产业增加值和城市人口计算，增长率是指年均几何增长率；②澳大利亚为1975～2015年，巴西为1965～2015年，印度为1960～2014年，日本为1970～2014年，美国为1997～2014年，世界为1969～2015年。

资料来源：世界银行统计数据库。

经营规模快速扩大的阶段。生产资料过量投入导致农用地尤其是耕地严重透支，单纯依靠提高土地生产率来实现农民增收的发展路径显然不可持续。

由于财产性收入的占比相对偏低，中国农民的收入主要来源于工资性收入、家庭经营收入和转移性收入（见图3）。长期以来，包含农业经营收入在内的家庭经营收入一直是农村居民收入最重要的构成部分，1983～2008年，其占比都在50%以上。然而，由于家庭经营收入的增长速度偏低，自1983年以来，家庭经营收入的占比一直在不断下降。目前，工资性收入已超过家庭经营收入成为农民收入最重要的来源。对比不同收入来源对农民收入增长的贡献率可以发现，2001～2016年，除个别年份（2004年、2007年）外，工资性收入的贡献率都是最大的，且在大多数年份都稳定在50%左右的水平。这期间，工资性收入的贡献率平均达到50.1%，即农民收入增长的一半来自工资性收入的增长（见图11）。家庭经营收入的贡献率波动幅度较大，但近年来呈明显的下降趋势。从2013年起，家庭经营收入的贡献率一直低于30%，2016年已下降到25.22%，低于转移性收入27.80%的贡献率。

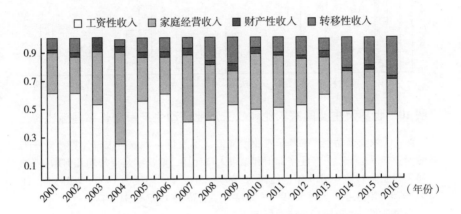

图11　2001～2016年不同收入来源对农民收入增长的贡献率

注：2001～2013年按纯收入计算，2014～2016年按可支配收入计算。

资料来源：《中国统计年鉴》（2002～2016）、《中华人民共和国2016年国民经济和社会发展统计公报》和国家统计局住户调查办公室。

　　从目前来看，农民进一步增收面临着较大的压力。首先，在中国宏观经济增长放缓和劳动力成本持续上升的态势下，城市传统部门吸纳农村转移劳动力的速度也在减缓，因此，农民工资性收入加速增长的可能性不大。全国农民工总量的增长速度从2010年的5.42%持续下降到2015年的1.28%，2016年增速略有回升。尤其是，外出农民工增速回落的幅度更大，从2010年的5.5%下降到2016年的0.3%，本地农民工增速则从5.2%下降到3.4%。其次，在中国现有的农业产业格局下，农业劳动生产率大幅低于二三产业劳动生产率是一种客观事实，农民家庭经营收入也不太可能出现加速增长的情形。最后，2016年中国农村扶贫的力度空前加大，农村居民人均获得的直接到户扶贫款增长 187.0%，农民转移性收入大幅上升，其对农民收入增长的贡献率达到 27.8%。但是，通过提高转移性收入实现农民增收的政策路径并不可持续。

三 促进农业农村发展的政策建议

当前，中国农业农村发展已经进入全面转型升级的新阶段，农业发展的主要矛盾已由总量不足转变为结构性矛盾，矛盾的主要方面在供给侧。正因如此，2017 年中央一号文件明确指出：当前农业农村工作要"以推进农业供给侧结构性改革为主线，围绕农业增效、农民增收、农村增绿"，"促进农业农村发展由过度依赖资源消耗、主要满足量的需求，向追求绿色生态可持续、更加注重满足质的需求转变"。针对前述的农业农村发展面临的主要问题，今后应进一步完善国家农业政策体系，重点从以下 4 个方面展开。

1.调整国家粮食安全政策的思路

保障国家粮食安全始终在中国农业政策体系中处于核心地位。长期以来，中国的粮食安全政策思路是确保安全水平的粮食自给率，也就是说，国家必须确保每年都生产出足够多的粮食用来满足日益增长的粮食需求。但事实上，传统以粮食安全为核心目标的农业发展路径不仅无法满足未来中国粮食需求的进一步增长，还带来了因化肥、农药等生产资料过量投入导致的面源污染和食品安全问题。为此，必须调整国家粮食安全政策的思路，树立科学的"大粮食安全观"。第一，要认识到中国仍然存在潜在的粮食供需矛盾，而且这一矛盾在未来随着食品消费结构的升级会更加突出，中国对饲料用粮的需求仍将快速增长，而依赖传统的增加生产要素投入的方法实现粮食增产的空间已经很小。因此，在确保"谷物基本自给、口粮绝对安全"的前提下，如何有效解决好饲料粮供应、节约饲料用粮，将成为确保国家粮食安全的重要战略任务。第二，为适应居民消费需求从"吃得饱"向"吃得好、吃得健康、吃得安全"的转变，在确保粮食生产能力不降低的前提下，要调整和优化粮食品种结构，积极发展优质粮食品种，提高粮食质量的安全保障水平。第三，要落实"藏粮于地""藏粮于技"战略，推进实施耕地休养生息规划，通过耕地养护、退耕还林还草、休耕、轮作、污染防控治理等综合措施，保护和提升耕地质量，提高潜在的粮食生产能力。第四，针对当前玉米、小麦等库存量大、储备能力不足等问题，实行"藏粮于民"战略，允许并支持民营企业参与粮食政策性收储和地方储备，支持家庭农场、农民合作社科学储粮，实现粮食储备市场经营主体多元化。第五，充分利用两个市场和两种资源，支持国内企业"走出去"，建立境外粮食生产基地和全球化的粮食供应链网络，并通过进口品种多元化降低粮食进口的风险。

2. 强化对农业国际竞争力的重视

长期以来，农业国际竞争力的重要性在中国农业政策制定过程中往往被忽略或被严重低估，而事实上，农业竞争力是关乎农业发展全局的一个关键问题。在开放经济条件下，如果农业长期缺乏竞争力，将直接导致国内农业产业的衰退。同时，提升农业国际竞争力也是实现其他农业发展目标的一个必要条件。因此，在未来农业政策目标体系中，应该把提升农业国际竞争力目标放到更加重要的位置上。首先，要改变过去主要依靠提高土地产出率的做法，全面激活劳动力、土地、自然资源、科技创新等要素，提高资源利用率、劳动生产率和科技进步率，依靠提高全要素生产率来增强农业国际竞争力。其次，要依靠科技创新促进农业的转型升级和国际竞争力提升。中国农业发展面临着农业资源有限和生态环境承载力有限的约束条件，促进农业科技创新是突破这些约束条件的一个必然选择，也是推动现代农业发展的持久动力。为此，要进一步加大农业科技研发经费投入，整合各方面科技创新资源，完善国家农业科技创新体系、现代农业产业技术体系和农业科技推广服务体系，鼓励工商资本、民间机构和农业企业加强农业科技研发，依靠科技创新全面激发农业发展活力。尤其要加大对分子生物技术、转基因技术等基础领域研究的支持力度，高度重视资源节约型和环境友好型农业技术的研发，为农业技术的突破性创新提供良好的孵化条件。再次，要改变长期制约农业发展的小规模分散经营模式，积极培育壮大家庭农场、农民合作社、龙头企业等新型经营主体和服务主体，并采取股份合作、土地托管、代耕代种等多种方式，因地制宜地发展多种形式的适度规模经营，依靠规模经营来实现农业的降本增效。最后，要对影响农业竞争力提升的现行政策进行调整，尤其是要调整现有的农业补贴政策和农产品价格支持政策。在农业补贴政策方面，重点是调整农业补贴方式，增强补贴的指向性和精准性，着力加大对粮食适度规模经营、耕地地力保护、绿色生态农业、农民收入等的补贴力度，并统筹协调农业补贴政策与土地流转政策，以降低土地的流转成本。在农产品价格支持政策方面，要在玉米市场定价、价补分离改革的基础上，全面深化农产品价格形成机制市场化改革，充分发挥价格对大宗农产品供求关系的调节作用。

3. 建立保障农民持续增收的长效机制

长期以来，农民增收问题一直是困扰中国农业农村发展的难题。如前所述，现行的高度依赖农业农村之外尤其是农民外出打工收入的农民增收模式日益面临严峻的挑战。在农业转移人口市民化进程加快的新形势下，必须统筹推进新型城镇化、城乡一体化和农业现代化，依靠农村的产业振兴，建立保障农民持续增收的长效机制。首先，要从根本上解决农民增收问题，就必须减少农民，支持有条件的农民在城镇安家落户，实现就地就近城镇化，为推动农业适度规模经营创造有利条件。其次，要大力发展现代高效农业，补齐农业现代化的短板，积极推进农村一二三产融合，尤其是纵向的农业产业链延伸和横向的农业与文化、旅游、康养等产业的融合，实现农业的纵横向融合和一体化，为农民增收提供坚实的农村产业支撑。只有现代高效农业发展起来了，农村拥有坚实的现代产业支撑和较充分的就业机会，才有可能避免因城镇化而出现农村的衰落，使农民增收建立在主要依靠农业农村发展的基础上。最后，要加快农村产权制度改革的步伐，在确权登记颁证的基础上，用改革的办法激活农民拥有的各种资源，积极探索增加农民财产性收入的有效途径。目前，在农村居民人均可支配收入中，财产性收入所占比重和增长贡献率均很低，2016年均仅有2.2%，这说明增加农民财产性收入的潜力很大。为此，要加快体制机制创新，盘活农村各类产权，打通"资源变资产、资产变资本"的渠道，实现农村资源的资产化、资本化、财富化。

4. 为农业农村绿色转型提供政策支持

绿色化是农业农村发展的方向。大力发展有机、生态和绿色农业，加强农业面源污染和农村环境综合治理，促进农业绿色转型和农村增绿，既是加强生态文明建设的要求，也是加快农业现代化和美丽乡村建设的必然选择。为此，国家应在资金和政策上加大支持力度。第一，要加大农业面源污染治理力度，分阶段、分品种、分区域推进化肥、农药使用从零增长逐步向减量使用转变，使农业成为真正的绿色产业。2015年2月，农业部已经颁布实施了《到2020年化肥使用量零增长行动方案》和《到2020年农药使用量零增长行动方案》，明确到2020年要实现农药使用总量零增长和主要农作物化肥使用量零增长。从中长期看，要在现行化肥和农药使用量零增长行动方案的基础上，着手研究制订化肥和农药使用减量行动计划，将化肥和农药使用总量减少作为控制目标，其中，珠三角、长三角、京津冀等沿海经济发达地区应率先实现减量目标。第二，要大力推广精准施肥技术和高效施肥施药机械，推广高效、低毒、低残留农药，通过测土配方施肥、精准化投入等技术对农作物生产过程中所需的水量、化肥和农药进行精准管理，提高农业资源的利用效率，减少化肥和农药过量使用导致的资源浪费与环境污染，实现生产和管理的标准化和程序化。第三，要改变过去那种主要依靠化肥、农药等农用化学品支撑产量增长的农业发展模式，大力提倡和推广有机肥替代化肥，并在财政贴息、奖励补助、减免税、加速折旧等方面给予支持。第四，要科学认识农业的生态价值，充分发挥农业的生态功能，并在对农业生态价值进行科学核算的基础上，积极探索农业生态补偿制度，对粮食等农产品种植按亩给予相应的生态补偿。第五，要进一步加强农村环境的综合治理，尤其要加快农村垃圾处理设施以及农村污水处理厂、处理站和配套管网建设，强化农村环境监管，从根本上改变目前农村环卫设施落后、污染严重的状况。

参考文献

程卫军：《经济新常态下的农业发展方式》，《求是》2015年第6期。

党国英：《中国农业发展的战略失误及其矫正》，《中国农村经济》2016年第7期。

杜志雄、金书秦：《中国农业政策新目标的形成与实现》，《东岳论丛》2016年第2期。

孔祥智：《农业供给侧结构性改革的基本内涵与政策建议》，《改革》2016年第2期。

全世文、于晓华：《中国农业政策体系及其国际竞争力》，《改革》2016年第11期。

钟真、孔祥智：《经济新常态下的中国农业政策转型》，《教学与研究》2015年第5期。

张晓山：《新常态下农业和农村发展面临的机遇和挑战》，《学习与探索》2015年第3期。

B.3
中国工业经济运行：
2016年特征与2017年挑战

黄群慧 *

摘　要：　中国工业经济运行的总体特征显示，2016 年工业增加
值增速缓中趋稳，工业品价格、工业出口和工业企业
利润都呈现积极变化，供给侧结构性改革初见成效；
工业行业结构继续呈现高级化趋势，结构趋优、新旧
动能转换的经济新常态的特征更加显著；中部地区工
业领跑，西部地区工业回落较快，东北地区工业总体
内部分化显著。

关键词：　工业经济　经济运行　结构调整

　　改革开放以来，从经济波动看，我国的工业增长大体可以划分为
四个波动周期，分别是 1978～1985 年，1985～1992 年，1992～2007
年，2007 年到现在。在 2007 年以来这个最近周期中，自 2010 年以
来工业增长呈现明显连续下滑态势。2014 年中央经济工作会议指出
我国经济逐步步入速度趋缓、结构趋优的新常态。2015 年，我国工
业增速创最近 23 年来的最低，2015 年中央经济工作会议给出了经济
增速下降、工业品价格下降、企业利润下降、财政收入下降和经济风

＊　黄群慧，中国社会科学院工业经济研究所所长、研究员。

险概率上升的"四降一升"的基本判断，并提出通过去产能、去库存、去杠杆、降成本、补短板的"三去一降一补"的供给侧结构性改革来实现经济稳定持续发展。基于这种背景，经济新常态下的2016年中国工业运行情况和2017年工业发展分析就备受关注。

一 2016年中国工业经济运行的总体特征

2016年，中国工业呈现出"缓中趋稳、稳中向好"的总体特征，工业增速下降、工业品价格下降、企业利润下降的格局得到了根本性的扭转，工业增速趋稳、出口转正、工业品价格大幅度逆转、工业企业利润增速由负转正实现大幅回升，工业行业结构继续呈现向高端迈进态势。

第一，工业增加值增速缓中趋稳，工业品价格、工业出口和工业企业利润都呈现积极变化，供给侧结构性改革初见成效。

2016年全年全部工业增加值247860亿元，比上年增长6.0%。2016年全国规模以上工业增加值比上年实际增长6%，虽然增速较上年回落0.1个百分点，但分季度看，一季度同比增长5.8%，二、三、四季度均增长6.1%，从月度看，自4月以来，工业生产增速基本维持在6%以上小幅波动，企稳态势非常明显，2017年1~2月达到6.3%，更加固了这种判断。

从工业品价格看，2016年全年下降1.4%，降幅较上年大幅收窄3.8个百分点。分月度看，2016年1~8月，工业生产者出厂价格同比降幅逐月收窄，9月由负转正，终止了54个月连续下滑的走势，10月、11月和12月同比分别上涨1.2%、3.3%、5.5%。到2017年1月和2月更是大幅上涨到6.9%和7.8%。从工业品出口看，2016年，规模以上工业出口交货值比2015年增长0.4%，而2015年该数值为下降1.8%，2016年各个季度同比增长率分别为 -3%、0.8%、

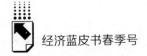

1.3%、1.9%，呈现逐季回升走势。工业出口增速实现正增长。

2016年全年规模以上工业企业实现利润68803亿元，比上年增长8.5%。而2015年规模以上工业企业利润总额比上年下降2.3%，其中，2016年11月规模以上工业企业利润同比增长14.5%，增速为2014年7月以来第二高点，企业效益明显改善。其中，分门类看，2016年采矿业实现利润1825亿元，比上年下降27.5%，降幅比上年全年和2016年上半年分别收窄13.3个和38.7个百分点；制造业实现利润62398亿元，比上年增长12.3%，增速比上年全年和2016年上半年分别加快9.5个和0.2个百分点；电力、热力、燃气及水生产和供应业实现利润4580亿元，比上年下降14.3%，降幅比上年全年和2016年上半年分别扩大27.8个和12个百分点。

2016年，企业效益改善在很大程度上得益于原煤、钢材、成品油等大宗商品价格上涨，拉动了煤炭、钢铁和石油加工等行业企业利润快速增长。1～11月，因主要大宗商品价格反弹，按照国家统计局的测算，原材料行业对全部规模以上工业利润增长的贡献率达到67.9%，其中，石油加工、炼焦和核燃料加工业贡献21.6%，黑色金属冶炼和压延加工业贡献19.9%。1～11月，煤炭开采和洗选业，石油加工、炼焦和核燃料加工业，黑色金属冶炼和压延加工业利润同比分别增长1.6倍、2.2倍和2.7倍。另外，成本降低也提升了企业盈利空间，全年规模以上工业企业每百元主营业务收入中的成本为85.52元，比上年下降0.1元。年末规模以上工业企业资产负债率为55.8%，比上年末下降0.4个百分点。这表明供给侧结构性改革效果初步显现。

第二，工业行业结构继续呈现高级化趋势，结构趋优、新旧动能转换的经济新常态的特征更加显著。

2016年，在工业三大门类中，制造业一直保持最高增速，而采矿业大幅下滑，电力、热力、燃气及水的生产与供应业相比2015年大幅上升。41 个工业行业中技术密集型行业增速相对较快，体现了工业结构高级化趋势，其中，汽车业，计算机、通信和其他电子设备制造业表现抢眼，产业增加值增速达到两位数，分别是 15.5%、10.0%，高于规模以上工业增速 9.5 个和 4 个百分点。

节能环保产业、新一代信息技术产业、生物产业、高端设备制造产业、新能源产业、新材料产业、新能源汽车产业这七大工业战略性新兴产业增加值增长 10.5%，高于整个规模以上工业增速 4.5 个百分点；医药制造业，航空、航天器及设备制造业，电子及通信设备制造业，计算机及办公设备制造业，医疗仪器设备及仪器仪表制造业，信息化学品制造业这六大高技术制造业增加值增长 10.8%，高于规模以上工业增速 4.8 个百分点，占规模以上工业增加值的比重提高到 12.4%；金属制品业，通用设备制造业，专用设备制造业，汽车制造业，铁路、船舶、航空航天和其他运输设备制造业，电气机械和器材制造业，计算机、通信和其他电子设备制造业，仪器仪表制造业这八大装备制造业增加值增长 9.5%，高于整个规模以上工业增速 3.5 个百分点，占规模以上工业增加值的比重提高到 32.9%；2016 年，石油加工、炼焦和核燃料加工业，化学原料和化学制品制造业，非金属矿物制品业，黑色金属冶炼和压延加工业，有色金属冶炼和压延加工业，电力、热力生产和供应业这六大高耗能行业增加值比上年增长 5.2%，增速较上年回落 1.1 个百分点，占规模以上工业增加值的比重下降为 28.1%。

这意味着伴随着工业结构更高级化，高技术产业、工业战略性新兴产业等新经济增长动能持续较快增长，新旧动能转换加快。但是，我们还必须注意的是，一方面，传统产业去产能仍有不少困难，推进"三去一降一补"重点任务仍然艰巨复杂；另一方面，要高度注意的是一些新兴产业增速过快。例如，受补贴政策和限购挤压需求等因素影响，虽然出现了"骗补"风波和补贴不到位等问题，中国汽车工业协会对外发布的数据显示，2016 年新能源汽车生产 51.7 万辆，销售 50.7 万辆，比上年同期分别增长 51.7% 和 53%。其中纯电动汽车产销分别完成 41.7 万辆和 40.9 万辆，比上年同期分别增长 63.9% 和 65.1%。在为新能源汽车迅猛发展欣喜的同时，其背后的强选择性产业政策的推手令人担忧，我们必须警惕由此而可能产生的新的产能过剩问题。

第三，中部地区工业领跑，西部地区工业回落较快，东北地区工业总体内部分化显著，京津冀工业增长差距扩大速度有减缓迹象。

分地区看，2016 年 1~11 月，东部、中部和西部地区工业增加值同比分别增长 6.0%、7.4% 和 7.3%，增速比上年全年分别下滑 0.4 个、0.1 个和 1.1 个百分点。中部地区增速最高，下滑程度也最小；西部地区工业增速下滑比较明显，东部地区增速最低。我们研究表明，大部分东部地区已经到工业化后期或者后工业化阶段，因而工业增速相对较低是符合工业化阶段特征的，而中西部地区多处于工业化中期，因而总体工业增速要相对较高，但西部地区工业增速下滑相对较大，应该引起高度重视。

2016 年 1~11 月，东北地区工业增加值同比下降 3.0%，除了 2016 年 5 月同比分别增长 0.2% 外，其余月份均为负增长，表明东北地区工业复苏相对乏力。但东北地区内部工业分化显著，2016 年，东北地区 3 个省份中，吉林、黑龙江工业增加值同比分别增长 6.3% 和 2.0%，增速同比分别提高 1.0 个和 1.6 个百分点。辽宁同比下降 15.2%，降幅比上年扩大 10.4 个百分点，与 1~11 月相比收窄 0.5 个百分点。从中可以看出，吉林省工业增加值同比为正增长，并且 2016 年下半年以来工业增加值增速保持平稳，没有出现大的波动。辽宁省工业处于负增长态势，且波动较大。由于东北三省分化严重，因此东北三省工业振兴更应该分省施策。当然，从着力完善体制机制看，东北三省都应该向东部地区学习，借鉴甚至复制其具体市场化机制，但从产业结构调整看，各省有自己的突出问题，很难按照"齐步走"的方式来推进振兴政策。对于辽宁省而言，推进产业结构调整的关键应是防范制造业快速衰退风险，实现装备制造业转型升级的突破；对于黑龙江省而言，推进产业结构调整的着力点应该是努力破除"资源诅咒"，进一步推进工业化进程；对于吉林省而言，推进产业结构调整的重点应是改变经济结构双重"一柱擎天"问题，加快建设现代产业体系。

京津冀地区工业增速走势分化，北京工业增加值增速呈现单边上扬态势，天津工业增加值增速呈现走低态势，河北工业增加值增速呈现前高后低的走势。北京工业增加值累计增速自2月以来持续上升，由2月累计增长-2.5%上升至11月的4.7%；天津工业增加值累计增速由年初9.2%逐步降至11月的8.3%；河北工业增加值增速由年初的4.2%逐步上升至9月的5.6%，11月略降至5.2%。1~11月，北京、天津和河北工业增加值增速比上年全年分别加快3.7个、-1.0个和0.8个百分点，比2016年上半年分别加快3.0个、-0.6个和0.1个百分点。由于2015年天津工业发展一枝独秀，2016年这种差距呈现收窄的趋势。由于河北与京津处于不同的工业化阶段，河北经济发展水平还较低，要实现协同发展，还需要对河北给予更多支持，这包括加大中央对河北的转移支付力度，可考虑加大对河北增值税的返还比例，或者可考虑将北京、天津每年新增财力的5%左右转移给河北省，在建立跨区域税收分享制度、土地占补平衡制度建设方面向河北省进行倾斜，供给要素市场建设方面向河北倾斜。

二　2017年中国工业经济面临的主要挑战

在以供给侧结构性改革为主、适度加强需求管理等一系列政策的大力推进下，2016年工业经济开局呈现出"缓中趋稳、稳中向好"

的总体特征，工业增速下降、工业品价格下降、工业企业利润下降的格局有了积极变化，但是，对于2017年和未来的中国工业经济而言，工业运行风险概率依然较大，供给侧结构性改革仍任重而道远。中国工业经济仍然艰难地在稳增长与调结构之间寻求平衡。

第一，工业投资增速回落，存在民间投资与国有投资、国内投资与对外投资的结构失衡现象，制造业空心化风险加大。

2016年工业投资特别是制造业投资增速回落，2016年全年工业投资总额231826亿元，增长3.5%，增速比2015年全年和2016年上半年分别减少4.2个和0.7个百分点。其中，采矿业投资10320亿元，同比下降20.4%，降幅比2015年全年和2016年上半年分别扩大11.6个和0.7个百分点；制造业投资187836亿元，同比增长4.2%，增速比2015年全年和2016年上半年分别扩大-3.9个和0.9个百分点；电力、热力、燃气及水生产和供应业投资29736亿元，同比增长11.3%，增速比2015年全年和2016年上半年分别减少5.3个和10.6个百分点。在当前新一轮科技和产业革命大背景下，我国正在大力推进《中国制造2025》、实施制造强国战略，工业中制造业投资增速大幅回落，其影响不仅仅是工业转型升级，更为重要的是会影响到未来经济增长新动能培育和新经济的发展。

投资的内外结构中存在国内投资与国外投资失衡问题。2016年全社会固定资产投资（不含农户，下同）596501亿元，增长8.1%，增速较2016年上半年减少0.9个百分点，比2015年全年减少1.9个百分点。自2001年以来，我国固定资产投资均保持在两位数以上的增速，而2016年固定资产投资首次跌破10%。与此形成鲜明对比的是，我国2016年全年对外直接投资额（不含银行、证券、保险，下同）11299亿元，按美元计价为1701亿美元，比上年增长44.1%，其中制造业对外直接投资310.6美元，增长高达116.7%。而2016年全年实际使用外商直接投资金额8132亿元（折1260亿美元），比上年增长 4.1%，逆差达 441 亿美元，其中制造业吸引外资 2303 亿元（折 357 亿美元），比上年增长 –6.1%。如果我们将这三个增长数据放在一起比较，2016 年国内制造业投资增长 4.2%，而制造业吸引外商直接投资增长 –6.1%、我国制造业对外直接投资增长 116.7%，可以初步判断，中国制造业外移、制造业空心化的风险正在加大。

投资的所有制结构中存在国有投资和民间投资失衡问题。2016 年全社会固定资产投资（不含农户，下同）中国有控股企业固定资产投资 213096 亿元，同比增长 18.7%，增速比上年全年增加 7.8 个百分点；而民间投资 325619 亿元，同比仅增长 3.2%，增速比上年全年减少 6.9 个百分点。一方面，国有投资增速大幅度增长，另一方面，民间投资增速大幅度下滑，这反映了政府驱动型经济增长特征和政府投资挤出效应明显。另外，由于民间投资在制造业中的占比较大，民间投资增长大幅下滑，也说明民营企业不愿意继续投资于国内的制造业。2016 年关于中国制造业税费负担重的争议一直在持续。因此，进一步降低制造业成本、改善制造业投资环境无疑对我国未来制造业发展至关重要。

第二，当前我国存在实体经济与虚拟经济的重大结构失衡问题，由此而引发的经济风险在不断积聚。

工业尤其是制造业是实体经济的主体。实体经济是一个国家的强国之本、富民之基。但是，近些年随着我国经济服务化的趋势加快，我国经济发展中呈现出"脱实向虚"问题。这主要表现在以下几个方面，一是虚拟经济中的主体金融业增加值占全国 GDP 的比例快速增加，从 2001 年的 4.7% 快速上升到 2015 年 8.4%，2016 年初步核算结果也是 8.4%，这已经超过所有发达国家，美国不足 7%，日本也只有 5% 左右；二是我国实体经济规模占 GDP 的比例快速下降，以农业、工业、建筑业、批发和零售业、交通运输仓储和邮政业、住宿和餐饮业的生产总值作为实体经济口径计算，从 2011 年 71.5% 下降到 2015 年的 66.1%，2016 年初步核算结果是 64.7%；三是从上市公司看，金融板块的利润额已经占到所有上市公司利润额的 50% 以上，这意味着金融板块企业超过其他所有上市公司利润之总额。麦肯锡最近一份针对中国 3500 家上市公司和美国 7000 家上市公司的比较研究表明，中国的经济利润 80% 由金融企业拿走，而美国的经济利润只有 20% 归金融企业；四是实体经济中的主体制造业企业成本升高、利润下降、杠杆率提升，而且在货币供应量连续多年达到 12% 以上、2011~2015 年货币供应量 M2 是 GDP 的倍数从 1.74 倍上升到 2.03 倍比例的情况下，面对充裕的流动性，制造业资金却十分短缺，资金成本较高，大量资金在金融体系空转，流向房地产市场，推动虚拟经济自我循环。这种"脱实向虚"问题表明，实体经济供给与金融供给之间、实体经济供给与房地产供给之间存在严重的结构性失衡。

造成这种供给结构性失衡问题的原因是复杂的，有金融部门对于实体经济部门具有垄断地位、金融市场服务实体经济效率不高、房地产顶层设计缺乏和房地产市场亟待规范等众多因素，但是，必须认识到由于实体经济供给质量不高进而引起实体经济自身供求失衡、无法提供高回报率是"脱实向虚"一个根本原因。在经过快速的工业化进程，进入"十二五"时期后，中国逐步进入工业化后期，中国的实体经济规模已经十分庞大，但是我国是实体经济大国而不是实体经济强国，实体经济的供给质量还不高，一个突出表现是劳动生产率还比较低。这意味着面对由于工业化后期城市化进程加快推进而带来的人口结构变化和收入水平提高，消费结构升级明显，实体经济的供给要素和供给体系无法适应消费需求结构转型升级的需要，进而造成实体经济投资回报率低下，这一方面会导致大量资金脱离实体经济转向虚拟经济，另一方面，在开放经济下，大量的消费力量和制造业投资将转向国外，这又进一步导致实体经济萎缩。如果这个问题不从根本上解决，我国会出现经济结构高级化趋势明显但效率反而降低的

"逆库兹涅茨化"问题。对于处于中等收入阶段的中国而言，效率下降会使我们加大步入"中等收入陷阱"的风险。促进产业转型升级、提高实体经济的供给质量，不仅是扭转经济发展"脱实向虚"的需要，还是决定我国经济能否跨越"中等收入陷阱"的关键。

第三，世界经济环境不确定性加大，围绕制造业的国际竞争日趋激烈，2017年中国工业经济增速保持稳中趋缓的可能性很大。

当前世界经济呈现出"新平庸"的特点，世界经济增速持续低迷，潜在增长率在下降，国际贸易和国际投资增长乏力，尤其是受2017年美国特朗普的新政、欧洲大选、逆全球化趋势的影响，世界经济的不确定性加大。对于中国制造业而言，我们将同时面临发达国家的高端挤压和新兴经济体的低端挤压。一方面，国际金融危机以后，发达国家开始反思"制造业空心化"，纷纷推进"再工业化"战略，并以制造业信息化和制造业服务化为核心，制定各类制造业发展战略和规划。美国提出"先进制造业国家战略计划"、德国提出"工业4.0"，试图在"第三次工业革命"中牢牢占据制造业高端，特朗普更是提出各种政策来吸引制造业流回美国，这一切对中国制造业形成高端挤压态势。另一方面，快速崛起的新兴经济体将以相对低廉的成本优势，实现对中国制造的替代。随着这些新兴经济体的发展，其制造业区位吸引力会快速提升，这会对中国制造业形成低端挤压。因此，中国制造业发展面临的国际竞争日趋激烈。

在这种国际背景下以及我国国内工业行业固定资产投资和工业投资回报率下滑等国内趋势性因素的影响下，2017年上半年我国工业趋缓压力依然巨大。基于中国社会科学院工业经济研究所工业经济形势分析课题组的模型预测，2017年全国规模以上工业增加值增长5.8%左右，比2016年6.0%的增长率低0.2个百分点。由于价格上涨、营收上升、成本下降及低基数效应等，2017年规模以上工业企业效益延续上升势头预计至少将持续到2017年中，上游利润增速继

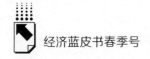

续回升，中游整体小幅回升，下游基本稳定。考虑到房地产周期的影响，以及汽车产业政策回归正常，到 2017 年第三季度，工业可能再次承受压力。

三 未来中国工业经济发展应处理好的几方面关系

2016 年中央经济工作会议提出，必须从供给侧结构性改革入手努力实现供求关系新的动态均衡，而供给侧结构性改革，最终目的是满足需求，主攻方向是提高供给质量，也就是要减少无效供给、扩大有效供给，着力提升整个供给体系质量，提高供给结构对需求结构的适应性。工业经济是供给体系的主体内容，提升工业经济的供给质量，无疑是供给侧结构性改革的重中之重。这意味着，中国工业经济增长的重点应该从数量扩张转向质量提升，为此，应该处理好以下几方面关系。

一是正确处理降低成本与提升质量的关系，持续提升中国工业产品质量。虽然中国工业体系十分完整，能生产联合国工业门类中的所有产品，但在低成本工业化战略驱动下，产品档次偏低，标准水平和可靠性不高，缺乏世界知名品牌，2016 年世界 500 强制造业品牌数量仅占 2%，中国制造的产品质量和品牌在消费者心目中的地位一直没有得到有效提升。工业转型升级的终端体现的是产品质量和企业品牌的提升，工业强国首先一定是质量强国。中国工业一定要走出为了降低成本而牺牲质量的误区。围绕提升质量，企业必须持续强化全面质量管理，不断进行管理创新和工艺创新，构建精益求精的"工匠精神"文化，而国家必须加强计量、标准、认证认可和检验检测等国家质量技术基础（NQI）建设，其中计量是控制质量的基础，标准是指引质量提升的基础，认证认可是建立质量信任的基础，检验检测是衡量质量的基础。

二是正确处理服务业和工业的关系，生产性服务业发展要有利于提升促进工业转型升级。近几年我国经济服务化趋势十分明显，工业比重持续下降，但由于服务业"鲍莫尔成本病"以及服务业自身结构转型升级缓慢，服务业的效率远低于工业，我国存在经济结构升级、效率降低的"逆库兹涅茨化"风险。"中等收入陷阱"问题本质上是一个效率问题，跨越"中等收入陷阱"要求工业和服务业之间形成一个互相促进转型升级，进而提高效率的良性机制。生产性服务业要大力发展，但一定要以促进工业转型升级、提升工业效率为目的，资本市场建设要围绕培育战略性新兴产业、利用新技术全面改造传统工业这个中心，坚决避免虚拟经济过度偏离工业而形成泡沫经济。

三是正确处理对外开放与自主创新的关系，重视发挥外资对中国工业转型升级的作用。虽然我国进入更加强调自主创新的发展阶段，但是自主创新与对外开放、消化引进国外先进技术、促进公平市场竞争等政策并不矛盾，何况消化引进再创新本身就是自主创新的一种重要的方式。毋庸置疑，任何一个国家都需要培育自身自主创新能力，努力占领技术制高点，减小技术对外依存度，但是当今的世界，自主创新能力培育的方式不是闭关锁国，而是在扩大开放基础上交流融合创新。当前我国需要进一步营造公平竞争环境，推动新一轮高水平对外开放，充分发挥外资在高端、智能、绿色等先进制造业和工业设计、现代物流等生产性服务业领域的作用，促进中国工业沿着高端化、智能化、绿色化、服务化方向转型升级。

四是正确处理产业政策与竞争政策的关系，重视发挥竞争政策对工业产业组织的优化作用。当前中国进入工业化后期，虽然产业政策在培育战略性新兴产业、激励创新、淘汰落后产能等方面还有重要作用，但我国长期以来习惯采用的强选择性产业政策的不适应性日益突出，而以完善市场竞争秩序、创造有利于技术创新的生态环境为基本导向的竞争政策的意义则更为显著。在这种背景下，2015 年 10 月 12 日《中共中央国务院关于推进价格机制改革的若干意见》明确指出，加强市场价格监管和反垄断执法，逐步确立竞争政策的基础性地位，加快建立竞争政策与产业、投资等政策的协调机制。因此，建立和完善竞争政策的作用机制，促进民营企业、中小微企业公平参与市场竞争，优化工业产业组织结构，发挥民营企业、中小微企业在颠覆式创新中的作用，对工业转型升级具有重要意义。

参考文献

国家统计局：《中华人民共和国 2016 年国民经济和社会发展统计公报》，2017 年 2 月 28 日，http：//www. stats. gov. cn/tjsj/zxfb/201702/t20170228 _ 1467424. html。

黄群慧：《中国工业在稳增长与调结构之间寻求平衡》，《上海证券报》2016 年 7 月 21 日。

黄群慧、张航燕：《工业经济新常态愿景下的分化与突破》，《区域经济评论》2016 年第 3 期。

黄群慧：《着力提升实体经济供给质量》，《光明日报》2017 年 2 月 7 日。

黄群慧：《振兴实体经济要着力推进制造业转型》，《经济日报》2017 年 2 月 10 日。

赵云城：《工业稳中提质》，2017 年 1 月 22 日，http：//www. stats. gov. cn/tjsj/sjjd/201701/t20170122_ 1456821. html。

中国社会科学院工业经济研究所工业经济形势分析课题组：《中国工业经济运行年度报告（2016~2017）》，中国社会科学出版社，2017。

B.4
"统计外收入"及其对居民收入
与经济增长同步性的影响

——两种统计口径的对比分析

张车伟 赵 文*

摘　要： 本文比较国家统计局住户调查数据和《资金流量表》
数据，估算了近年来"统计外收入"的规模和结构，
分析了影响居民收入与经济增长同步性的因素。研究
发现，基于住户调查的城乡居民收入存在被低估情况，
这些收入我们称之为"统计外收入"。据推算，1992
年以来，居民人均可支配收入遗漏率在18%到27%之
间波动。工资性收入和转移性收入遗漏率低，经营性
收入和财产性收入遗漏率高。遗漏率既受到统计制度
改革的影响，也受到经济形势的影响。大量"统计外
收入"的存在，意味着我国居民收入水平实际上更高
些，居民收入与经济增长之间的同步性会更好些，但
也意味着实现2020年城乡居民人均收入比2010年翻
一番的目标的实际难度更大。总的来看，未来一个时
期，居民收入增长将会保持与经济增长大致同步态势。

关键词： 可支配收入　遗漏率　资金流量表　住户调查　同步性

---

* 张车伟，中国社会科学院人口与劳动经济研究所所长，研究员；赵文，中国社会科学院人口
与劳动经济研究所副研究员。

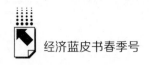
一 问题的提出

我国经济发展进入新常态，是十八大以来党中央在科学分析国内外经济发展形势、准确把握我国基本国情的基础上，针对我国经济发展的阶段性特征所做出的重大战略判断。研究新常态下居民收入与经济增长"同步性"问题，是"认识新常态、适应新常态、引领新常态"的内在要求。在新常态下，我们需要更注重民生改善，更注重居民收入的合理增长，并使之与经济增长"同步性"提高。

2013～2015年，我国居民人均可支配收入年均增长率超过同期经济增长率1.1个百分点。居民收入增长低于经济增长的趋势得以改变，不过，2016年第一季度和第二季度，居民收入累计增长率下降到了6.5%，第三季度下降到6.3%，居民收入增长又开始滞后于经济增长。这是不是意味着居民收入增长又步入了滞后于经济增长的通道了呢？

实际上，2013年以来，住户调查得到的居民人均可支配收入总额占GDP的比重，不仅没有下降，反而是持续上升的，如图1所示，这意味着居民人均可支配收入对人均GDP的比率也是上升的，居民收入增长的总体形势是向好的。那么，我们应如何解释2016年前三季度居民收入增速低于GDP增速的现象呢？

由于调整居民收入的价格指数和GDP价格指数不同，两个价格指数变化的不同当然也会影响到居民收入增长和经济增长的同步性。居民收入的实际增长率，是去掉了物价因素后的增长率，即考虑了居民消费价格指数（CPI）的变化。近年来，代表国民经济整体价格变化的GDP平减指数，2012～2015年，年均低于居民消费价格指数0.9个百分点。尤其是2015年，GDP平减指数为－0.49，而居民消费价格指数为1.4，两者相差1.89个百分点，这直接拉低了居民收入实际增速。这说明,消费品相对于非消费品价格上涨,是居民收入增速相对于 GDP 增速下降的重要原因。2016 年第四季度,如果非消费品价格相对于消费品上涨,那么,物价结构性变化的因素对于居民收入与经济增长的"同步性"的扰动作用将会减弱。

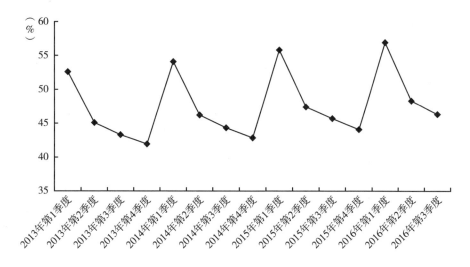

图 1　居民人均可支配收入总额(季度累计)占 GDP
(季度累计)的比重

资料来源:根据国家统计局网站数据计算。

除了物价因素外,还有一类重要因素也会影响"实际的"居民收入与经济增长的同步性,且影响较大,这就是本文所谓的"统计外收入"。由于这类收入的存在,社会各界对真实的居民收入增长的看法也不尽相同。探讨"统计外收入"对居民收入的影响曾是社会上关注的一个热点问题。王小鲁(2010)通过高收入者问卷调查,认为被统计遗漏的"隐性收入"高达 9.26 万亿元(约占当年 GDP 的 30% 多,加上这部分遗漏收入,全国居民收入为 23.3 万亿元,约占当年 GDP 的 77%),其中 5.4 万亿元是灰色收入。甘犁(2011)的研究则通过家庭问卷调查,认为统计上的居民收入是实际收入的

93%，两者差别不如王小鲁报告的那样大。不过，基尼系数为0.61，高于国家统计局公布的0.477，也远高于国际公认的警戒线0.4。白重恩（2015）通过对2002~2009年的城镇居民消费数据的分析认为，财产性收入的遗漏程度最高，工资性收入次之，经营性收入和转移性收入最低；2002~2009年家庭收入的平均遗漏程度为65%，隐性收入规模占我国2002~2009年相应各年GDP的19%~25%；城镇基尼系数为0.5，而非国家统计局公布的0.34。白重恩报告的收入遗漏率与王小鲁的结果类似，基尼系数与甘梨的结果类似。

上述关于居民"统计外收入"的研究和估算都在一定程度上引起了社会的关注，但并不意味着已经解决了关于我国居民"统计外收入"的问题。我们这里主要使用国家统计局公布的不同统计口径的数据，试图进一步估算居民统计外收入的规模和结构，并分析居民收入增长和经济增长的同步性，进而为厘清居民收入增长的真实状况提供一个视角。

二 居民可支配收入与"统计外收入"：两种统计口径的对比分析

目前，我国居民收入数据是根据国家统计局居民住户调查资料推算的。受高收入户配合程度低、样本代表性不够强等因素的影响，住户调查数据往往低估实际收入状况，从这个意义上说，居民收入存在所谓的"统计外收入"。由于缺乏更可靠的资料，人们很难判断居民收入被低估的程度，更难以说清楚"统计外收入"的规模大小以及如何随经济增长而变化的情况。

以往的研究大都使用不同来源的其他居民收入调查数据来估算"统计外收入"，这样的办法固然是可行的，但同样存在"高估"或"低估"的问题。我们这里使用国家统计局国民经济核算数据来估算居民收入的"统计外收入"状况。由于国民经济核算数据是国家统计局独立于居民住户调查数据的另一来源数据，通过这一方法估算的居民收入状况在一定程度上能够为我们了解居民收入的实际状况提供更多的信息。具体来说，这一方法就是用全国的可支配收入总额减去企业部门和政府部门的可支配收入总额，得到居民的可支配收入总额并进而得到人均可支配收入，通过比较居民住户调查数据，我们可以了解居民收入的"统计外收入"状况。

本文使用的国民经济核算数据是国家统计局发布的《资金流量表》。资金流量核算是国民经济核算体系的重要组成部分，它系统地反映了一个国家或地区中各主要机构部门的资金流量和流向。通过资金流量分析，可以研究各经济主体的收入分配关系、资金余缺程度、融资规模、融资结构，为制定宏观经济政策提供依据。国家统计局发布的《资金流量表》采用复式记账形式，由两部分组成。上半部分为实物交易，下半部分为金融交易。每个部分包括5个部门，即非金融企业部门、金融机构部门、政府部门、住户部门和国外部门。实物交易部分的统计项目有33个，计算居民可支配收入需要使用的统计项目包括增加值、雇员劳动报酬、生产税净额、利息、红利、地租、其他财产性收入、收入税、社会保险缴款、社会保险福利、社会补助、其他经常转移12个统计项目。这12个项目的资金来源减去资金运用，再加上一些调整项目①，就可以得到住户部门的可支配收入总额。其中，

工资性收入总额 = 全部部门劳动者报酬的资金来源 - 住户部门社会保险缴款的资金运用 - 住户部门其他经常转移的资金运

---

① 主要涉及对居民自有住房增加值、社保居民缴费、社保职工缴费、公积金单位缴费、农业补贴、一次性补偿等项目的分类调整。

用＋居民（不包含职工）社会保险缴款－住户部门收入税（劳动所得）－公积金单位缴款－公积金个人缴款＋工资性调整项目

经营性收入总额＝住户部门增加值－住户部门生产税净额的资金运用－住户部门利息的资金运用－住户部门红利的资金运用－住户部门地租的资金运用－住户部门其他财产收入的资金运用－住户部门收入税的资金运用－住户部门收入税（经营所得）－居民自有住房增加值－四项惠农补贴＋经营性调整项目

财产性收入总额＝住户部门利息的资金来源＋住户部门红利的资金来源＋住户部门地租的资金来源＋住户部门其他财产收入的资金来源－住户部门收入税（财产所得）＋财产性调整项目

转移性收入总额＝住户部门社会保险福利的资金来源＋住户部门社会补助的资金来源＋住户部门其他经常转移的资金来源＋公积金单位缴款＋四项惠农补贴＋一次性补偿等项目－居民（不包含职工）社会保险缴款＋转移性调整项目

居民（不包含职工）社会保险缴款数据并不来自《资金流量表》，是本文基于《中国统计年鉴》关于社会保险基金收支情况的计算。居民（不包含职工）社会保险缴款是社会保险收入减去失业保险基金收入、工伤保险基金收入、生育保险基金收入、城镇职工基本医疗保险基金收入、城镇职工基本养老保险基金收入后得到的。

利用这一方法，可以计算我国近年来的居民可支配收入。如表1所示，我们发现，2013年，国家统计局发布的居民可支配收入总额为24.9万亿元，人均18311元；本文使用《资金流量表》核算的总额为31.6万亿元，人均23254元。住户调查数据只有《资金流量表》核算的78.7%。从收入结构来看，2013年，《资金流量表》核算的工资性收入11076元，经营性收入6836元，财产性收入1548元，转移性收入 3793 元。其中，工资性收入遗漏率为 6%，经营性收入遗漏率为 49.8%，财产性收入遗漏率为 8.1%，转移性收入遗漏率为 19.8%，2014 年的情况与 2013 年类似。

表 1 居民可支配收入总额：两种统计口径对比

单位：亿元，%

项目		居民可支配收入总额				
			工资性	经营性	财产性	转移性
2013 年	A	249158	141661	46736	19367	41394
	B	316418	150719	93021	21062	51615
	A/B	78.7	94.0	50.2	91.9	80.2
2014 年	A	275850	156213	51047	21718	46872
	B	347218	166594	99644	23658	57322
	A/B	79.4	93.8	51.2	91.8	81.8

注：A 是住户调查数据，B 是《资金流量表》数据。
资料来源：根据《中国统计年鉴》（2014 年、2015 年和 2016 年）计算。

我国发布了从 1992 年开始的《资金流量表》，住户调查则更早，因此，我们可以在更长的时间上，比较住户调查数据和《资金流量表》数据的差距。这里有一个技术细节需要说明。从 2012 年开始，国家统计局住户调查按照可支配收入的统计口径记录数据，在此之前，城镇居民的可支配收入统计数据是按照"城镇居民家庭可支配收入 = 家庭总收入 - 缴纳个人所得税 - 个人交纳的社会保障支出 - 记账补贴"计算的，不包含工资性收入、经营性收入、财产性收入和转移性收入在可支配收入统计口径下的信息。农村居民统计的是纯收入，即"农村居民家庭纯收入 = 总收入 - 家庭经营费用支出 - 税费支出 - 生产性固定资产折旧 - 赠送农村内部亲友"，也不包含工资性收入、经营性收入、财产性收入和转移性收入在可支配收入统计口径下的信息。因此，城镇居民总收入总额和农村居民纯收入总额中，包括了可支配收入统计口径中不包括的"社会保险个人缴费部分"、"公积金个人缴费部分"和"个人所得税",扣除之后可以得到2012年之前的统计口径下的城乡居民可支配收入数据。

另外,国家统计局在2012年12月开启了城乡一体化住户调查改革,对居民可支配收入的统计方法和统计口径进行了调整。比如,公积金提取不再作为转移性收入,而是作为"非收入所得",单位和个人缴纳的公积金记为工资性收入,这就增加了工资性收入,减少了转移性收入在可支配收入中的比重。再比如,统一在常住地对居民开展抽样调查,尤其是对家在农村又常年外出的农民工本人直接调查。这就拉低了城镇居民工资性收入,拉高了农村居民转移性收入。公积金、单位缴纳的社会保险费、实物福利、离退休费和报销医疗费、惠农补贴等统计项目的调整对可支配收入的结构都有明显的影响。

受数据可获性因素影响,尤其是城镇居民中农村转移人口的收入情况和人数占比数据难以获得的原因,本文仍使用旧口径住户调查的可支配收入数据和《资金流量表》的核算结果进行比较。如图2和图3所示,居民人均可支配收入遗漏率在18%到27%之间波动。其中,波谷出现在2002~2004年和2012~2014年。2002年和2012年都是国家统计局住户调查的改革年份。2002年之前,由于居民收入渠道不断拓宽,消费领域扩大,吃穿用消费比重下降,家庭财富积累增加,私有财产保护意识增强,怕露富心理加重等因素,再加上记账户隐瞒收入现象频繁发生,总体收入估算偏低,调查数据质量受到一定影响。因此,国家统计局适时开展了住户调查改革,调整调查对象、调查频率和调查范围,将住房、医疗、养老、失业等社会保障项目纳入调查范畴,对所有城市的调查户资料采用超级汇总方式,减少中间环节对调查数据质量的干扰。结果,住户调查的数据质量应声提高,遗漏率大幅下降。对照2002年的改革效果,我们认为,2012年以来遗漏率的下降,是此次住户调查改革效果的体现。

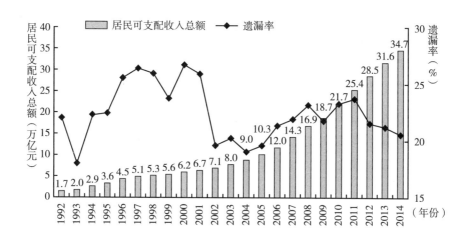

图2　居民可支配收入遗漏率

注：遗漏率是住户调查结果与《资金流量表》结果的差值占《资金流量表》结果的比重。居民可支配收入总额是《资金流量表》核算的结果。

资料来源：根据《中国统计年鉴》计算。

从四项收入的遗漏率来看，工资性收入和转移性收入的遗漏率较低，经营性收入的遗漏率起初较低，后来逐渐升高。财产性收入的遗漏率一直较高。工资性收入遗漏率低，说明工资性收入本身较为稳定，透明度高；转移性收入遗漏率最低，说明低收入居民瞒报动机弱；经营性收入和财产性收入遗漏率高，说明高收入居民和私营业主的统计遗漏更多，这是藏富心理的表现。综上所述，2014年我国居民可支配收入中，约有20.6%的是"统计外收入"，它约占当年GDP的11.2%。那么，这部分"统计外收入"意味着什么呢？

第一，大量的"统计外收入"意味着我国居民收入在世界上的排名更加靠前。相对于我国来说，发达国家的财政收入更依赖于个人所得税，其居民收入瞒报遗漏率比我国低很多，因此，其居民收入统计数据更为真实可靠。根据联合国2014年的统计，我国居民收入排60名左右，考虑到统计漏报后，排47名左右，超过墨西哥，次于马来西亚和土耳其。按照目前的收入增速，到2020年，我国居民收入

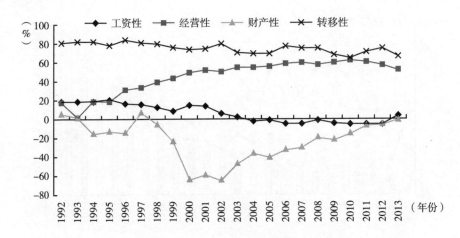

图3 居民人均可支配收入遗漏率：四项收入

注：遗漏率是住户调查结果与《资金流量表》结果的差值占《资金流量表》结果的比重。

资料来源：根据国家统计局网站数据计算。

将会达到35名左右，与波兰、匈牙利和俄罗斯的收入水平相当。

第二，意味着我国个人所得税偷漏现象严重。2014年个税总额为7377亿元，占名义居民可支配收入的2.7%，占实际居民可支配收入的1.9%。美国的这一比例为10.8%，德国和英国为12%，日本为4.5%。我国个税占全部税收不到7%，这一比例如果能够提高，将极大地缩小收入差距，增加社会公平，增加财政收入。

第三，意味着居民收入与经济增长的实际的同步性更高。居民收入的统计遗漏率2002～2004年是最低的，约为20%，后来持续提高到2011年的24%，然后下降到2014年的21%。遗漏率与基尼系数的走势基本一致，与经济景气程度基本一致，说明统计漏报集中于高收入居民，也说明高收入居民的收入变化与经济形势的同步性更高，整体居民收入与经济增长的实际的同步性比统计数据表现的同步性更高。

第四，意味着我国实际工资近年来上涨明显。以往，判断我国工资变化依靠两个指标，一是城镇单位就业人员的工资，二是居民住户调查的工资性收入。问题是，城镇单位就业人员仅占非农就业人员的28%，约1.8亿人，还有3.3亿人在私营企业、乡镇企业工作或在城镇灵活就业，无法被统计覆盖。居民住户调查的工资性收入能够覆盖全体工薪劳动者，但漏报严重。观察这两个指标分别对人均GDP的比率，可以发现，我国实际工资自2012年起是持续快速下降的，尤其是私营企业就业人员的工资（包括农民工），这与实际不符。利用《资金流量表》数据匡正后发现，相对于经济增长来说，2011年是2002年之后的实际工资最低点，雇员年平均工资为27455元，与人均GDP的比率为75%。2012年后实际工资是上涨的。2015年，雇员年平均工资为41399元，与人均GDP的比率为83%。其中，城镇单位职工为63004元，其他雇员为28980元。2015年相比2011年，雇员名义工资上涨了13944元，名义涨幅为51%，而同期人均GDP名义涨幅为37%。

第五，意味着实现2020年城乡居民人均收入比2010年翻一番的目标的实际难度更大。由于经济下行，高收入者的收入增长要低于中低收入者，因此，统计遗漏率近年来有所下降。这就造成了实际的居民收入增长率要低于公布的增长率。而且，我国居民收入变化滞后于经济变化8个季度，这是由工资调整所需时间决定的。因此，未来居民收入增长率会因前期的经济增长率下降而更低。

三 影响居民收入与经济增长同步性的因素

由于居民收入长期落后于经济增长，在经济下行压力加大的情况下如何提高"同步性"、如何实现到2020年居民收入比2010年翻一番的全面建成小康社会目标已成为一项艰巨任务。在获得了新的居民可支配收入数据后，我们不禁要问，未来居民收入增长与经济增长的"同步性"趋势是怎样的？

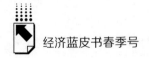

（一）分析框架和数据

居民收入与经济增长同步性（以下简称"同步性"），受到多方面因素的影响。只有把这些因素的影响纳入同一个分析框架，使用数量方法计算和比较大小，才能辨别哪些是主要因素，哪些是次要因素，才能"对症下药"。居民收入与经济增长同步性，可以由居民可支配收入总额与国内生产总值的比率来表示。对于影响"同步性"的各类因素，可以构建分析框架如下。

$$\frac{DI}{GDP} = \frac{DI}{PUF} \cdot \frac{PUF}{GDP} \tag{1}$$

$$\Delta\left(\frac{DI}{GDP}\right) = \Delta\left(\frac{DI}{PUF}\right) \cdot \frac{PUF}{GDP} + \frac{DI}{PUF} \cdot \Delta\left(\frac{PUF}{GDP}\right) \tag{2}$$

其中，DI（Disposable Income）为居民可支配收入总额，它与国内实物交易资金支出（Domestic Physical Utilization of Funds，简称 PUF）的比值可以表示为 $\frac{DI}{PUF} = \sum_i \frac{DI_i}{PUF}$。$i = 1$，2，3，4 表示工资性收入总额、经营性收入总额、财产性收入总额和转移性收入总额。令

$$\frac{PUF}{GDP} = \begin{bmatrix} \frac{PUF_1}{GDP_1} & \cdots & \frac{PUF_n}{GDP_n} \end{bmatrix} \cdot \begin{bmatrix} \frac{GDP_1}{GDP} \\ \vdots \\ \frac{GDP_n}{GDP} \end{bmatrix}, \text{从而有：}$$

$$\Delta\left(\frac{DI}{GDP}\right) = \sum_i \Delta\left(\frac{DI_i}{PUF}\right) \cdot \frac{PUF}{GDP} + \frac{DI}{PUF} \cdot \Delta\begin{bmatrix} \frac{PUF_1}{GDP_1} & \cdots & \frac{PUF_n}{GDP_n} \end{bmatrix} \cdot$$

$$\begin{bmatrix} \frac{GDP_1}{GDP} \\ \vdots \\ \frac{GDP_n}{GDP} \end{bmatrix} + \frac{DI}{PUF} \cdot \begin{bmatrix} \frac{PUF_1}{GDP_1} & \cdots & \frac{PUF_n}{GDP_n} \end{bmatrix} \cdot \Delta\begin{bmatrix} \frac{GDP_1}{GDP} \\ \vdots \\ \frac{GDP_n}{GDP} \end{bmatrix} \tag{3}$$

利用《资金流量表》可以对公式（3）进行分析。《资金流量表》中，国内实物交易资金支出是由 4 个部门组成，分别是非金融企业部门、金融机构部门、政府部门、住户部门，因此，式（3）中的 $n = 1$，2，3，4。每个部门的资金支出设有雇员劳动报酬、自雇劳动报酬、生产税净额、利息、红利、地租、其他、收入税、社会保险缴款、社会保险福利、社会补助、其他经常转移、最终消费、资本转移、资本形成总额和土地出让金 16 个统计项目。因此，居民可支配收入总额与国内生产总值的比率的变化量可以根据式（3）分解为六种效应（工资性收入效应、经营性收入效应、财产性收入效应、转移性收入效应、资金流量效应和部门结构效应），其中式（3）右边第二项可以继续分解为以上 16 种子效应。这样，就可以分析居民收入与经济增长同步性受到哪些因素影响，各因素的作用有多大了。

（二）结果与分析

在不同的发展阶段，主要影响因素不同，"同步性"的走势也不同。自 1993 年以来，我国居民可支配收入总额占国内生产总值的比率的大致走势，可以分为三个阶段。如图 4 所示，1992 ~ 1997 年为第一阶段，其特点是居民部门可支配收入占国内生产总值的比率呈现波动上升的走势，从 1992 年的 62% 上升到 1997 年的 64%。1998 ~ 2011 年为第二阶段，其特点是居民部门可支配收入占国内生产总值的比率波动下降到 52%，且时间较长。2012 ~ 2015 年为第三阶段，其特点是居民部门可支配收入占国内生产总值的比率再次上升，2015 年达到 55%。

根据式（3），将居民可支配收入总额占国内生产总值的比率进行分解，以考察居民收入与经济增长的同步性，结果如表 2 所示。1997 年以前，个体经济的快速发展是影响"同步性"的主要因素。

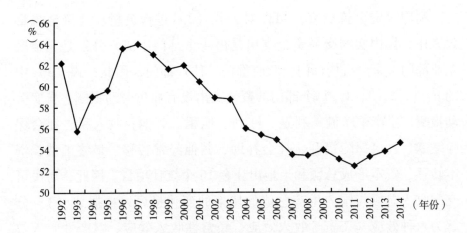

图4 我国居民部门可支配收入与国内生产总值的比率

注：1993～1995年，由于抑制通货膨胀政策的原因，城镇居民工资性收入增幅缩小，导致居民可支配收入总额与国内生产总值的比率下降。

1992～1997年，在六种效应当中，对"同步性"影响最大的是经营性收入效应，达到192%。经营性收入效应是指城乡个体经济和农业经济对比率的影响。也就是说，"下海潮"① 中的个体经济从业者收入水平增长快于经济增长，直接带动了居民收入水平脱离经济增长速度而提高。转移性收入效应（76%）也是促进居民收入水平提高的重要因素。工资性收入效应较小且为负数，是国有经济部门工资增长缓慢的结果。另外，部门结构效应（-160%）主要来自政府部门GDP在国民经济中占比的缩小，这也是"下海潮"的表现之一。

1997～2011年，居民可支配收入总额占国内生产总值的比率持续下降，工资性收入效应和经营性收入效应是影响"同步性"的最重要因素。其中，工资性收入效应（78%）和经营性收入效应（64%）

---

① 20世纪90年代，全国掀起了一股公务员辞职下海潮。人力资源和社会保障部数据显示，1992年，有12万公务员辞职下海，1000多万公务员停薪留职。诸多行业空白、竞争压力小、创业成本低等因素让一些"下海人"尝到甜头。

表2 影响"同步性"的各类效应

单位：%

效应分类		合计	效应1	效应2	效应3	效应4	效应5	效应6
1992～1997年	合计	100	−14	192	−3	76	9	−160
	非金融企业部门	113	−5	73	−1	29	−85	103
	金融机构部门	−53	−1	12	0	5	−55	−14
	政府部门	−82	−2	31	−1	12	127	−249
	住户部门	122	−6	77	−1	31	22	−1
1997～2011年	合计	100	78	64	5	−16	−27	−4
	非金融企业部门	52	29	24	2	−6	3	0
	金融机构部门	−6	5	4	0	−1	−9	−5
	政府部门	1	13	10	1	−3	−7	−13
	住户部门	53	31	26	2	−7	−14	14
2011～2014年	合计	100	1145	−1417	−75	238	962	−752
	非金融企业部门	256	420	−520	−28	87	−51	348
	金融机构部门	−128	83	−103	−5	17	−579	459
	政府部门	−247	191	−237	−13	40	228	−457
	住户部门	218	450	−557	−30	93	1364	−1103

注：对应式（3），效应1到效应6分别为工资性收入效应、经营性收入效应、财产性收入效应、转移性收入效应、资金流量效应和部门结构效应。

都直接带动了居民可支配收入总额占国内生产总值比率的下降，转移性收入效应、资金流量效应和部门结构效应都阻碍了比率下降。具体来看，工资性收入效应和经营性收入效应是影响1997～2011年居民可支配收入总额占国内生产总值比率的最重要因素。1997～2011年，我国雇员经济的规模大幅度提高，自雇经济规模相应缩小，大量劳动力从农业流向非农业，压低第二产业、第三产业工资。第一产业占国民经济的比重从18%下降到10.3%，自雇经济占国民经济的比重从35.4%下降到21.1%。这些表明，我国经济雇员化、非农化的进程，是 1997～2008 年居民可支配收入总额占国内生产总值的比例持续下降的主要原因。与雇员化同步发生的还有社会保障的均等化，这必然加大财政转移支付的力度，这反映在资金流量效应上。资金流量效应是指各经济部门在一定时期内资金支出占国内生产总值比率的变化通过其他因素对"同步性"产生的影响。资金流量效应为负数，说明 1997～2011 年，各部门总的资金支出对国内生产总值的比率是上升的，这反映了再分配力度的加大。

2011～2014 年是我国经济的换档期，影响"同步性"的各类效应都较前一时期有转折性的、大幅度的变化。工资性收入效应和经营性收入效应大幅度提高，但方向相反。这说明，雇员经济部门的劳动报酬份额和实际工资水平都在提高，而自雇部门的收入水平下降很快，这是我国经济非农化、雇员化进程的必然结果。财产性收入效应为负数，反映了金融市场波动的影响。转移性收入效应与上一个时期的作用方向类似，但作用效果显著增强。2011～2014 年，转移性收入效应是带动比率提高的原因之一。期间，我国改革和完善了社会保险制度，经常转移项目占实物交易资金支出的比重不断提高，同时，创造 1 单位国内生产总值所需的资金数量也不断提高，这就造成了经常转移项目对国内生产总值的比重提高，居民转移性收入增长较快。

2011～2014 年资金流量效应和部门结构效应的作用凸显。资金流量效应为 962%，说明 2011～2014 年，各部门总的资金支出对国内生产总值的比率是大幅度提高的。部门结构效应为 -752%，主要是政府部门和居民部门的增加值占国内生产总值的比重下降造成的。这两个部门是实物交易资金支出对增加值的比率最大的，因此，其增加值占国内生产总值的比重下降，就会带来总体的部门结构效应为负数。政府部门和居民部门的增加值占国内生产总值的比重下降，也就是非金融企业部门和金融机构部门规模的相对扩大，实际上主要是金融机构部门。2011～2014 年，金融机构部门增加值占国内生产总值的比重，从6.3%上升到7.2%，表现出了国民经济金融化、服务化的趋势对"同步性"的影响。

综合各个阶段的"同步性"特征，我们发现，财产性收入效应小，说明财产性收入与经济增长的同步性最高。财产性收入是通过交易、出租财产权或进行财产营运所获得的利息、股息、红利、租金、专利收入、财产增值收益、出让纯收益等。财产性收入与经济增长的同步性最高，也从侧面反映出党的十八大报告提出的"多渠道增加居民财产性收入"对提高居民收入与经济增长的同步性来说，具有十分重要的现实意义。

（三）两种统计口径对比

我们将影响"同步性"的各类效应在两种统计口径下的对比结果在表3中给出了。简单比较可以发现，如果以住户调查来评估各类效应的影响，那么，各类效应会比实际情况要小得多。比如，工资性收入效应在《资金流量表》数据中的贡献度为1145%，而在住户调查数据中的贡献度仅为21%。这是因为，住户调查所采用的居民记账方式，在较长的记账周期中，容易产生"记账疲劳"现象。这对调查户来说是一种负担，使调查户怕麻烦少填报或记疙瘩账现象频频发生，甚至"随行就市"地、惯性地记账，调查误差必然加大。另外，记账式调查的固有缺点导致财产性收入遗漏较多，甚至会改变统计上的财产性收入效应的方向。比如，2011～2014年，财产性收入效应在《资金流量表》数据中的贡献度为－75%，负的贡献度是由财产性收入占国内实物交易资金支出的比例下降决定的。在经济增长率走低的情况下，各类财产性收入的增速都会相对下降。而在住户调查数据中，财产性收入效应贡献度为115%，这显然不符合经济常识。因此，较之使用住户调查数据，通过《资金流量表》来考察居民收入与经济增长的同步性，是更为可靠的方法。

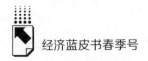

表3　影响"同步性"的各类效应：两种统计口径对比

单位：%

	效应分类	合计	效应1	效应2	效应3	效应4	效应5	效应6
《资金流量表》2011~2014年	合　计	100	1145	-1417	-75	238	962	-752
	非金融企业部门	256	420	-520	-28	87	-51	348
	金融机构部门	-128	83	-103	-5	17	-579	459
	政府部门	-247	191	-237	-13	40	228	-457
	住户部门	218	450	-557	-30	93	1364	-1103
住户调查数据2011~2014年	合　计	100	21	15	115	-73	106	-83
	非金融企业部门	61	8	5	42	-27	-6	38
	金融机构部门	-8	1	1	0	-5	-64	51
	政府部门	-12	3	2	19	-12	25	-50
	住户部门	59	8	6	45	-29	151	-122

注：对应式（3），效应1到效应6分别为工资性收入效应、经营性收入效应、财产性收入效应、转移性收入效应、资金流量效应和部门结构效应。

四　如何提高居民收入增长与经济增长的"同步性"

从有利的方面看，在经济新常态下，经济增长速度虽然放缓，但发展质量却上了一个台阶，这必然会带来一些居民收入的稳定增加。需求结构、城乡区域结构、收入分配结构的不断优化，都是居民收入稳定增加的有利因素。从不利的方面看，未来GDP增速有滑出底线的风险，如果对经济"强刺激"，势必影响"同步性"。转方式调结构既是方向也是难题，在某些条件下，过去的经济发展方式，仍然具有一定的合理性和惯性，这将会影响"同步性"。其他的不利因素还有居民收入差距较明显，低收入群体增收难度较大，地区之间收入差距大，城乡收入差距依然较大。

（一）有利因素

总体来看，进入经济新常态后，居民收入与经济增长同步性将有所提高。这是由经济新常态的特征决定的。经济新常态下，经济增长速度虽然放缓，但发展质量却上了一个台阶。经济发展质量的提高，发展后劲的充足，必然会带来居民收入的更快增加。

首先，经济新常态下，随着资本、土地等要素供给下降，资源环境约束强化，要素投入和能耗污染较少的服务业脱颖而出，产业结构将不断优化。以往，我国取得了快速的经济增长，但是，增长不完全等于发展，过去的增长，更多的是增加投入和忽视环境成本的结果。经济新常态下，要更加追求经济增长的质量，必然会带来经济增长速度的放缓，但这并不是以牺牲居民收入为前提的，相反，随着产业结构优化升级，居民收入的更快增长是更高质量经济增长的应有之义。

其次，随着要素价格上涨、储蓄率下降，出口和投资增速放缓，消费需求持续较快增长，需求结构将不断优化。除了上述供给侧的优化升级，需求侧的结构优化也必不可少。过去的经济增长，依靠高储蓄、低消费、高投资的模式。近年来，外需萎靡不振，势必要求经济增长向内需看齐。增加内需对经济增长的拉动，是平衡我国经济增长方式的重要途径。而内需增加的前提，就是要增加居民收入。

再次，随着城镇化提速、产业转移，城乡区域结构将不断优化。我国正在经历人类历史上最大规模的城镇化。城乡和区域之间的平衡发展，必然带来人口和生产要素向城镇集中，向更有经济效益的地区集中。经济要素的合理化配置，将极大地提高经济增长中的配置效率，带来新的改革红利。尤其对农村居民来说，城镇化将有效地促进其收入水平的提高，从而将促进经济增长和居民收入的同步提高。

最后，随着劳动力供给减少，人力资源稀缺性凸显，收入分配结构也将不断优化。过去的经济增长，有着近乎无限供给的农村转移人口的支撑。他们以较低的工资维持了企业部门高利润率，从而加速了企业的投资和扩张，推动我国经济增长，但也带来了居民收入增长缓慢、收入差距过大的问题。经济新常态下，劳动力供给减少，普通劳动者的工资水平逐渐提高，收入分配将有所改善，居民收入与经济增长的同步性将会提高。

（二）不利因素

经济新常态下，"三期"叠加①，矛盾交织。要防范经济风险，主要是债务风险、房地产风险以及产能过剩风险。其中，化解产能过剩，帮助企业降低成本，经济增速换挡，以及区域发展差异的持续性，都会对居民收入的持续稳定增长产生一些不利影响。

GDP 增速有滑出新常态底线的风险。经济新常态下，增长速度换档期、结构调整阵痛期、前期刺激政策消化期，三期叠加。新旧增长动力的接续存在断档风险。比如，近期国际货币基金组织发布的《世界经济展望》报告预测，中国 2016 年的经济增速将为 6.6%，2017 年降至 6.2%，这是比较低的增长水平；国家信息中心预测，2018 年经济增长率可能接近或略低于 6%。如果经济增长滑出底线，那么保增长将会优先，而保增长的主要方式是"强刺激"，即加大投资，这势必影响居民收入的增长。

转方式调结构既是方向也是难题。转变增长方式、调整经济结构的重要性，是从"九五"时期提出的。虽然历届政府为此都做了大量工作，但转方式调结构至今还是没有完成。这说明，过去的经济发展方式，仍然是某些地方政府和市场力量还认可和比较合适的方式，仍然具有一定的合理性和惯性。新的发展理念和发展方式，不是一蹴

---

① 一是增长速度换挡期，是由经济发展的客观规律所决定的。二是结构调整阵痛期，是加快经济发展方式转变的主动选择。三是前期刺激政策消化期，是化解多年来积累的深层次矛盾的必经阶段。

而就的，政府和市场需要有一个学习期、适应期和过渡期。在这种情况下，居民收入与经济增长的同步性会逐渐提高，但需要一个过程。这一过程的长短将会影响居民收入增长与经济增长的同步性。

化解产能过剩，帮助企业降低成本，会影响居民收入的增长。无论是兼并重组，还是破产清算，都是以国有资产的利益目标为优先的，而承担这项改革成本的是企业职工。许多落后过剩产能还没有被彻底淘汰，被落后过剩产能占据的资源存量和流动性存量基本上没有盘活，既影响了经济增长，也影响了居民收入增长。另外，帮助企业降低成本，势必影响工资水平的正常提高。因此，化解产能过剩，帮助企业降低成本，会影响居民收入的持续稳定增长。

内需消费不足，拉动经济和增收的引擎作用尚未体现。一是城乡居民消费率依然偏低。受经济形势、收入情况、社会保障和传统观念等多种因素影响，加之对住房、教育、医疗等预期支出的增加，居民家庭消费意愿普遍不高。居民境外投资受到限制，境内投资途径单一。二是消费占 GDP 的比重偏低。近几年国家和地方政府都出台了一系列刺激消费的政策，居民消费占 GDP 的比重逐年略有回升，2014 年不到 50%，但这一水平与发达国家相比依然较低。如果内需不能得到巩固和提高，转方式调结构就会落空，居民收入增长就会没有后劲。

居民收入差距较明显，低收入群体增收难度较大。一是目前城乡居民之间、区域居民之间、居民内部之间和行业从业人员之间还存在较大差距，这些差距导致不同群体之间占有的资源不均衡，难以实现收入阶层的跨越；二是低收入户家庭成员人口相对较多，一般文化程度低，老弱病残多，就业较为困难，无能力创业，更缺乏创业资金，生活来源主要依靠政府和社会救济，对收入的增长缺乏主动性，所以增收难度更大，所有这些都将影响全体居民共同富裕。

区域发展差异性的持续影响。与东部地区相比，我国中西部地区和东北地区仍较为落后。由于我国目前尚未建立健全的生态补偿机制和地区间转移支付机制,加之短期内生态脆弱地区产业发展受限,基本公共服务和基础设施保障水平的提升、群众改善民生的期望必将增加财政转移支付的压力。欠发达地区为加速追赶发达地区,必然把更多的精力放在经济发展和财政收入增长方面,这就会对居民增收形成一定的挤压效应,这些地区在经济快速发展的过程中要实现居民收入增长与经济发展同步的压力较大。

尽管经济新常态下,中国经济发展面临一些新的风险和挑战,但我们更应看到,新型工业化、信息化、农业现代化和城镇化"新四化"的不断推进,提供了巨大潜力和回旋空间,中国经济完全有条件、有能力保持较长时期的中高速增长,有信心、有实力化解"成长的烦恼"。

(三)居民收入与经济增长同步性的未来趋势

居民收入增长的一个特征性事实是居民收入份额与经济增长的 U 形关系。在经济发展初期,由于计划经济的特点,改革早期的居民收入份额较高,而经济增长速度较低。随着改革的推进,经济增速超越居民收入增速,投资成为经济增长的主要推动力,居民收入份额下降。这种粗放的增长方式尽管能够提高生产能力和扩大出口,但却同时造成了国内产能过剩,消费需求被压抑,环境代价极大,国际收支失衡。转变经济增长方式,提高内需对经济增长的贡献,势必要求居民收入份额提高。对于未来收入增长的趋势,我们可以利用之前建立的模型做出分析。

结果发现,目前阶段我国经济的潜在增长率为 6.47%。如果经济运行在潜在增长率的速度上,居民收入与国内生产总值的稳态比率为 65.3%。计算发现,如果国内生产总值增长率在 6.5% 到 7% 之间的话,居民收入与国内生产总值的合理比率会稳定在 65.2% 和 63% 之间。2015 年,居民收入与国内生产总值的比率约为 56.2%,这意味着我国居民收入增长的空间较大。从国际经验来看，居民收入总额占 GDP 的比例长时期的上升，同时经济保持中高速增长，是罕见的。韩国 1983~1991 年的这一比例从 79% 提高到 84%，持续 8 年，年均提高 0.63 个百分点，之后下滑到了 2014 年的 62%；日本 2001~2013 年的这一比例从 71% 提高到 79%，持续 12 年，年均提高 0.67 个百分点，但经济一直疲软；德国 1998~2003 年的这一比例从 79% 提高到 83%，持续 5 年，年均提高 0.8 个百分点；美国 2005~2012 年的这一比例从 80% 提高到 85%，持续 7 年，年均提高 0.71 个百分点。从这些经验来看，我国居民收入总额占 GDP 的比例还比较低，增长的空间较大。

除了增长的合理空间较大以外，居民收入增长还受到经济周期的影响。自 2012 年以来，居民收入增长在一些时候快于经济增长，是由于"滞后期"的存在。经验告诉我们，滞后期大约为 8 个季度。经济增长率变动 8 个季度之后，居民收入尾随经济增长的变化而变化。比如，经济增长率从 2011 年第四季度的 9.5% 下降到 2012 年第一季度的 8.0%，8 个季度之后，居民可支配收入增长率从 2013 年第四季度的 10.9% 下降到 2014 年第一季度的 8.6%。2016 年第一和第二季度，居民可支配收入增长率持平，都是 6.5%，而 8 个季度之前的 2014 年第一和第二季度，经济增长也是持平的，都是 7.4%。由此可见，2014 年第三季度到 2016 年第二季度经济增长率从 7.3% 下降到 6.7%，会引起居民收入增长率继续下降一段时期。经济增长率已经进入中速新常态，居民收入增长率还处于中高速换挡期，结果是在"滞后期"的 8 个季度时间内，居民收入增长率超过经济增长率。当越过滞后期之后，居民收入将会像经济增长率那样进入换挡期，然后进入一个中速的增长区间。

工资性收入增长的滞后性是居民收入增长滞后于经济增长的重要原因。改革开放以来劳动力市场不断发育，但工资调整机制还不完

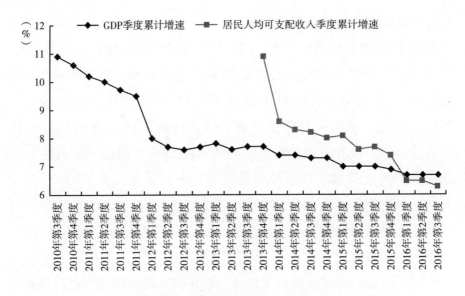

图 5　居民收入增长率与经济增长率的比较

资料来源：根据国家统计局网站数据计算。

善，工资表现得非常具有刚性，难以根据经济运行情况适时调整。这就使在经济不景气的年份，尽管各类单位机构的盈利非常有限，但仍然要支付相对固定数额的工资，工资相对于企业经营收入的比重就会提高，城镇居民人均可支配收入与人均 GDP 的比率相应提高。而在经济景气的年份，尽管企业利润很高，但并不会立即提高工资水平，工资相对于企业经营收入的比重就会下降，城镇居民人均可支配收入与人均 GDP 的比率相应下降。因此，短期的居民收入滞后于经济增长的现象，是劳动力市场不完善和工资制度不合理造成的。

根据国际经验，居民收入的增长率在经济较快增长时期，一般都要低于经济增长率。低于经济增长，并不表示"不同步"。从居民收入增长的来源来看，工资性收入、经营性收入和财产性收入无疑都是和经济变化紧密关联的，只有转移性收入是逆经济周期变化的。在我国，转移性收入占居民收入的比重只有 12%。也就是说，居民大部分收入都客观上受到经济形势变化的影响。只要居民收入变化是经济形势变化引起的，且居民收入增长率大致跟随了经济增长率，就可以认为两者是同步的。因此，我们不必追求过于短期的同步性，而是要追求"区间同步性""阶段同步性"。在一个时期内，经济形势、经济结构没有发生巨大变化，那么，居民收入的变化略滞后于经济形势的变化，应该是允许的、可接受的。

综上所述，居民收入与经济增长同步性，不仅表现在空间上，即一定时期内两者的波动范围不能相差过大，而且还表现在时间上，即两者在时间上有着协调性：经济形势变化在前，居民收入变化在后，且居民收入的变化是经济形势的变化引起的，居民收入的变化节奏和经济形势的变化节奏应该是一致的。单纯空间上的同步性没有理论根据，只是一种统计现象；单纯时间上的同步性可能带来居民收入增长尽管在节奏上跟随了经济增长，但是幅度上相差较大的情况。只有空间上和时间上两者都具有同步性，才能认为居民收入与经济增长实现了同步性。从这个意义上说，可以认为我国居民收入与经济增长已经是同步的，但同步程度还受到物价结构变动、市场调整滞后期的制约，同步程度有待提高。

五　结论和政策方向

"统计外收入"是影响居民收入与经济增长的同步性的重要因素。本文在比较住户调查数据和《资金流量表》数据的基础上，估算了近年来"统计外收入"的规模和结构。结果发现，住户调查数据存在低估的情况，因而城乡居民收入也是被低估的，存在大量的"统计外收入"。1992～2014 年，居民人均可支配收入遗漏率在 18%到 27%之间波动。2012 年以来，遗漏率逐渐下降，2014 年为 20.6%。工资性收入和转移性收入遗漏率低，经营性收入和财产性收入遗漏率高。遗漏率既受到统计制度改革的影响，也受到经济形势的影响。大量"统计外收入"的存在，意味着我国居民收入水平实际上更高，国际排名更靠前，居民收入与经济增长的实际的同步性更高，也意味着个人所得税逃税严重，实现2020年城乡居民人均收入比2010年翻一番的目标的实际难度更大。

过去，我国居民收入增长率长期偏离经济增长率，这是不正常、不可持续的。居民收入在国民收入中占比偏低的原因，主要是1997~2011年劳动力充分供给并压低了工资。2012年以来，要素结构发生了变化，刘易斯拐点来临，劳动供求形势渐趋紧平衡，实际工资率（工资与人均GDP的比率）不断提高，且再分配力度越发加大，推动了居民收入合理增长，并与经济增长的"同步性"提高。目前，居民收入与国民收入的比率的上升空间仍然较大。但由于物价结构变动和"滞后期"效应，居民收入的增长率未来还会有所波动。总的来看，未来一个时期，居民收入增长将会大致保持与经济增长同步、略低于经济增长速度的状态。

应该怎样认识居民收入与经济增长同步性？我们可以打一个比方。后车跟随前车，前车启动后，后车随之启动，但必然有一个滞后期，两车的距离也会拉大。不能因为有这个滞后期而否认两车的"同步性"。前车就是经济增长，后车就是居民收入。经济形势变化在前，居民收入变化在后。只要居民收入变化是经济形势变化引起的，且居民收入增长率大致跟随了经济增长率，就可以认为两者是同步的。居民收入对经济变化的滞后期是客观存在的，不要过于追求短期的同步性，而是要注重"区间同步性""阶段同步性"。当然，滞后期是市场发育不够成熟的表现，受到某个经济阶段的市场效率上限的约束。我们的工作，是要缩短这个滞后期，让工资性收入、经营性收入和财产性收入的调整跟上经济的步伐，跟上市场的节奏。

居民收入增长并非越快越好，而是需要与经济发展阶段相适应。

较快的居民收入增长如果没有相应经济增长的支撑，是不可持续的。改革初期，我国就曾经出现过工资侵蚀利润的问题。戴园晨和黎汉明（1988）认为，价格双轨制以及国有企业享受的预算软约束使收入分配过多向劳动倾斜，国企职工的工资性收入过快增长严重侵蚀利润，从而造成企业经营困难，收入分配格局失衡，企业成长遇到很大困难。这实际上也是后来国有企业改革的原因之一。另外，如果居民收入增长缓慢，短期内可以起到增加企业储蓄提高投资的作用，但长期来看，将造成经济增长过度依赖投资和外需的后果，不利于内需培育和经济结构优化转型。因此，居民收入和经济增长的协调同步是非常重要的。

长期来看，提高居民收入，必须加快改革步伐，同时完善劳动力和资本两个市场，改善初次分配和再分配结构，建立居民收入合理增长和合理分配的长效机制。从初次分配来看，应该通过工业化和城市化发展创造更多的就业机会，加快农村劳动力转移步伐，利用劳动力市场提高工资性收入，利用资本市场提高财产性收入，发展高效农业、鼓励个体经济发展以增加经营性收入。从再分配来看，应该更加注重转移性支付的逆周期调节和缩小收入差距的功能，提高低收入群体的收入。

参考文献

白重恩、唐燕华、张琼：《中国隐性收入规模估计——基于扩展消费支出模型及数据的解读》，《经济研究》2015 年第 6 期。

戴园晨、黎汉明：《工资侵蚀利润——中国经济体制改革中的潜在危险》，《经济研究》1988 年第 6 期。

甘犁：《来自中国家庭金融调查的收入差距研究》，《经济资料译丛》2013 年第 4 期。

王小鲁：《灰色收入与国民收入分配》，《比较》2010 年总第 48 辑。

王有捐：《我国城市住户调查制度改革的内容及方法》，《北京统计》2001 年第 9 期。

张车伟、赵文：《如何实现居民收入增长?》，《劳动经济研究》2014 年第 6 期。

张车伟、赵文：《中国工资水平变化与增长问题——工资应该上涨吗?》，《中国经济问题》2015 年第 3 期。

张车伟、赵文：《中国劳动报酬份额问题——基于雇员经济与自雇经济的测算与分析》，《中国社会科学》2015 年第 12 期。

B.5
当前我国财政运行态势
判断与财政政策展望*

何德旭　于树一**

摘　要：　财政政策的实施主要是对财政收支的规模、结构、增长速度及收支对比关系进行安排，以达到预定的政策目标。当前，我国要实施更加积极有效的财政政策，才能实现经济稳定发展和国家治理现代化的双重目标，这就需要更大程度地减收增支，这样也就会使经济新常态下的财政运行面临更大的挑战。为此，需要通过更加科学、合理的政策设计，来提升财政能力空间。这将是2017年乃至以后一段时间内，财政政策设计者面临的严峻挑战。

关键词：　财政运行　财政政策　预算

一　2016年我国财政运行的基本态势与主要特点

当前，我国财政要着力化解经济逐渐步入新常态所带来的种种

---

* 本文为中国社会科学院财经战略研究院创新工程课题"'十三五'时期深化财税价格体制改革研究——宏观经济政策选择与财税价格体制改革"的阶段性成果。
** 何德旭，中国社会科学院财经战略研究院院长、研究员；于树一，中国社会科学院财经战略研究院副研究员。

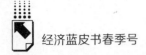

"不适",支撑"稳增长"目标的实现,同时,要全面发挥财政国家治理的基础和重要支柱作用,在贯彻五大理念的前提下支撑供给侧结构性改革。但是,财政收入已然随着经济发展态势从高速增长转入中高速增长,财政收支压力和矛盾越来越大。

(一)2016年我国财政运行的基本态势

2016年,受经济增速趋缓和积极财政政策减收增支的内在要求所限,我国财政收支矛盾显现,而通过结转结余、调入预算稳定调节资金和其他预算资金、地方政府发行专项债券等措施,财政收支矛盾在一定程度上得到了缓解,赤字与预算持平。

表1列示了2016年一般公共预算、政府性基金预算、国有资本经营预算、社会保险基金预算(以下简称"四本预算")的收支规模及增长情况。2016年"四本预算"合计的全国财政收入为257045.07亿元,全国财政支出为280783.06亿元。将结转结余、调入资金、地方政府发行专项债券等因素纳入财政收支总量的计算后,全国一般公共预算收入总量为166823.16亿元,一般公共预算支出总量为188623.16亿元,收支差额为−21800亿元;全国政府性基金收入总量为50868.46亿元,收支差额为4016.94亿元;全国国有资本经营预算收入总量为2996.31亿元,收支差额为824.85亿元。

表1 2016年财政预算收支情况

一般公共预算				
收入		支出		收支差额
规模(亿元)	同比增长(%)	规模(亿元)	同比增长(%)	规模(亿元)
159552.08	4.5	187841.14	7.4	−28289.06
政府性基金预算				
收入		支出		收支差额
规模(亿元)	同比增长(%)	规模(亿元)	同比增长(%)	规模(亿元)
46618.62	11.9	46851.52	11.7	−232.9

续表

国有资本经营预算				
收入		支出		收支差额
规模（亿元）	同比增长（%）	规模（亿元）	同比增长（%）	规模（亿元）
2601.84	2	2171.46	18.2	430.38
社会保险基金预算				
收入		支出		收支差额
规模（亿元）	同比增长（%）	规模（亿元）	同比增长（%）	规模（亿元）
48272.53	4.1	43918.94	12.3	4353.59

资料来源：财政部《关于2016年中央和地方预算执行情况与2017年中央和地方预算草案的报告》，2017年3月5日在第十二届全国人民代表大会第五次会议上发布。

从预算的完成情况来看，全国一般公共预算收支分别为预算的101.05%和103.9%，其中，中央收支分别为调整预算①的100%和99.1%，地方本级收支分别为预算的100.7%和105%；全国政府性基金预算收支分别为预算的125.4%和113.1%，其中，中央收支分别为预算的97.8%和88.5%，地方本级收支分别为预算的129%和115.6%；全国国有资本经营预算收支分别为预算的113.4%和96.1%，其中，中央收支分别为预算的102.2%和93.5%，地方本级收支分别为预算的130%和115.6%；全国社会保险基金预算收支分别为预算的102.4%和100.9%②。

可见，2016年我国"四本预算"普遍存在超收情况，与此同时，部分支出存在未完成预算的情况（主要体现在中央层面）。尽管超收幅度不大，且支出规模仍在扩张，但仍与减收增支的积极财政政策取向

---

① 由于调整中央与地方增值税收入划分过渡方案与全面推开营改增试点同步实施，2016年中央一般公共预算收入由70570亿元调整为72350亿元，增加的1780亿元全部用于对地方税收返还，相应的，中央一般公共预算支出由85885亿元调整为87665亿元。

② 据财政部2016年和2017年关于中央和地方预算执行情况与预算草案的报告中数据计算得出。

相悖，相对于既定的宏观调控目标有一定的逆调节效果。尤其需要注意的是，地方财政预算超收和超支的情况同时出现，且超预算的幅度较大，说明客观的经济形势和主观的积极财政政策对地方财政压力较大，在通过政府性基金预算和国有资本经营预算进行部分缓释。

（二）2016年我国财政运行的主要特点

透过"四本预算"的年度数据，从各项预算收支的增长态势、收支格局的调整和变动等方面，对全年财政运行的特点进行如下归纳。

1. 财政收支增长趋势发生结构性分化①

从支出增长情况看，全年一般公共预算支出增速与政府性基金预算支出呈反向变动趋势，前者逐季下降，后者逐季上升，如图1所示。2016年我国一般公共预算支出增速不但回落至个位数，也是近三年来的最低水平。支出增速放缓反映出在收入增速放缓的前提下支出趋于保守，但支出规模仍较上一年增长，反映出积极财政政策对重点领域加大支出力度。政府性基金支出自2015年第二季度开始即呈逐季增长的态势，2016年第三季度增速由负转正，第四季度更是大幅增至11.7%。地方支出是支撑这一结果的主要力量，其中与国有土地使用权出让相关的支出同比增长16.8%。

从收入增长情况看，全年一般公共预算收入增速与政府性基金预算收入也呈反向变动趋势，前者逐季下降，后者逐季上升，收入的增长较好地呼应了支出的增长，如图2所示。2016年我国一般公共预算收入增速为自1988年以来的最低增速，政府性基金预算收入累计增速虽没有延续前三季度跨越式增长的趋势，但仍呈持续攀升势头。

---

① 由于国有资本经营预算和社会保险基金预算收支的统计数据不全，这里只对一般公共预算和政府性基金预算收支进行趋势分析。事实上，国有资本经营预算规模仅占"四本预算"规模的1%左右，社会保险基金预算是专项用于社会保险的收支预算，旨在保障基金收支平衡和可持续，这两本预算收支的增长变化情况对整体影响不大。

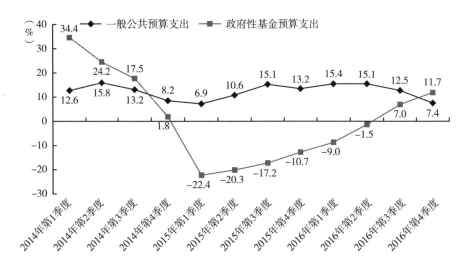

图1　财政支出累计同比增速（季度统计）

资料来源：财政部《2016 年财政收支情况》，http：//gks. mof. gov. cn/
zhengfuxinxi/tongjishuju/201701/t20170123_ 2526014. html，2017 年 1 月 23 日。

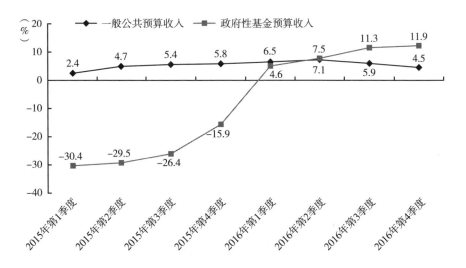

图2　财政收入累计同比增速（季度统计）

资料来源：财政部《2016 年财政收支情况》，http：//gks. mof. gov. cn/
zhengfuxinxi/tongjishuju/201701/t20170123_ 2526014. htm，2017 年 1 月 23 日。

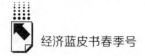

一般公共预算收入增速回落的原因主要有两个方面。首先，经济增长速度放缓是内在原因。2016年我国GDP增速为6.7%，较2015年下降0.2个百分点，且全社会固定资产投资、规模以上工业增加值、进出口、全社会融资规模等指标的增速较上年也有不同程度回落，财政收入对经济增长的敏感性较强，经济增速的下降弱化了财政收入增长的基础，必然引致其增速回落。其次，积极财政政策是直接原因。被赋予"稳增长"重任的积极财政政策旨在增支减收，仅营改增一项，全年减税规模就达5736亿元。与此同时，国家还推出了清理涉企收费、扩大部分行政事业性收费免征范围等非税收入减收政策，全年非税收入仅同比增长5%，较往年有大幅下降。政府性基金收入保持较快增速的主要原因是2016年国有土地使用权出让收入大幅增加。

2. 央地收支格局基本保持稳定

支出方面，在2016年的一般公共预算支出中，中央本级支出、地方本级支出、税收返还和转移支付的结构为15∶54∶31，与2015年的格局一致。在政府性基金预算支出中，上述三部分支出的结构为6∶91∶3，相对于2015年7∶90∶3的格局稍有调整。在国有资本经营预算中，上述三部分支出的结构为43∶33∶24，相较于2015年59∶35∶6的格局，地方支出的比重基本稳定，而中央对地方的转移支付的力度加大。

收入方面，在2016年的一般公共预算收入中，中央收入和地方收入的占比分别为45.4%和54.6%，而2015年为45.5%和54.5%，虽然年内央地收入格局有小幅调整，但最终结果未变。在政府性基金预算收入中，中央收入和地方收入的占比分别为9.0%和91.0%，相较于2015年的9.7%和90.3%，仅有0.7个百分点的调整，既有的格局也基本上没有改变。在国有资本经营预算收入中，中央收入和地方收入的占比分别为55.0%和45.0%，相较于2015年的63.0%和37.0%有较大幅度的调整，主要原因是中央企业利润较2015年下降

4.7%，而地方国有企业利润则同比增长 16.9%。

3. 税收收入结构进一步调整

2016 年，我国的税收收入为 130354 亿元，同比增长 4.3%，增幅下降 0.5 个百分点。与此同时，税收收入结构发生了明显变化，收入位列前三的是国内增值税、企业所得税及进口货物增值税、消费税，占比分别为 28.6%、20.2%、9.0%，突出表现为营业税的退出，可见，税收收入结构改变的主因是全面推开"营改增"改革试点。一方面，改革使增值税和营业税之间此消彼长。2016 年增值税同比增长 30.9%，其中改征增值税增长 2.7 倍（1~5 月增长 33%，全面推开营改增试点后的 6~12 月增长 4.5 倍）；营业税同比下降 40.4%（1~5 月增长 37.3%，6~12 月下降 95.9%）。另一方面，改革使流转税和所得税之间此消彼长。营改增是以减税降负为特征的一项改革，全面推开改革试点后，改征增值税与营业税总计同比下降 16.9%（2016 年 6~12 月）；2016 年企业所得税与个人所得税总计同比增长 9%，且其占税收收入的比重为 27.3%，达到近年峰值。这一变化体现了我国税制结构的优化，向真正的以流转税与所得税为主体的复合税制迈进了一步。

此外，宏观经济发展形势和政策也引致各项税收收入发生增减变动。国内消费税、工业企业所得税、资源税、印花税收入出现了不同程度的下降，其原因是经济的景气程度欠佳。而车辆购置税收入下降则主要受 1.6 升及以下排量乘用车减半征收车辆购置税的政策影响。2016 年实现收入增长的税种，除了进口环节税收受部分大宗商品进口价格回升影响外，主要集中于房地产相关税收，均得益于房地产交易活跃。

4. 财政支出结构全面体现五大发展理念

在党的十八届五中全会上，创新、协调、绿色、开放、共享的发展理念得到了确立，经过一年的实践，五大发展理念在财政支出结构

101

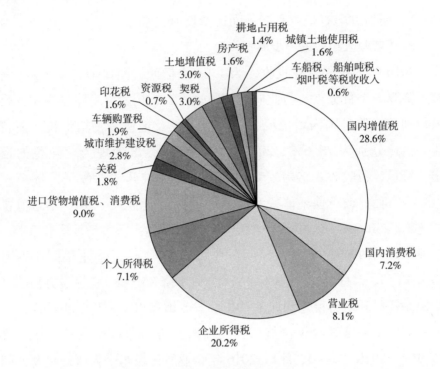

图3 2016年我国税收收入结构

资料来源：财政部《2016年财政收支情况》，http://gks.mof.gov.cn/zhengfuxinxi/tongjishuju/201701/t20170123_2526014.html，2017年1月23日。

中得到了全面体现。

在支持创新发展方面，财政用于科技创新的资金持续增加，支出结构进一步优化。2016年全国一般公共预算科技支出6568亿元，同比增长12%，重点支持公共科技活动，特别是对基础研究的支持。在科技成果转移转化、中央财政科研项目资金管理改革、科技计划（专项、基金等）管理改革、系统推进全面创新改革试验和国家自主创新示范区建设等方面均加大了财政支出力度。

在支持协调发展方面，财政主要助推区域协调发展和城乡协调发展。据不完全统计，2016年中央财政支持西部开发、东北振兴、中部崛起、东部率先发展的区域发展总体战略以及"一带一路"建设、京津冀协同发展、长江经济带战略、老少边穷地区发展超过 3 万亿元，占中央一般公共预算支出和中央政府性基金预算支出的比重接近 40%（见表 2）。2016 年全国一般公共预算农林水支出 18442 亿元，同比增长 5.9%。中央财政对"三农"方面的投入约 700 亿元，与中央本级农林水支出（781 亿元）规模相当。

表 2　2016 年中央财政区域性支出情况

区域发展战略	内容	金额（亿元）	备注
西部开发	一般性转移支付	14315	同比增长 10.6%
	中央财政扶贫资金	441.52	同比增长 40.6%
	安排车购税资金支持西部地区铁路建设	150	
	安排车购税资金支持西部地区公路建设	1406	
	安排民航发展基金支持西部地区航空事业发展	106.2	
	安排中央基建投资用于西部地区铁路建设	170	
	种植业和养殖业保险保费补贴		补贴比例为 40% 和 50%，高于东部地区 5 个和 10 个百分点
东北振兴	均衡性转移支付、县级基本财力保障机制奖补资金和阶段性财力补助合计	2008	比上年增加 352 亿元
	资源枯竭城市转移支付	64	占全国总补助额的 34.2%
	重点生态功能区转移支付补助金	73	占全国总补助额的 12.8%
	天然林保护工程补助资金	151	占全国总补助额的 68.2%
	企业基本养老保险补助资金	1064	
中部崛起	一般性转移支付	9530	同比增长 11.5%
	中央财政扶贫资金	150.32	同比增长 45.7%

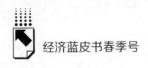

续表

区域发展战略	内容	金额(亿元)	备注
京津冀协同发展	水污染防治专项基金	11.9	
	土壤污染防治专项基金	2.3	
	国家重点生态功能区转移支付	31	
	第三批示范项目(5个交通项目)总投资	1236	
长江经济带	国家重点生态功能区转移支付	221	
	林业补助资金	56.6	
	安排中央财政资金支持构建现代农业走廊	27.5	
老少边穷地区	转移支付	1833	

注：①中央财政还通过中央基建投资、水污染防治专项资金、城市管网专项资金、车购税、港口建设费、民航发展基金等加大对中部地区基础设施建设投入。②中央财政还给予相关城市综合管廊建设试点和海绵城市建设试点奖补支持；根据相关规定，将内河船型标准化相关补助政策延续至2017年12月31日。

资料来源：根据财政部相关资料整理。

在支持绿色发展方面，2016年全国一般公共预算节能环保支出4730亿元。在节能领域，主要支持节能减排财政政策综合示范奖励、可再生能源发展补贴、新能源汽车推广、成品油质量升级改造贴息等方面；在减排领域，主要通过大气、水和土壤污染防治专项资金支持水陆空污染防治以及对农村环境、海湾环境的整治和对重点生态功能区的转移支付。

在支持开放发展方面，2016年"一带一路"建设仍是重中之重。中央财政积极为"一带一路"建设拓宽融资渠道，推动亚投行等国际金融组织将"一带一路"建设作为重点支持方向和领域。2016年分别支持亚投行和金砖国家新开发银行正式运营，支持金砖国家新开发银行在华发行30亿元绿色金融债券。中央财政还通过外经贸发展专项资金等渠道支持企业对"一带一路"相关国家投资。

在支持共享发展方面，民生支出仍将被列为重中之重。从我国一般公共预算重点支出按规模和增速排序来看（见表3），2016年教育、社会保障和就业、城乡社区、医疗卫生等重大民生支出仍占一般公共预算的主要地位。在教育方面，2016年对各阶段的教育短板均予以财政支持（详见下文）。在养老方面，按6.5%左右的幅度提高了机关事业单位和企业退休人员基本养老金标准。在医疗卫生方面，城乡居民基本医疗保险和基本公共卫生服务的财政补助标准均得到了提高。

表3 2016年我国一般公共预算重点支出规模和增速排序

序号	支出项目	规模（亿元）	序号	支出项目	增速（%）
1	教育支出	28056	1	债务付息支出	40.6
2	社会保障和就业支出	21548	2	城乡社区支出	17.1
3	城乡社区支出	18605	3	社会保障和就业支出	13.3
4	农林水支出	18442	4	科学技术支出	12.0
5	医疗卫生与计划生育支出	13154	5	医疗卫生与计划生育支出	10.0
6	住房保障支出	6682	6	教育支出	6.8
7	科学技术支出	6568	7	农林水支出	5.9
8	债务付息支出	4991	8	住房保障支出	4.3
9	文化体育与传媒支出	3165	9	文化体育与传媒支出	2.9

资料来源：财政部《2016年财政收支情况》，http://gks.mof.gov.cn/zhengfuxinxi/tongjishuju/201701/t20170123_2526014.html，2017年1月23日。

5. 债务付息支出风险加速累积

2016年末，中央和地方政府债务余额约为27.33万亿元，按国家统计局公布的GDP初步核算数计算，负债率约为36.7%，政府债务风险总体可控。然而，债务付息支出的压力和风险却是不容忽视的。

如表3所示，在2016年我国一般公共预算重点支出中，增长最快的是债务付息支出。自2016年2月财政部首次对外公布债务付息支出数据后，此项支出的规模和增长速度均逐季攀升：一季度963亿元，同比增长23.4%；二季度2347亿元，同比增长38.1%，环比增长43.7%；三季度3649亿元，同比增长41.1%，环比增长55.5%；四季度4991亿元，同比增长40.6%，环比增长36.8%，虽然增长势头稍有回落，但增速仍然畸高，规模也超过一季度末规模的5倍。可见，当前我国债务付息支出带来的支出压力和风险日益增大。

二 2016年我国的积极财政政策及其成效

（一）积极财政政策的顶层设计

2016年我国的经济发展主线聚焦供给侧结构性改革，改革任务如下，在适度扩大总需求的同时，去产能、去库存、去杠杆、降成本、补短板，提高供给体系质量和效率。为了将供给侧结构性改革落到实处，中央明确了宏观政策、产业政策、微观政策、改革政策、社会政策五大相互配合的政策支柱，且对它们的定位分别为稳、准、活、实、托底[1]。积极的财政政策作为主要的宏观政策之一，旨在为供给侧结构性改革营造稳定的宏观经济环境，拟从四个方面着力：一是着力推动供给侧结构性改革，促进发展动力顺利转换；二是支持做好补齐短板工作，提高发展的协调性和平衡性；三是增强风险防控意识和能力，努力保持财政经济稳定运行；四是扎实开展国际财经合作，增强发展的内外联动性[2]。

---

[1] 《2015中央经济工作会议》，人民网，http：//finance. people. com. cn/GB/8215/392239/401049/index. html，2015年12月18日。

[2] 《全国财政工作会议在京召开》，财政部网站，http：//www. mof. gov. cn/zhengwuxinxi/caizhengxinwen/201512/t20151228_1634931. htm，2015年12月28日。

（二）积极财政政策的供给侧结构性改革取向

2016 年我国积极财政政策的核心仍然是其本来意义上的减税降费增支，但在经济新常态背景下，压力有增无减。一方面要稳定自身的财政运行，克服经济新常态带来的系统性减收增支风险；另一方面要在继续支持稳增长的同时，履行新的宏观调控使命——保障中央的供给侧结构性改革任务落地。在 2017 年新的起点上回望 2016 年积极财政政策取得的成效，最突出的便是有力地支持了供给侧结构性改革的五大任务落地，其中，最有"含金量"的是支持降成本和补短板，大规模减轻企业税费负担，补上多项民生短板。

1. 聚焦去产能分流人员安置

2016 年，去产能的重点是钢铁、煤炭行业，全年退出钢铁产能超过 6500 万吨、煤炭产能超过 2.9 亿吨，超额完成年度目标任务。但是去产能的背后必然产生大量分流人员，据人力资源和社会保障部统计，钢铁和煤炭两个行业去产能共涉及 180 万名职工的分流安置，其中，煤炭系统 130 万人，钢铁系统 50 万人[1]。

财政政策在去产能方面的重头戏，就是解决分流人员安置的后顾之忧。为此，2016 年中央财政特别设立总规模为 1000 亿元的工业企业结构调整专项奖补资金，对地方政府和中央企业化解过剩产能的工作给予奖励，鼓励清除"僵尸企业"。资金分两年安排、五年使用，根据去产能的程度、需要安置职工人数、困难程度等因素拨付，实行梯级奖补。2016 年中央财政按照各地化解过剩产能目标任务的 80% 下达此奖补资金 407 亿元，专门用于支持地方做好钢铁、煤炭行业化解过剩产能有关人员安置工作，待验收完成后，将拨付剩余 20% 的

---

[1] 《人社部：钢铁煤炭业去产能约 180 万职工涉及分流安置》，中国新闻网，http://www.chinanews.com/cj/2016/02-29/7777138.shtml，2016 年 2 月 29 日。

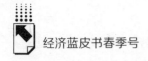

梯级奖补资金。

2. 力推房地产去库存

中央确定的 2016 年去库存任务是化解房地产库存，积极财政政策的着力点是满足多层次的住房需求，并将房地产去库存与惠民生、新型城镇化统筹推进。扩大住房需求，政策可以从三个方面着力：一是对无力购买住房的居民和家庭，支持其租房居住；二是对居住条件差的困难家庭给予货币化租金补助和安置补助；三是将政策范围扩大到非户籍人口，促其在居住地购房或租房居住。

为了与保障性安居工程同步支持房地产去库存，全国各级财政采取以"由建转买"的方式支持棚户区改造，即提高棚改货币化安置比例，由棚改居民自行在房地产市场上购买安置房，或者由政府组织棚改居民采取团购方式购买安置房。2016 年棚改货币化安置比例达48.5%，同比提高 18.6%。2016 年财政还支持 266 万户居民入住公租房，也在很大程度上消化了住房存量。

此外，新型城镇化伴随大量农业转移人口，形成了大规模城镇居住需求，积极财政政策通过支持农业转移人口市民化、鼓励农民工和农民进城购房来间接消化房地产库存。《关于实施支持农业转移人口市民化若干财政政策的通知》（国发〔2016〕44 号），提出财政政策要鼓励农业转移人口通过市场购买或租赁住房，采取多种方式解决农业转移人口居住问题。为此，中央财政专门设置农业转移人口市民化奖励资金（2016 年分配 100 亿元），来创造包括住房安置在内的一系列实现农业转移人口市民化的条件。

3. 从政府和企业两方面支持去杠杆

去杠杆的核心是降低负债率，我国杠杆的情况是结构性的。与世界主要国家相比，我国总体负债率不高，但企业债务相对较高且增长速度过快；政府债务杠杆总体不高，但地方政府债务相对较高且增长速度较快。因此，2016 年中央将去杠杆的主攻方向定位于降低企业杠杆率，积极财政政策提供了系列政策支持，而地方政府债务管理方面，则加速推动制度建设。

降低企业杠杆率方面，主要是通过债转股的方式来降低负债，为重组、破产、清算等降杠杆交易行为提供了相关财政政策支持。一是在企业重组方面，给予符合条件的企业增值税、企业所得税、土地增值税、契税等税收减免优惠；二是在企业破产注销方面，对清算费用、企业职工工资以及真实损失的呆账等予以企业所得税税前扣除；三是在企业资产证券化方面，所涉及的有关合同暂免征收印花税；四是在不良资产处置方面，允许以债转股为目的转让单笔债权；五是进一步明确国有金融企业股权转让程序，支持其灵活高效地进行债转股工作。

地方政府债务管理方面，对增量和存量都做出了有利于去杠杆的安排。在增量方面严格限额管理，在存量方面扩大债务置换，2016年因债务置换节约利息支出4000亿元，有效地减轻了地方政府债务负担，缓解了其偿债压力。事实上，我国在地方政府债务层面去杠杆的重点放在制度建设层面，2016年我国出台了多项地方政府债务管理制度，已将地方政府债务纳入闭环式管理体系，为杠杆率的有序降低打下了坚实的制度基础。

4. 通过减税降费大幅降低企业成本

积极财政政策的内涵就是通过增加支出、减少收入来达到对经济扩张性支持的效果，2016年我国积极财政政策的核心是减税降费，大幅降低了企业成本，成为最有力度的降成本举措。

在减税方面，一是全面推开营改增试点，由于实行扩大试点行业范围和扩大增值税抵扣范围的"双扩"举措，实现了所有行业全面减税、绝大部分企业税负有不同程度降低的目的。二是在企业所得税成本费用税前扣除方面，两次扩大研发费用加计扣除政策范围，对部分行业企业放宽适用固定资产加速折旧政策的条件。三是加大对小微企业和高新技术企业的税收优惠力度。四是全面推进资源税改革，消除了资源税费重叠问题，2016年资源税同比下降8.1%，减轻了企业成本负担。

在降费方面，一是进一步清理政府性基金，2016年停征、整合归并政府性基金10项，同时取消地方违规设立的政府性基金，扩大免征教育费附加等优惠政策覆盖范围。二是取消或停免征涉企行政事业性收费，2016年各地共取消、停征、免征涉企行政事业性收费90项，降低标准82项，扩大部分行政事业性收费的免征范围。三是清理规范涉企保证金和行政审批中介服务收费。此外，2016年还对住房公积金缴存比例设置了12%的上限，并提出阶段性适当降低住房公积金缴存比例的具体办法，对生产经营困难企业提供暂缓缴存的支持，切实减轻了企业的非税负担。

5. 财政支出致力于补发展短板

我国在贫困人口发展、基础设施、教育、农业等方面存在短板，而补齐这些短板的关键在于政府主导、财政投入。

在扶贫方面，2016年中央财政安排补助地方专项扶贫资金达到661亿元，比上年增长43.4%，同时，在不少于1/3的贫困县开展涉农资金整合使用试点，将多渠道分散投入的近20项可以整合使用的贫困县涉农资金纳入试点范围，以加大扶贫开发投入的力度，提升精准性。

在基础设施方面，2016年中央财政安排中央基建投资5000亿元，主要投向"一带一路"、京津冀协同发展、长江经济带三大战略以及保障性安居工程和城镇基础设施节能环保等重大基础设施，支持补基础设施短板，提高基本公共服务保障能力。此外，财政还深入推进PPP改革，积极引进社会资本参与基础设施投资。2016年对已落地、符合条件的42个示范项目拨付中央财政PPP以奖代补资金2.6亿元；联合金融机构设立规模1800亿元的中国PPP基金，为PPP提供融资支持和引导，基金推动当年完成517亿元投资额度。

在教育方面，2016 年，中央对各阶段的教育短板均予以财政支持（见表4）。

表4　2016 年中央财政对各阶段的教育短板的支持

单位：亿元

教育阶段	补短板内容	支出项目	金额
学前教育	解决"入园难、入园贵"问题	学前教育发展资金	149
义务教育	支持统一城乡义务教育学校生均公用经费基准定额	城乡义务教育补助经费	1345
	改造 8 万余所学校基本办学条件	农村义务教育薄弱学校改造补助资金	334.4
高中教育	支持各地改善连片特困等困难地区普通高中基本办学条件	改善普通高中学校办学条件补助资金	40
	免除普通高中建档立卡等家庭经济困难学生学杂费	中央财政补助资金	4.4
职业教育	支持构建现代职业教育体系	中央财政安排现代职业教育质量提升计划专项资金	176.63
特殊教育	支持特殊教育学校配备特教专用硬件建设以送教上门、医教结合等工作	特殊教育补助经费	4
新疆、西藏等地区教育	解决新疆、西藏等地区教育发展改革面临的特殊困难和突出问题	新疆、西藏等地区教育特殊补助资金	24
教师教育	重点解决中西部乡村中小学及幼儿园教师专业化培训	中小学及幼儿园教师国家级培训计划资金	20
其他	普通教育、职业教育、广电教育、留学教育、学生资助补助经费等	中央财政投入	1448

注：在高等教育阶段，全面实施新的中央高校预算拨款制度，8400 多万人次学生得到国家资助。

资料来源：根据财政部相关资料整理。

在农业发展方面，2016 年财政从六方面给予支持：一是支持主要农产品收储，二是支持粮食主产区利益补偿，三是支持绿色农业发

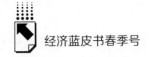

展，四是采取定向销售、划转为国家一次性储备、竞价拍卖等方式支持粮棉库存消化，五是继续支持农村流通现代化，六是通过支持高标准农田建设、高效节水灌溉、耕地修复、种植结构调整、灾后水利薄弱环节建设等支持农业可持续发展。

三　2017年我国积极财政政策展望及建议

2017年财政政策要更加积极有效，这是中央对财政政策新的定位。考虑到积极财政政策处于财政自身可持续和支撑供给侧结构性改革升级的两重任务，其减税降费增支的边界必须扩展。从现实来看，收入一端只能在三个方面做文章，一是扩大增量，二是用足存量，三是借助外力。扩大增量，即继续扩大财政赤字和政府债务规模，逐阶段提高赤字率；用足存量，即加大统筹财政资金和盘活存量资金的力度；借助外力，即积极推动政府与社会资本和金融资本的合作。支出一端则只能在两个方面做文章，一是增支，即增加必要的财政支出和政府投资；二是节约，即压缩不必要的开支，提高财政资金使用效率。事实上，过去一年的战略部署基本上考虑到这些方面，新的一年需要更关注落实，更关注还有哪些操作空间。

（一）积极财政政策的预算反映与展望

在政府预算中最能体现积极财政政策取向的是财政赤字和债务，其规模和结构的安排以及如何从收支两个方向进行分解和落实，都是积极财政政策设计所要关注的问题。

1. 财政赤字和债务的扩张

2017年预算显示，一般公共预算拟安排2.38万亿元赤字，其中，中央财政赤字15500亿元，地方财政赤字8300亿元，赤字规模与上年相比增加2000亿元，增长9%。财政赤字的预算安排体现了三重意义。第一，赤字规模的扩大体现了财政政策的扩张。第二，预算财政赤字率与上年预算持平，高于上年实际赤字率0.1个百分点，是近年增长幅度的最低水平（见图4），体现了宏观经济政策的相对稳定。第三，政府承诺增加的预算赤字主要用于支持减税降费和保障重点领域支出，既体现了对可能的财政风险的规避，也致力于满足供给侧结构性改革的需要。

从政府债务预算来看，2017年预算批准的中央国债余额限额141408亿元，地方政府一般债务限额115489亿元，地方政府专项债务限额72685亿元，分别较上年增加15500亿元、8417亿元、7883亿元[1]，分别与中央财政赤字、地方财政赤字、政府性基金赤字相对应，由此可见，2017年各预算赤字的弥补仍然主要依靠举债。

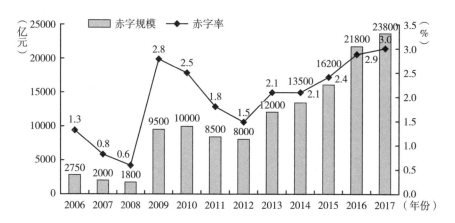

图4 2006～2017年我国一般公共预算赤字规模与赤字率变动趋势

资料来源：经财政部历年统计数据整理，2006～2015年数据为决算数，2016年数据为预算执行数，2017年数据为预算数。

2.进一步减税降费

预算安排如此大规模的赤字或债务，如何进行分解、缓释和落

---

① 2017年新增专项政府债务8000亿元，是2016年规模的1倍，形成政府性基金赤字。

实？首先，依然是支持减税降费。政府工作报告和预算报告明确提出，2017年进一步减税降费，减少企业税负3500亿元左右、涉企收费约2000亿元。

在减税方面，一是营改增试点政策的完善将释放更大的减税效应，2017年有4个月的四大行业减税翘尾因素；按照营改增政策规定，纳税人2016年购入的不动产当年可以抵扣60%，剩余的40%将在2017年同当年购入的不动产60%可抵扣部分一起抵扣；随着政策和征管的不断完善，特别是企业对税制适应性的不断增强、内部管理不断改进，抵扣的数额也会明显增大[1]；简化增值税税率结构，由4档减并至3档，进一步减轻企业负担，扩大减税效应。二是小微企业享受更为优惠的企业所得税政策，减半征收的范围上限由年应纳税所得额30万元提高到50万元，科技型中小企业研发费用加计扣除比例由50%提高至75%。三是包括物流企业大宗商品仓储设施城镇土地使用税等6项2016年底已经到期的优惠政策，2017年还将继续实施。

在降费方面，一是全面清理规范政府性基金，包括取消城市公用事业附加等基金，授权地方政府自主减免部分基金，最终全国政府性基金仅保留21项。二是取消或停征35项中央涉企行政事业性收费，收费项目减少一半以上，最终仅保留33项并公布收费目录清单。三是减少政府定价的涉企经营性收费，清理取消行政审批中介服务违规收费，推动降低金融、铁路货运等领域涉企经营性收费，加强对市场调节类经营服务性收费的监管。四是继续适当降低"五险一金"有关缴费比例[2]。

---

[1] 《2017年财政政策更加积极有效》，《经济日报》2017年1月4日。
[2] 《新一轮降费政策落地　财政部取消调整部分政府性基金》，《证券日报》2017年3月18日。

3.加大对重点支出的支持力度

2017 年全国一般公共预算支出 194863 亿元，比上年执行数（扣除地方使用结转结余及调入资金）增长 6.5%，政府性基金相关支出 55473.16 亿元，增长 21.3%。重点支出仍然是与民生和补齐短板有关的支出，如图 5 所示。从重点支出的增长情况看，教育支出、社会保障和就业支出、医疗卫生与计划生育支出分别比 2016 年同口径预算执行数增长 4.8%、5.5%、5.1%。并且，有多项新政出台：实现义务教育学生"两免一补"和生均公用经费基准定额资金随学生流动；设立支持地方高校改革发展资金 341 亿元；继续提高退休人员基本养老金标准以及基本公共卫生与基本医疗保险的财政补助标准。

此外，随着 2017 年供给侧结构性改革升级，财政对振兴实体经济的支持力度加大，2016 年设立的国家中小企业发展资金、先进制造业产业投资基金、工业转型升级资金，在 2017 年均会加大财政投入力度。在此基础上，设立中国互联网投资基金，首期募集的 300 亿元资金中，中央财政出资 20 亿元作为引导资金，该基金将支持互联网创新发展，为优秀互联网企业提供强有力的支持。2017 年中央财政中小企业发展专项资金拟安排 71.67 亿元，重点支持 30 个城市开展"小微企业创业创新基地城市示范"，为小微企业提供融资支持的同时，优化创业创新机制。

4.继续挖掘、统筹、盘活财政资金的空间

2017 年，中央在统筹和盘活财政资金方面也有了新的动作。

一是预算间的统筹。在前两年统筹的基础上，将新增建设用地土地有偿使用费、南水北调工程基金、烟草企业上缴专项收入 3 个项目收支由政府性基金预算转列一般公共预算，同时，将中央国有资本经营预算调入一般公共预算的比例由 2016 年的 19% 提高到 22%。2017 年一般公共预算显示，将从政府性基金预算中调入 26 亿元，从国有资本经营预算中调入 257 亿元。

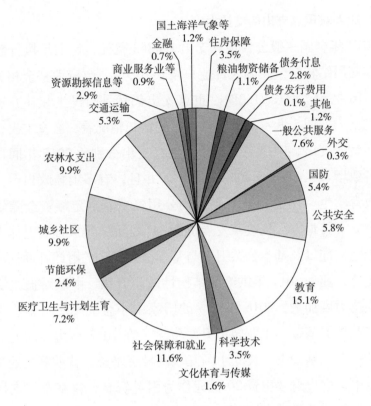

图5　2017年全国一般公共预算支出结构

资料来源：财政部。

二是加大财政支出优化整合力度。在2016年整合设立土壤、大气、水三项污染防治基金以及启动贫困县涉农资金整合试点的基础上，2017年将进一步整合设立水利发展资金，贫困县涉农资金整合试点范围也将扩大到全部贫困县，并探索建立涉农资金统筹整合长效机制。

三是加大专项转移支付的清理和整合力度。在2016年专项转移支付压减到94个的基础上，2017年将进一步压减至76个（见图6），对缓解专项转移支付使用效率较低、使用进度慢、资金沉淀闲置等问题的成效显著。预算显示，2017年中央对地方转移支付56512亿元，增长 7%，其中一般性转移支付占 62%，增长 9.5%，专项转移支付占 38%，增长 3.1%，实现了转移支付结构优化。

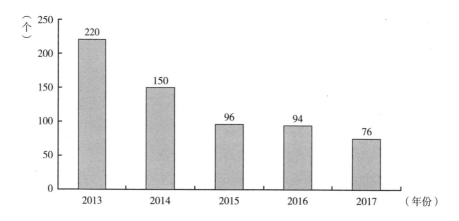

图 6　2013～2017 年我国专项转移支付数量

资料来源：财政部。

5. 保障政府与社会资本合作项目落实

近三年来，我国政府与社会资本合作得以有序推进：2015 年推广，2016 年签约，2017 年落地开工。据专家测算，2017 年 PPP 落地项目累计计划投资额将达到 4.2 万亿元，落地开工规模达到 1.4 万亿元，贡献固定资本形成总额 7700 亿元，将拉动 GDP 增长 1.1 个百分点左右①。按照《政府和社会资本合作项目财政承受能力论证指引》的要求，每一年度全部 PPP 项目需要从预算中安排的支出责任，占一般公共预算支出的比例应当不超过 10%，按此标准，2017 年财政对 PPP 的投入将不到 2 万亿元，可见，引入 PPP 真正实现了财政的小投入、大产出，对政府债务形成有效替代。

为了能让 PPP 健康发展，发挥更大的效力，2017 年财政部

---

① 朱振鑫、杨晓：《从风动到幡动：2017 年 PPP 落地规模及影响测算》，央视网，http://jingji.cctv.com/2017/01/05/ARTIzi7oDcbNg2Pm0fsPToBQ170105.shtml，2017 年 1 月 5 日。

PPP中心与天津金融资产交易所合作共建"PPP资产交易和管理平台",与上海联合产权交易所合作共建"PPP资产交易中心",为社会融资搭建平台。此外,2017年国务院办公厅印发《关于进一步激发社会领域投资活力的意见》,引导PPP发展范围扩展到医疗机构、养老服务机构、教育机构、文化设施、体育设施建设运营领域;财政部出台《政府和社会资本合作(PPP)综合信息平台信息公开管理暂行办法》,从制度层面为PPP的发展营造公开、透明的环境。

6.明确节约和压缩一般性支出幅度的下限

2017年政府工作报告和预算报告均提出,按不低于5%的幅度压减非刚性、非重点项目支出,同时,继续按照只减不增的原则,严格控制"三公"经费预算,压减会议费、培训费、宣传费、咨询费、软课题经费和涉企补助等支出。另外,对政策目标已经实现的项目,不再安排预算;对实施环境发生变化的项目,重新核定预算;对绩效不高的项目,减少预算安排或不再安排,提高支出的有效性和精准度。这样,从支出端进行结构性调整,对基本民生保障和扶贫、农业、生态环保等重点领域投入优先保障且有增无减,对除此之外的一般性支出、项目支出做到最大限度地压缩和节约,也相对减轻了赤字和债务的压力。

(二)推动财政政策更加积极有效的建议

如何让财政政策更加积极有效?收入方面,需要更加积极地减税降费;支出方面,需要更加积极地扩大支出规模、提高支出强度和效率。但是,面对业已存在的较大财政收支矛盾,必须通过更加科学、更加合理的政策设计赋予财政政策更加积极有效的特征,以保障经济稳定发展、国家治理现代化、财政可持续等多元目标的实现。

1. 减税降费的新阶段需要更大的政策理性

从现实看，在我国实施供给侧结构性改革的两年内，减税降费政策将为企业减轻税费负担上万亿元，是积极财政政策的主力。然而，对此项政策必须有清醒的认识，因为减税降费的空间毕竟有限，随着不当税费负担越减越多，其政策效力必然递减，要让它更加积极有效，对待它的态度就要回归理性，从浅层的、政策层面转向根本性的、制度层面去拓展。

首先，需要实现税制结构的真正优化。减税降费政策的目的是减轻企业税费负担，但是在我国以流转税为主体的税制结构下，企业承担了90%以上的税费，只通过政策性减税降费降低企业税负的力度有限，只有通过税制改革逐步提高直接税比重、降低间接税比重，优化税收负担结构，才能从根本上把企业从沉重的税负中解放出来。

其次，需要加大降费的力度。非税收入规模庞大一直是我国财政的一大特色，多由历史因素、体制因素造成，大多数收费是向企业征收的，造成企业沉重的负担。从现实来看，降费仍有空间，可以作为让财政政策更为积极有效的重点，但也应从制度和法律层面加以保障。一方面，加速推进清费立税进程，尽可能地实现费改税；另一方面，公开中央和各地收费目录清单，试行企业缴费卡制度，跟踪企业付费情况，及时发现问题，严肃查处违规收费行为。

最后，需要加强企业产品供给能力。企业税负沉重的大部分原因还在于企业自身，因为在通常情况下，企业所负担的间接税、部分直接税以及收费均可随产品销售实现转嫁，由最终的消费者实际负担，但是目前我国企业生产的产品与市场需求不匹配，产销链条不畅导致税负转嫁链条不畅，大部分税负转嫁不出去。为此，财政政策着力点应放在疏通税负转嫁链条上，支持企业从全球产业链的低端向中高端发展，提升企业创造附加值的能力。

2. 以广口径赤字率判断积极财政政策的施策空间[①]

当财政收支压力以财政赤字来肩负时，对赤字和债务风险的管理就变得异常重要，除了调入预算稳定调节基金和其他预算资金、动用结转结余资金外，财政赤字只能通过举债弥补，因此财政赤字与政府债务风险是一个问题的两个方面。从目前来看，我国3%的赤字率显然是被低估了，因为，政府性基金预算赤字、显性和隐性地方政府债务所形成的赤字均未被纳入计算。以2016年为例，如果将政府性基金预算赤字、置换债所形成的赤字[②]与一般公共预算赤字合并计算广口径赤字率，我国的赤字率将达到7.7%。事实上，7.7%的赤字率也仅考虑了显性债务，还有庞大的隐性债务并未被纳入计算，仍然存在被低估的问题。由此可见，积极财政政策减税增支、增扩赤字的空间并没有理想中那样大，必须警惕迅速累积的地方政府债务风险。

首先，需要以广口径赤字率判断积极财政政策的空间，不仅要控制地方政府债务的发行规模，也要控制地方政府债务置换的规模。

其次，需要警惕借由产业投资基金、PPP等"外衣"而产生的兜底回购（保障本金）、保障收益（每年一定比率的固定收益）、分期付款（以政府购买服务的名义每年从预算中安排支出）等新的债务形式带来的隐性地方政府债务风险。

再次，还需要警惕地方政府债务的外延式负效应，既包括发债引起的中国人民银行库款集中流入流出而对货币市场产生的不利影响，

---

① 于树一：《防范新的隐性债务钻制度漏洞》，《中国经济周刊》2016年第28期。
② 由于专项债券所对应的公益性项目不可能当期产生收入，只能以项目建成后取得的收入偿还，在当期则直接形成政府性基金预算赤字。2016年我国预算安排地方专项债券4000亿元。理论上，债务置换不会产生债务净增，从而也就不会影响赤字，但是由于这部分债务的前身是隐性债务，没有计入赤字，当期赤字率被严重低估，在通过债务置换将其显性化之后，则应在赤字中体现。2016年中央财政下达5.27万亿元置换债券额度，其中年内实际到期、必须置换的债务约3万亿元。

也包括地方政府发债扩大政府投资而对民间投资产生的不利影响，具体做法是进一步完善地方政府债务管理制度。

最后，需要警惕债务付息产生的风险，我国显性和隐性债务规模庞大，必然产生规模庞大的债务成本，债务付息支出规模或将像滚雪球似的，越滚越快、越滚越大，所带来的风险必须警惕。

3. 财政支出政策需要进一步提高精准度

财政政策更加积极有效，其中"有效"的落脚点必然是在支出端，这就需要进一步提高财政支出政策的精准度。

首先，加大对创新发展的支持力度。创新发展位列五大发展理念之首，是我国发展的短板，必须得到重视。从表3列示的2016年我国一般公共预算重点支出规模和增速排序来看，文化体育与传媒支出的规模和增速均处于末位，科学技术支出虽然增长较快但规模列倒数第三位，这两项与创新发展关系密切的支出处于弱势地位，不足以支撑创新驱动发展战略。在财政运行呈现若干结构性特征、财政资源相对不足的前提下，可着力从"四新"——新技术、新产业、新业态、新模式入手加大支出力度，形成新动力推动经济增长[1]。

其次，将财政资金统筹和盘活进一步落到实处。2017年是国务院《关于印发推进财政资金统筹使用方案的通知》中规定"除国务院批准的个别事项外，三年内逐步调整转列一般公共预算并统筹使用……三年内逐步取消一般公共预算中以收定支的规定"的时间表的第二年，需要把握节奏强化落实，将存量资金使用与年度预算安排统筹考虑，连续两年未用完的结转资金，一律收回统筹使用并加强绩效管理。

最后，提高PPP民营社会资本参与率。我国PPP发展到现阶段遭遇的一个难题是民营社会资本参与率较低，截至2016年12月末，

---

[1] 闫坤、于树一：《发挥财政政策功能支持新动力形成》，《经济参考报》2016年10月31日。

PPP 国家示范项目的民营社会资本参与率仅为39%，虽比6月末提高3个百分点，但仍然与目标期望相差甚远①。解决这一问题的根本，除了取消对民营社会资本设置的差别和歧视性条款外，更重要的是解决资金规模大和资金流动性低的问题。因为民营社会资本更倾向于投资规模小、时间短、收益快的投资项目，与PPP的特点不符，要提高民营社会资本的参与率，就需要采取措施将两者相匹配，当前最可行的是推进PPP项目资产证券化。一是对能产生稳定现金流的PPP项目，鼓励先行先试；二是对准公益性和公益性PPP项目，鼓励开展大型、一体化的PPP项目，形成跨领域的收益项目，为打包项目资产做支撑②。

4. 破解"三去一降一补"五大任务所遭遇的瓶颈

第一，在去产能方面着力消解地方政府的后顾之忧。在处理"僵尸企业"的过程中，来自地方政府的阻力不小，为了将可能的"崩盘"风险后移，地方政府帮助"僵尸企业"在金融机构融资，令其僵而不死。为了减轻或消除去产能对地方经济、金融系统、社会稳定的威胁，财政要承担更多的改革成本，除了分流人员安置外，还要处理巨额债务和厘清过于复杂的权责关系等。

第二，在去库存方面着力化解供给与需求之间的矛盾。由于库存大的核心是供需不匹配，因而从销售力度和营销手段上做不出去库存的文章来，所以财政政策的着力点一方面要扩大需求，另一方面要改善供给，使二者相匹配。以房地产业为例，其去库存的压力在三、四线城市，因此，支持棚户区改造和农业转移人口购房的财政政策要以消化三、四线城市房地产库存为导向。

① 财政部政府和社会资本合作中心：《全国PPP综合信息平台项目库第五期季报》，2017年2月16日。
② 赵福军：《加快发展PPP项目资产证券化》，载刘尚希、王朝才等著《以共治理念推进PPP立法》，中国财政经济出版社，2016，第285页。

第三，在去杠杆方面着力防止新的债务杠杆的形成。目前，去杠杆的关注点集中于降低杠杆率，事实上，只要债务增长慢于经济增长，债务杠杆率就能实质性降低，通过地方政府债务闭环式管理体制建设，已实现了地方政府债务的有序增长。目前需要警惕的实际上是快速形成的新杠杆——专项建设基金的杠杆效应。2015年设立的专项建设基金在稳增长方面发挥了重要作用，据测算，专项建设基金可撬动4倍以上的投资，而被撬动的投资多来自银行贷款，再加上专项建设基金的体量大、投放快，杠杆效应不容小觑。

第四，在降成本方面着力支持降人力资源成本。直至目前，降企业成本主要聚焦在减税降费方面，而随着减税降费政策效应递减，降成本需要另辟蹊径。事实上，人力资源成本是企业面临的刚性增加的成本，因为受人口老龄化、适龄劳动人口下降、农村剩余劳动力转移效应收窄等劳动力供给的总量和结构制约，难以降下来。积极财政政策需要面向长期，从提高劳动力供给有效性方面，加大教育、培训以及就业相关支出，进而降低企业人力资源成本。

第五，在补短板方面着力优化结构。补短板需要真金白银，但在经济新常态下，财政资源的有限性较为突出，只能进行以资源配置为导向的结构性调整。从目前来看，除了反贫困、基础设施、三农发展外，我国资源环境、文化教育、城镇化等领域仍然存在较大的短板，在财政资源有限、财源建设乏力的背景下，需要分层次、分阶段地补齐。

5. 继续打造与国家治理现代化相适应的现代财政制度

充分实现积极财政政策目标，还需要体制层面的保障，即要加快推进中央与地方事权和支出责任划分、税收体制、预算管理体制、国有企业、社会保障制度等方面的改革，在保障财政政策更加积极有效的同时，也向2020年基本建立现代财政制度的改革目标迈进一步。当前需要着力推进如下制度建设。

首先，着力理顺中央与地方财政支出关系。目前，从中央支出来看，中央本级支出与中央转移支付规模悬殊。以2016年一般公共预算医疗卫生支出为例，中央本级支出仅占0.7%，而中央财政下达公立医院、基本药物制度、公共卫生服务、城乡医疗救助等补助资金以及计划生育、城乡居民医疗保险等转移支付约是中央本级支出的37倍。社会保障与就业支出也是如此，中央本级支出仅占4%，而中央财政下达基本养老金转移支付、自然灾害生活补助资金、优抚对象补助经费、退役安置补助经费、就业补助、困难群众基本生活救助补助等项支出约是中央本级支出的9倍。可见，基于事权与支出责任相适应的财政体制改革不能一步到位的现实，优化中央支出的结构、提高中央支出的精准度和效率、理顺中央与地方财政支出关系已然迫在眉睫。

其次，完善增值税制度并择机立法。试点就是为了立法，目前营改增试点已经全面推开，到了完善增值税制度阶段，在制度完善后应适时启动增值税立法。现行增值税制度较为复杂，征税和纳税的成本均较高，完善增值税制度应以简化税制为核心。考虑到现实的需要，增值税税率可以选择一档基本税率加一档低税率的做法，基于亚太地区增值税税率偏低的实际，基本税率最终定为10%左右、低税率定为5%左右较为合理，征收率也应只设一档，定为3%左右[1]。除了基于税负测算的税率简并外，进一步完善增值税税制还需要基于行业特征的包容性或个性化税制权衡、增值税收入分配机制的最终落地等。

最后，把握建立健全现代财政体制的时机。由于与全面推开营改增试点同步实施的还有调整中央与地方增值税收入划分过渡方案，可以营改增改革试点的成果为基础，进一步理顺中央与地方间财政关

---

① 杨志勇：《"营改增"还需要加快增值税立法》，网易财经频道，http://money.163.com/16/0501/00/BLUL4HEC002557GV.html，2016年5月1日。

系，最终建立健全现代财政体制。在《国务院关于推进中央与地方财政事权和支出责任划分改革的指导意见》（国发〔2016〕49 号，简称《意见》）正式发布后，我国在调整政府间财政关系方面迈出了关键性的一步，现在正是深入推进财政体制改革的有利时机。2017年预算报告提出加快制定中央与地方收入划分总体方案，而这首先要将《意见》中的改革事项充分落实到位。

综上所述，无论是供给侧结构性改革，还是在经济新常态下稳定增长，都需要财政政策更加积极有效，所以当前要加大赤字和债务的规模，但同时必须保证财政的可持续，这就需要拓展积极财政政策的边界。唯有把所有的空间和缝隙都占满，财政政策才能在财政运行安全的前提下更为积极有效，为供给侧结构性改革和经济稳定增长提供可靠支撑。

参考文献

刘尚希、王朝才等：《以共治理念推进 PPP 立法》，中国财政经济出版社，2016。

杨志勇：《"营改增"还需要加快增值税立法》，网易财经频道，http：//money.163.com/16/0501/00/BLUL4HEC002557GV.html，2016 年 5月 1 日。

闫坤、于树一：《发挥财政政策功能支持新动力形成》，《经济参考报》2016 年 10 月 31 日。

朱振鑫、杨晓：《从风动到幡动：2017 年 PPP 落地规模及影响测算》，央视网，http：//jingji.cctv.com/2017/01/05/ARTIzi7oDcbNg2Pm0fsPToBQ170105.shtml，2017 年 1 月 5 日。

于树一：《防范新的隐性债务钻制度漏洞》，《中国经济周刊》2016 年第 28 期。

财政部：《关于 2016 年中央和地方预算执行情况与 2017 年中央和地方

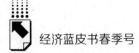

预算草案的报告》，2017 年 3 月 5 日在第十二届全国人民代表大会第五次会议上发布。

全国人大常委会预算工作委员会、财政部：《政府预算解读 2017》，第十二届全国人民代表大会第五次会议参阅资料。

财政部：《2016 年财政收支情况》，http：//gks. mof. gov. cn/zhengfuxinxi/tongjishuju/201701/t20170123_ 2526014. html，2017 年 1 月 23 日。

《2015 中央经济工作会议》，人民网，http：//finance. people. com. cn/GB/8215/392239/401049/index. html，2015 年 12 月 18 日。

《全国财政工作会议在京召开》，财政部网站，http：//www. mof. gov. cn/zhengwuxinxi/caizhengxinwen/201512/t20151228 _ 1634931. htm，2015 年 12 月 28 日。

《人社部：钢铁煤炭业去产能约 180 万职工涉及分流安置》，中国新闻网，http：//www. chinanews. com/cj/2016/02 – 29/7777138. shtml，2016 年 2 月 29 日。

《2017 年财政政策更加积极有效》，《经济日报》2017 年 1 月 4 日。

《新一轮降费政策落地　财政部取消调整部分政府性基金》，《证券日报》2017 年 3 月 18 日。

财政部政府和社会资本合作中心：《全国 PPP 综合信息平台项目库第五期季报》，2017 年 2 月 16 日。

B.6
中国金融景气周期循环与前景预测*

陈守东　孙彦林　刘洋**

摘　要： 本文从货币政策、外部冲击与内部冲击三个层面进行指标变量的筛选，基于降维思想，利用 PCA 方法提取中国金融状况指数（FCI），并综合运用 HP 滤波、K-L 信息量等研究方法进行 FCI 与宏观经济变量间的领先滞后关系研究。结果表明：样本期内，中国正处在第 3轮金融景气周期循环的缓慢复苏期与新一轮金融小周期的快速回升期；价格型货币政策工具、房地产市场与大宗商品价格等有关变量对 FCI 具有显著的相对重要性；2017 年中国实现经济平稳增长是大概率事件，发生系统性金融风险是小概率事件，但要防范局部与区域性金融风险的发生，且应加强数量型货币政策工具调控金融状况的有效性；2017 年 CPI 有望继续回升；预测显示，2017 年中国金融状况将步入一轮金融小周期的下行区间，但下行幅度有限，趋势成分表明 2017 年金融状况仍处于第 3 轮金融景气周期循环的上行区间。

关键词： 金融状况指数　金融景气　周期循环

---

* 本文得到国家社科基金重点项目"新常态下我国系统性区域性金融风险新特征及防范对策研究"（项目编号：16AJY024）的资助。

** 陈守东，吉林大学教授、博士生导师；孙彦林，吉林大学商学院博士研究生；刘洋，吉林大学商学院师资型博士后。

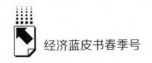
一 引言

自推行供给侧结构性改革以来，稳增长与防风险的权衡取舍便成为中国政府的核心议题之一。2017 年，央行拟将 M2 增速下调至12%，而历次下调的主要目的均是实现对通胀的控制与风险的防范。这一信号表明，中国政府更加关注房价等资产价格泡沫、通货膨胀回升以及金融脱实向虚程度增加等局部风险诱发系统性风险的基础条件演化。就本质而言，资产价格泡沫与通货膨胀上升均是金融体系信用扩张的宏观表象，是多货币追逐少资产的必然结果。因此，下调 M2增速的最终目的是抑制金融体系的信用扩张与全社会杠杆率的上升态势，配合供给侧结构性改革进程的顺利推进，但无疑会冲击金融体系的稳定运行。一旦 M2 增速下滑，全社会杠杆率的上升态势会随着金融体系信用扩张态势的放缓而放缓，资产价格泡沫的膨胀态势也随之放缓，并陷入持续滞胀状态，随之产生的利息支出等会加速蚕食高杠杆投资者的收益与流动性，最终迫使其抛售具有较强变现能力的资产，造成资产价格的连锁下跌，即金融状况的不确定性变化最终有可能造成经济状况的剧烈波动。因此，如何有效认识、识别、阐释与预判中国金融状况趋势动态变化已引起社会各界的广泛关注。

金融状况指数（Financial Condition Index，简称 FCI）在某种程度上可反映一国或一地区的金融状况变化情况。金融状况指数衍生自货币状况指数（Monetary Condition Index，简称 MCI），通过将包含未来通胀信息的资产价格纳入 MCI 以反映未来有限期限内的通胀压力变化。①

---

① MCI 仅包括短期实际利率与有效实际汇率两个变量；FCI 包括短期实际利率、有效实际汇率、房价与股价四个变量。

MCI 因其对货币政策传导机制的较好反映在一个时期内被视为货币政策的操作目标之一，但货币政策是否应对资产价格做出反应尚存争议使 FCI 不适宜被作为货币政策的操作目标，但作为 MCI 的拓展，FCI 也能很好地反映货币政策的传导机制。另外，FCI 因包含了反映未来通货膨胀信息的资产价格，使其本身具备对未来通货膨胀压力变化的预测能力，因此既可作为货币政策的参考指标，同时会对宏观经济产生冲击与影响。围绕 FCI 的研究选题与结论主要是上述观点的阐释或延伸：FCI 可作为货币政策的参考指标，能很好地反映货币政策的传导机制；FCI 具备对未来通货膨胀压力变化的预测能力；FCI 会对宏观经济产生冲击与影响且具有对未来经济形势变化的预测能力。

围绕 FCI 研究的区别主要体现为编制方法（其在权重分配方面）以及构成指标的不同。编制方法或赋予权重方法主要有四类：基于 VAR 及其拓展模型框架下的脉冲响应分析；基于总需求方程缩减式的单方程回归分析；以降维为目的的主成分分析或动态因子模型；基于宏观经济模型的联立方程组分析。此外，还涉及卡尔曼滤波等非参方法的使用。通过对上述方法的梳理与比较，认为脉冲响应分析与总需求方程缩减式单方程回归分析均以线性假设为前提，VAR 系统的实证结果受变量排序主观影响且对样本数量的要求随着变量个数的增加而增加，总需求方程还同时假定所有解释变量具有外生性，因此，上述两种方法的实证结果易是有偏的。宏观经济模型往往依赖过多的经济条件与假设，且在数据的获得与处理方面难度较高，限制了其应用范围。同时，上述三类方法均难以全面反映横向不断延展且纵向不断延伸的金融体系运行与发展动态，易导致合成的 FCI 出现失真的现象。基于降维思想而被广泛使用的动态因子模型或主成分分析模型，通过线性变换合成某个或某几个代表共同变化趋势的综合指标，以在消除多个指标间相关性的同时尽可能地多保留原始信息。因可容纳更多的指标变量，可通过改进的动态权重赋予方式，且不依赖特定的经济模型，使最终合成的 FCI 能更加全面地反映该国或该地区金融状况的历史变化并进行相对准确的前景预测。这是本文最终采用 PCA 方法编制 FCI 的最主要原因。

在构成指标的选取方面，利率、汇率及包含未来通胀信息的资产价格始终是基础，区别仅在于上述三类指标替代变量选取的不同，以及新加入变量的不同，如 Goodhart 和 Hofmann（2001）以及 Mayes 和 Viren（2002）均采用的是短期利率、实际有效汇率、实际房屋销售价格与实际股票价格四个指标，但 Lack（2003）以及 Montagnoli 和 Napolitano（2005）的指标构成中则没有包含股票价格。构成指标在不同地区与不同国家 FCI 合成过程中具有显著差异，因此，中国学者在合成中国 FCI 时均对构成指标进行了本土化处理，主要体现在包含未来通货膨胀信息的资产价格与新增变量两个方面。与封思贤等（2012）一样，文青（2013）的选取均包含了股票价格与房地产价格，并同时新增了 M2；徐国祥和郑雯（2013）则仅选取了股票价格，并新增了社会融资规模。随着降维思想的深入与应用，更多的金融经济变量可以纳入 FCI 的合成体系，栾惠德和侯晓霞（2015）便基于此类方法将 M2 与社会融资规模同时纳入 Goodhart 和 Hofmann（2001）的指数合成体系。与易晓溦等（2014）类似，陈守东等（2016）根据金融状况与经济状况间的理论逻辑，尝试从宏观经济、货币政策与价格体系三个方面共 16 个变量中提取中国 FCI，并得到了较合理的经验验证与较强的预测能力。根据研究目的的不同，对指标体系的设计也随之不同，本文期望能在维持 Goodhart 和 Hofmann（2001）指标体系设计思想的基础上，借鉴国内学者的操作经验，设计出既能充分反映中国未来通货膨胀压力变化，又具有鲜明经济含义与意义的中国金融状况指数合成指标体系，最终拟从货币政策、外部冲击与内部冲击 3 个层面进行具体构成指标的筛选，与现有研究形成有益补充。

二 提取金融状况指数的模型构建基础

随着金融经济变量时间区间的延长及其内涵的拓展，更多变量被纳入实证模型显得愈发必要。但金融经济变量间往往存在传导与反馈机制，信息重叠现象严重，使变量间的多重共线性不可避免，导致研究结果的失真。如何在尽可能保留多变量原有信息的基础上，解决变量间的信息重叠现象，即如何通过线性无关的少数变量或成分替代原有的多个变量，推动降维思想的发展与应用。主成分分析（PCA）和因子分析（Factor Analysis，简称 FA）均可实现信息的低维空间分解，但二者存在不同。PCA 是描述性模型，FA 则是结构化模型，尽管 PCA 在拟合统计量方面的表现不及 FA，但 PCA 模型下的因子载荷相对更大，这是由于 PCA 试图对完整的方差－协方差矩阵进行阐释，而 FA 只考虑共同方差，在小型方差－协方差矩阵中这一差异将更加明显。鉴于此，本文采用的是 PCA 而非 FA 进行信息的低维空间分解，即中国 FCI 的合成。

FCI 由 MCI 衍生而来，其最初的目的是反映通货膨胀压力的未来变化，因此在仅包含利率与汇率的 MCI 的基础上，纳入了包含未来通货膨胀信息的资产价格变量，即 FCI 是利率、汇率与资产价格的线性组合。随着金融风险与经济冲击的潜在化与多元化，能否使合成的 FCI 具有更为广泛的经济含义是学者拓展其构成指标的重要动因。本质上而言，利率是重要的货币政策工具，汇率是外部冲击的重要传染渠道，资产价格波动的背后涉及内部与外部诸多相关因素，因此，能否从货币政策、外部冲击以及内部冲击三个方面进行合成 FCI 指标体系的构建是本文重点探索的方向，即在维持 FCI 最初构成指标选取思想的基础上，综合对比现有文献关于中国 FCI 合成指标间的异同，最终从上述三方面选取 14 个指标变量作为最终的指标体系。因此，为与货币政策、外部冲击以及内部冲击三类指标变量进行对应，先验给定主成分个数为3，并通过对比分析3因子与3类变量间的因子载荷判别3因子各自的经济含义，以充分揭示出FCI成分。核心实证部分均通过R语言编程实现。

三　中国金融状况的趋势周期分析

本文期望最终合成的FCI不仅能充分反映中国未来通货膨胀压力的变化趋势，同时能体现金融对经济的先行性，实现为中国宏观经济的运行与经济政策的制定提供宏观指引，为此，对构成指标进行修正与拓展，根据金融状况波动的主要来源进行变量类别的划分与具体变量的选取。在此基础上，对提取的FCI与产出缺口与货币政策工具进行领先滞后期的分析，并利用FCI与CPI的领先滞后关系判别提取指数的稳健性与有效性。

（一）中国金融状况指数的合成

延续Goodhart和Hofmann（2001）最初的指标体系设计思路，并充分考虑金融状况波动来源类别与中国金融状况波动的国别差异，最终将中国金融状况波动来源划分为货币政策冲击（价格型与数量型货币政策工具典型代表）、外部冲击、内部冲击（以价格冲击为主）三个层面，各层面的指标变量选取如表1所示，提取的中国FCI历史走势变化如图1所示。需要说明的是，基于PCA方法提取FCI不要求构成变量的平稳性，因此，本文关注的是提取的中国FCI的平稳性。ADF检验显示，提取的FCI在1%的显著性水平下平稳[①]。

---

① ADF检验的结果显示，T统计量为−4.165149，P值为0.0010。

表1　合成金融状况指数的指标体系

变量类别	编号	变量名称	变量说明	数据频率
货币政策变量	1	NRM	1个月银行间同业拆借加权利率	月度
	2	DR007	7天银行间质押式回购加权利率	月度
	3	NRQ	3个月银行间同业拆借加权利率	月度
	4	M2	广义货币供给量M2	月度
外部冲击变量	5	FER	官方储备资产:外汇储备	月度
	6	Brent oil	现货原油实际市场价格:英国布伦特	月度
	7	FBR	中央银行外汇占款/基础货币M0	月度
	8	CFETS	CFETS人民币实际有效汇率指数	月度
内部冲击变量	9	SCI	深圳成分指数	日度
	10	ZCI	上证综合指数	日度
	11	TSF	社会融资规模	月度
	12	HPI	国房景气指数	月度
	13	CGB10	10年期中债国债到期收益率	日度
	14	Credit – to – GDP ratios(actual data)	Credit from All sectors to Private non – financial sector	季度

注:①变量1数据来源于BIS数据库,其余变量数据来源于Wind数据库;②最终采用月度数据进行指数合成,其中,季度数据,假定在该季度内各月度数据持平不变,日度数据,取月度平均值作为当月值;③对缺失值进行线性插值补齐处理。

FCI数值为正表示金融状况相对较好,趋势上行表示金融状况向好;FCI数值为负表示金融状况相对较差,趋势下行表示金融状况趋坏。利用峰谷划分法与金融景气周期循环划分思想将中国FCI的运行趋势进行周期划分,认为中国金融状况2002年1月至2016年12月间涉及了"2007年4月之前、2007年5月至2011年5月、2011年6月至今"共三轮金融景气周期循环(FCI趋势成分),且在各循环内存在多个金融小周期(FCI循环成分)。其中,FCI的趋势成分与周期成分通过HP滤波算法得到,如图1所示。2007年4月,中国金融状况达到样本期内的首次局部峰值，其动力主要是 2003 年下半年开始出现的以房地产与汽车行业为代表的消费机构升级极大地推动了中国投资、信贷、贸易等的快速发展，经济高速增长一方面带来金融需求的旺盛，另一方面也足以掩盖潜在的金融风险。随着美国次贷危机的爆发并最终演变为全球金融海啸，贸易作为拉动中国经济增长的驱动力受到严重冲击，最终引起中国经济金融状况的双重恶化，反映为 2007 年 5 月至 2009 年 1 月间中国金融状况的持续恶化。在 2008 年 11 月推出的 4 万亿元救市计划的作用下，2009 年 2 月中国金融状况逐步回暖。但长期以来不间断的刺激政策的施行使新的刺激政策的作用时间更短，且边际效益更低，4 万亿元救市计划的负面效应在近 3 年后也逐渐显现，在某种程度上造成了金融状况的持续恶化与经济结构的严重失衡。从 FCI 的趋势成分来看，2015 年的股市异常波动并没有加速金融状况的恶化趋势，仅仅是较为平滑地延续了其下行态势，并最终成为新一轮金融景气周期循环的底部，但这一底部比全球金融海啸期间的金融状况底部更低，因此，有理由认为该轮股市异常波动延缓了中国金融景气的此轮复苏。于 2016 年 4 月起，中国金融状况开始稳步回升，从 FCI 循环成分分析，中国同时处在新一轮金融小周期的快速上行阶段。

通过细致梳理发现，中国金融状况于 2007 年 4 月首次达到局部峰值是消费结构升级带来的内部正向冲击的结果，此后进入持续恶化期间主要是受到外部负向冲击的影响，此后的金融状况回暖与再次恶化均与 4 万亿元等经济政策的实施不无关联。需要强调的是，货币政策变化在整个样本区间内对金融状况波动均有重要影响。一方面，说明指标体系从货币政策、外部冲击与内部冲击三个层面进行设计与筛选以及先验给定主成分个数为 3 在经验层面的合理性；另一方面，为 3 主成分具体的经济含义提供了分析的思路。PCA 方法下的因子载荷 a_{ij} 代表了初始变量 X_i 在第 j 主成分 Y_j 上的相对重要性，根据主成分的

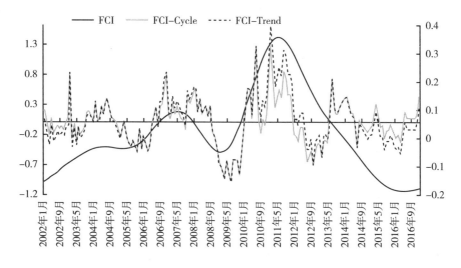

图1 中国金融状况指数及其趋势周期成分动态路径

性质，因子载荷

$$a_{ij} = \rho(X_i, Y_j), i = 1, \cdots, 14; j = 1,2,3; \rho \text{ 表示相关系数}$$

根据上式求得各初始变量在3主成分上的因子载荷，如表2所示。通过对比分析认为，货币政策价格型工具变量与国房景气指数在第一主成分上具有显著的相对重要性，即中短期利率与房地产市场波动是中国金融状况波动的重要来源，此外，大宗商品价格（Brent oil）波动对中国金融状况的影响也较为明显。简言之，货币政策稳定性与连续性是此轮金融景气周期循环下中国金融状况能否顺利实现温和复苏的关键，内部冲击与外部冲击层面主要应关注来自房地产市场价格与大宗商品价格的波动冲击。因此，中国一方面应当继续坚持稳健的货币政策，另一方面避免房地产去库存与降杠杆进程的过快推进引起房地产市场价格与景气状况的大幅波动，同时注意对冲大宗商品价格波动带来的负向外部冲击，从以上三方面着手来维持中国金融状况的持续复苏态势。第二主成分则与外部冲击变量以及信贷产出比（Credit – to – GDP ratios）具有显著相关性，第三主成分

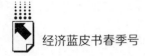
则与证券资产价格具有强烈正相关,同时受社会融资规模的显著影响。

表2　三因子与初始变量的因子载荷

变量类别	变量名称	FCI(第一主成分)	第二主成分	第三主成分
货币政策变量	1个月银行间同业拆借加权利率	0.5432	-0.4054	0.0161
	7天银行间质押式回购加权利率	0.5190	-0.4581	-0.0390
	3个月银行间同业拆借加权利率	0.4638	-0.3490	-0.1021
	广义货币供给量M2	-0.1644	0.2459	0.2340
外部冲击变量	官方储备资产:外汇储备	0.1227	0.8123	0.0791
	现货原油实际市场价格:英国布伦特	0.4555	0.6573	-0.0932
	中央银行外汇占款/基础货币M0	0.1306	-0.5671	0.1524
	CFETS人民币实际有效汇率指数	-0.1152	-0.4536	0.0674
内部冲击变量	深圳成分指数	0.2104	-0.1907	0.9089
	上证综合指数	0.2114	-0.2925	0.8965
	社会融资规模	-0.3867	-0.0865	0.5544
	国房景气指数	0.4002	0.0099	0.2585
	10年期中债国债到期收益率	0.3349	0.2697	0.1314
	Credit - to - GDP ratios(actual data)	-0.0790	-0.6791	-0.0717

(二)中国金融状况指数经济效应的阐释

经验表明,诸多金融指标均先行于宏观经济。中国经济增速步入减速区间,能否从FCI的趋势变化中窥得中国经济增长的未来趋势变化显得十分重要。从图2可知,中国产出缺口(经HP滤波算法得到)在样本区间几乎均为正值,这意味着中国实际产出总是超过潜在产出,中国对经济资源的利用较为充分。前述已指出,中国金融状况正处于新一轮金融小周期的上升期,若理论层面的领先滞后关系成立，则意味着中国产出缺口将在未来实现一定程度的回升，在稳增长与防风险间能实现相对较好的平衡，K - L信息量（Kull - back - Leibler Distance，简称KLD）作为非线性关系的重要研究方法，是判断这一领先滞后关系是否存在及具体期数的有效方法之一。

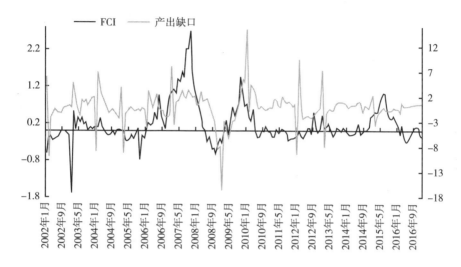

**图 2   中国金融状况指数与基于工业增加值
IP 的产出缺口的动态路径**

给定某一偶然带有随机性质的样本，其可被视为服从某一概率分布的随机变量（或事件）的确定值，模型是否适用于该样本可通过比较该模型下的概率分布与真实概率分布相近似的程度来判别，K - L信息量衡量的便是两种概率分布的近似程度。首先，给定基准序列一理论分布，并对待评价序列施加样本分布，即给定基准随机事件 ω_i 发生的概率为 p_i ，且概率分布为 $p = (p_1, p_2, \cdots, p_n)$ ，待评价随机事件 ω'_i 发生的概率为 q_i ，且概率分布为 $q = (q_1, q_2, \cdots, q_n)$ 。通过不断变化二者的时差，进行 KLD 的计算。定义期望为 KLD，

$$I(p, q) = \sum_{i=1}^{n} p_i \ln \frac{p_i}{q_i}$$

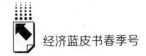

KLD 越小，表明两个分布的近似程度越高，此时确定的时差即为待评价序列的最终时差，也即领先滞后期数。

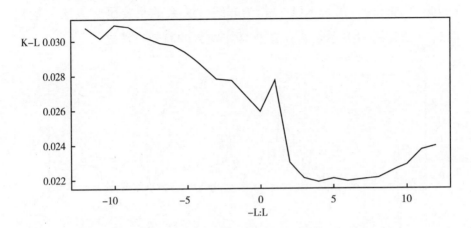

图3　中国金融状况指数与产出缺口间的领先滞后关系

FCI 与产出缺口的 KLD 显示，中国金融状况先行于产出缺口4期，说明提取的 FCI 对中国经济增长的未来趋势变化具有一定预测能力。2016 年底，产出缺口为正，且 FCI 周期成分迅速回升，趋势成分温和回暖，因此，2017 年中国经济实现平稳增长或小幅回升是大概率事件，这一信号有利于市场信心的提振与经济景气的提升。

FCI 提出的最初目的是反映未来通货膨胀压力的动态变化，但始终未被纳入货币政策操作目标体系，主要原因在于 FCI 的构成指标中包含了资产价格，但货币政策是否应对资产价格波动做出反应尚存争议。另外，由于资产价格在货币政策传导过程中的重要作用，将 FCI 视为货币政策制定的参考指标是合理的。在因子载荷分析部分已指出，货币政策变量在 FCI 成分上具有显著的相对重要性，尤其体现在价格型货币政策工具变量方面。为进一步验证 FCI 与货币政策之间的非线性关系，利用 KLD 研究方法发现，FCI 先行于短期利率（7 天银行间同业拆借加权利率）6 期，但与 M2 不存在显著的

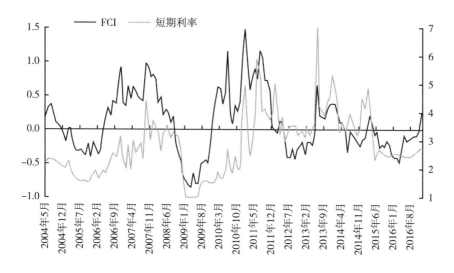

图 4　中国金融状况指数与短期利率的动态路径

领先滞后关系，说明货币政策调控金融状况方面的滞后性，以及价格型货币政策工具的有效性与数量型工具的无效性，与因子载荷部分的分析结果相一致。综合表明，FCI 既先行于价格型货币政策变量，同时受其反向倒逼影响，因此 FCI 具有内生性。同时，FCI 在 2016 年底出现了趋势性回暖，表明 2017 年中国进行加息是大概率事件。

（三）中国金融状况指数有效性的稳健性检验

FCI 最初就是在 MCI 的基础上纳入了包含未来通货膨胀信息的资产价格，以反映未来的通货膨胀压力变化。因此，其是否具有预测 CPI 未来走势的能力是衡量所提取 FCI 有效性的重要准则。利用 KLD 方法发现，FCI 先行于 CPI（通货膨胀）9 期，即作为 CPI 的先行指标，本文提取的 FCI 包含了未来通货膨胀的有关信息，且可预测未来 9 个月内通货膨胀压力变化，有助于实现通货膨胀的预期管理以及货币政策的及时调整，提高货币政策有效性。

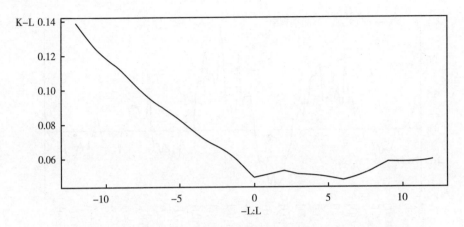

图5 中国金融状况指数与短期利率间的领先滞后关系

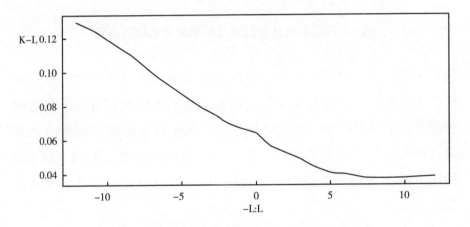

图6 中国金融状况指数与CPI领先滞后期

图7给出了固定窗格为9的FCI与CPI间的滚动相关系数。该图表明,FCI与滞后9期的CPI在大幅波动时相关性随之升高,波动性降低时相关性随之降低,因此,在FCI的高波动区间更应重视其对CPI的预测功能,即此时FCI对CPI有更强的预测能力,以应对未来的潜在价格波动。同时,2016年底FCI的逐步回暖表明2017年中国陷入通缩的可能性较低,CPI继续回升是大概率事件,因此政策重心应当更加关注对未来通货膨胀的调控与应对。

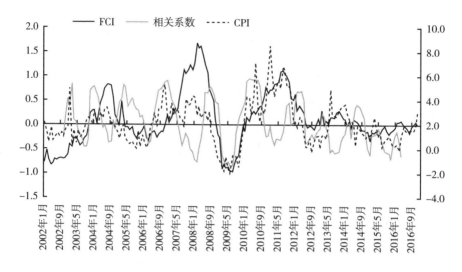

图7 中国金融状况指数与 CPI 间相关系数的动态路径

四 中国金融状况的前景预测

正值两会召开，2017 年中国金融状况是否会延续复苏态势，是否存在发生区域性、系统性风险的可能，从对 FCI 的前景预测视角，尝试给出金融状况方面的解答。首先利用 EViews7.0 对 FCI 进行 Automatic ARIMA Forecasting，实证表明 FCI ~ ARMA（4，3）。在此基础上，利用 R 语言编程进行固定窗口为 20 的向前滚动预测，得到 2017 年 1~12 月共 12 个月的 FCI 预测值，如图 8 所示。预测结果表明，2017 年中国金融状况开始出现小幅回落，即步入金融小周期的下行区间，但 FCI 的趋势成分显示，中国金融状况仍处在此轮金融景气周期循环的上行区间，因此发生系统性风险是小概率事件，但局部、区域性金融风险尚需要关注与防范。

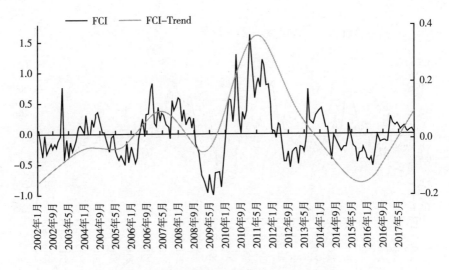

图8 中国金融状况指数未来走势预测

结 论

2017 年作为"十三五"规划的第二年，是否会延续 2016 年的经济减速趋势与金融状况波动态势对于"十三五"规划能否顺利完成至关重要。在供给侧结构性改革的持续推进下，如何实现稳增长与防风险的协调与平衡显得更加复杂与重要。金融风险作为诱发系统性风险的重要构成，能否通过量化分析与预测实现对其的有效防范，是在稳增长过程中防范风险的必要条件。金融状况的好坏可表明金融风险发生概率的高低，金融状况的趋势变化可反映金融风险的生成演化方向与程度。为此，本文从金融状况入手，通过提取 FCI 评析中国金融状况的历史变化趋势，甄别其主要波动来源，同时识别其对产出缺口、货币政策以及通货膨胀方面的预测能力，在此基础上进行向前滚动预测，为 2017 年的稳增长与防风险提供更为全面的现实操作依据。主要研究结论如下。

第一，与以往提取或合成中国 FCI 的指标体系不同，本文延续 Goodhart 和 Hofmann（2001）最初的指标体系设计思路，并充分考虑金融状况波动来源与中国金融状况波动的国别差异，最终将中国金融状况波动来源划分为货币政策、外部冲击、内部冲击三个层面，并在货币政策冲击层面选取了数量型和价格型工具变量的典型代表，在外部冲击层面充分考虑了汇率、外汇储备、大宗商品价格等重要变量，在内部冲击层面重点从资产价格、信贷产出比与社会融资规模等方面进行筛选。

第二，本文合成的 FCI 显示，样本期内涉及了 3 轮金融景气周期循环，在每轮循环下均有多个金融小周期，其中 2007 年 5 月到 2011 年 5 月是一次完整的金融景气周期循环，且中国目前正处于第 3 轮金融景气周期循环的缓慢复苏区间与金融小周期的迅速回升区间，有利于市场信心的恢复与提振。

第三，因子载荷的分析结果表明，货币政策价格型工具与房地产市场有关变量对 FCI 具有显著的相对重要性，且 FCI 同时受大宗商品价格波动的显著影响，即中国金融状况波动主要源自货币政策的利率调控、内部冲击下的房地产市场波动与外部冲击下的大宗商品价格波动。因此，在供给侧结构性改革的推进过程中，应注意维持货币政策利率调整的稳定性与连续性，避免因去库存与降杠杆造成房地产市场的大幅波动，同时注意对外部大宗商品价格波动风险的对冲。

第四，中国金融状况先行于产出缺口 4 期，2016 年底 FCI 的回暖态势则表明在 2017 年中国实现经济平稳增长是大概率事件；中国金融状况先行于短期利率 6 期，表明中国有可能在 2017 年进行加息操作，但与 M2 无显著领先滞后关系，表明数量型货币政策工具在金融状况调控方面的无效性，应当注重对相应传导机制的建立与完善；同时，中国金融状况具有较强的未来通货膨胀压力变化预测能力，说明本文提取的 FCI 稳健性较高，有效性良好，且滚动相关系数表明在

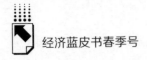

FCI 波动较大时二者相关性随之较高，表明此时 FCI 对 CPI 的预测能力更强。

第五，对 FCI 的滚动向前预测结果表明，2017 年中国将步入金融小周期的下行区间，但下行幅度有限，需要防范局部、区域性金融风险的发生。但 FCI 周期成分显示 2017 年中国金融状况仍处在第 3 轮金融景气周期循环的上行区间，即发生系统性金融风险的概率较低，因此，2017 年在实现稳增长是大概率事件的基础上，要注重监控局部与区域性金融风险的生成演化渠道，避免系统性金融风险的发生。

参考文献

陈守东、孙彦林、刘洋：《中国金融周期与景气循环研究》，《数量经济研究》2016 年第 1 期。

邓创、滕立威、徐曼：《中国金融状况的波动特征及其宏观经济效应分析》，《国际金融研究》2016 年第 3 期。

封思贤、蒋伏心、谢启超等：《金融状况指数预测通胀趋势的机理与实证——基于中国 1999～2011 年月度数据的分析》，《中国工业经济》2012 年第 4 期。

刘明禹：《基于 DSGE 模型下中国金融状况指数的构建》，广东财经大学硕士学位论文，2014。

栾惠德、侯晓霞：《中国实时金融状况指数的构建》，《数量经济技术经济研究》2015 年第 4 期。

文青：《我国金融状况指数的测算与检验》，《经济理论与经济管理》2013 年第 V33（4）期。

徐国祥、郑雯：《中国金融状况指数的构建及预测能力研究》，《统计研究》2013 年第 30（8）期。

易晓溦、陈守东、刘洋：《中国金融状况指数构建及货币市场稳定性研究》,《上海经济研究》2014年第8期。

余辉、余剑:《我国金融状况指数构建及其对货币政策传导效应的启示——基于时变参数状态空间模型的研究》,《金融研究》2013年第4期。

Beaton K., Lalonde R., Luu C., *A Financial Conditions Index for the United States*, Bank of Canada Discussion Paper, 2009.

English W., Tsatsaronis K., Zoli E., "Assessing the Predictive Power of Measures of Financial Conditions for Macroeconomic Variables", BIS Papers, 2005, 22: 228 - 252.

FENG B., WANG G., "An Empirical Study on China's Financial Condition Index and Monetary Policy Reaction Function.", *Journal of Finance and Economics*, 2006, 12: 005.

Goodhart C., Hofmann B. Asset Prices, "Financial Conditions, and the Transmission of Monetary Policy", *Proceedings*, 2001, 114 (2): 198 - 230.

Hotelling H., "Analysis of a Complex of Statistical Variables into Principal Components", *Journal of Educational Psychology*, 1933, 24 (6): 417.

Kano M., Hasebe S., Hashimoto I, et al., A New Multivariate Statistical Process Monitoring Method using Principal Component Analysis", *Computers & Chemical Engineering*, 2001, 25 (7): 1103 - 1113.

Lack C. P., "A Financial Conditions Index for Switzerland", *Monetary Policy in a Changing Environment*, Bank for International Settlements, 2003, 19: 398 - 413.

Mayes D. G., Viren M., "Financial Conditions Indexes", *Social Science Electronic Publishing*, 2002.

Montagnoli A., Napolitano O., "Financial Condition Index and Interest Rate Settings: a Comparative Analysis", *Istituto di Studi Economici Working Paper*, 2005, 8: 2005.

Swiston A. J. A. U. S., "Financial Conditions Index: Putting Credit Where Credit is Due", *Social Science Electronic Publishing*, 2008, 08 (8/161): 1 - 35.

B.7
2017年能源形势展望与对策建议

李平 刘强 王恰*

摘 要： 本文对2016年以来的能源形势进行了回顾，着重分析
了国际石油市场以及国内需求侧和供给侧的结构变化
等重要问题，在此基础上对2017年能源形势给出了初
步预测。展望2017年，本文认为我国应抓住国际油气
价格处于低位这一有利时机，深入调整能源结构，进
一步推动能源革命，促进能源转型，加快市场化步伐，
进一步推动油气进口的多元化。

关键词： 能源革命 石油价格 能源市场改革 能源转换
新能源 分布式能源

2016年国内和国际经济与能源形势复杂而多变。在过去的一年中，
全球经济整体依然低迷，国际货币基金组织估计全球经济总产出增长
3.1%，略低于2015年（3.2%）。其中发达经济体降速明显，从2015
年的增长2.1%下降到2016年的1.6%，美国GDP增速从2015年的
2.6%下降到2016年的1.6%，欧元区增速从2015年的2.0%下降到
2016年的1.7%，其中德国的经济表现略好，增速从2015年的1.5%提

---

* 李平，中国社会科学院数量经济与技术经济研究所所长，研究员；刘强，中国社会科学院数
量经济与技术经济研究所副研究员；王恰，中国社会科学院数量经济与技术经济研究所助理
研究员。

高到 2016 年的 1.7%，日本经济增速从 2015 年的 1.2% 下降到 2016 年的 0.9%。新兴经济体中，中国经济增速从 2015 年的 6.9% 下降到 2016 年的 6.7%；印度从 7.6% 下降到 6.6%；巴西则继续保持负增长，从 2015 年的 -3.8% 变为 2016 年的 -3.5%；俄罗斯经济趋稳，与 2015 年的增长 -3.7% 相比，2016 年基本持平（-0.6%），不过考虑到 2016 年油价比 2015 年有明显上升，可以看出俄罗斯经济本质上仍然相当于负增长；南非经济增速从 2015 年的 1.3% 下滑到 2016 年的 0.3%。

在世界经济总体低迷的背景下，国际油气供需"供给西进、需求东移"的趋势更加明显，持续增长的需求拉动了原油价格的回升，2016 年 11 月限产协议的达成又进一步抬高了国际油价。但是限产之后，OPEC 和俄罗斯等产油国对市场份额尤其是中国市场的争夺更为激烈。

从国内来看，2016 年化解煤炭产能过剩取得实效，煤炭产量有较大幅度下降，全年降幅 9.4%。由于 2016 年下半年需求增加，下半年煤价出现短期暴涨。风电、光伏两个产业在 2016 年发展迅速，新增和累计装机容量均为全球第一。《能源发展"十三五"规划》以及 14 个细分行业规划的出台，明确了未来五年甚至更长一段时间能源发展的基调和目标。

2017 年是全面实施"十三五"规划的重要一年。本文对国际国内能源形势、能源需求、能源安全与政策等方面进行分析，提出 2017 年形势判断与政策建议。

一 国际能源市场分析与展望

2016 年，国际能源市场多数时间仍处于供大于求的状态，但随着市场需求增长迅速，供给与需求之间的差额趋小。在消费的拉动下，原油价格从年初每桶 30 美元以下涨至年底的 55 美元以上，涨幅高于预期。其间，一系列意外事件的发生，直接或间接地影响着国际能源市场，造成国际原油价格的波动，如利比亚关闭两大油田、英国脱欧、对美元加息的预期、加拿大森林大火、尼日利亚石油工人罢工、OPEC和俄罗斯等国减产协议的达成、美国特朗普政府上台等。预计2017年国际能源市场依然是供大于求，但原油价格走势取决于各方的博弈结果。

（一）国际原油价格在波动中上涨，但幅度有限

2016年国际原油价格整体呈现出波动上涨的走势（见图1）。2016年初，油价仍延续上一年底的低价位，在30美元/桶附近波动。Brent油价最低跌至26.01美元/桶，WTI油价最低为26.19美元/桶。在需求的拉动下，油价上升到50美元/桶。7月底，美国股市大幅下跌，加之库存已连续数周走高，国际油价有所下跌。之后，油价在40～50美元/桶徘徊。11月OPEC和俄罗斯等国达成限产协议后，油价反弹上涨至55美元/桶附近。

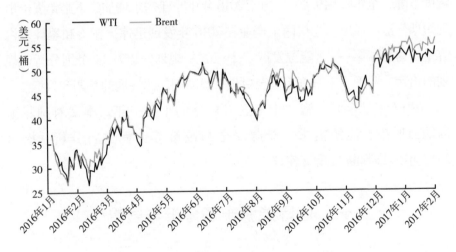

图1　2016年至今全球原油价格走势

全球需求恢复是2016年油价回升的主要原因。2016年，全球液体能源消费从2016年1月的94.18MBPD（百万桶/天）增长到2017年1月的96.15MBPD，增量为1.97MBPD，增长率为2.1%。特别是

前三季度，需求快速增长。这导致部分 OPEC 和非 OPEC 产油国在 10 月提高自身的产量，争夺市场份额，这也是 OPEC 和俄罗斯谋求限产的原因（见图 2）。

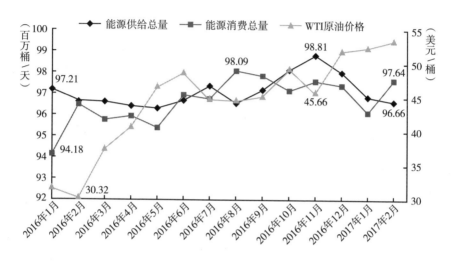

图 2　全球能源供给量与消费总量

资料来源：美国能源信息署（EIA）。

OPEC 达成了限产协议后，油价短期上涨。自 2014 年以来，国际能源需求仍然在上升，但是供给能力增长更快。国际原油市场长期处于供大于求的状态，原油库存也长期处于较高水平，造成油价低迷。持续的低油价已经伤及 OPEC 各成员国经济，11 月 30 日 OPEC 试图通过减产提振油价，八年来首次达成限产协议，油价有所反弹。近期，由于美联储加息预期增强，油价再次下跌至 50 美元/桶左右。

2016 年，美国和俄罗斯稳居最大产油国前两名的位置，而 OPEC 市场份额和影响力都在下降。近年来，美国大规模应用页岩油气、油砂、重油、致密油等新技术，抢占了部分中东、俄罗斯等传统油气生产地区的市场份额，形成了原油供给侧三足鼎立之势（见图 3）。以美国为代表的北美地区、俄罗斯周边地区和以中东北非为主的 OPEC

组织（包括尼日利亚、委内瑞拉和印度尼西亚），这三个集团之间的力量消长，决定了国际石油市场的基本走势。自限产协议实施以来，沙特等 OPEC 国家石油供给主动下降，俄罗斯却乘机有所增产，美国钻井数量和库存也表现出持续增加。面对大量的市场份额被美国和俄罗斯夺走，OPEC 处于进退两难的境地。高油价将会进一步刺激美国非常规油气开采，而低油价又会减少本国收入。

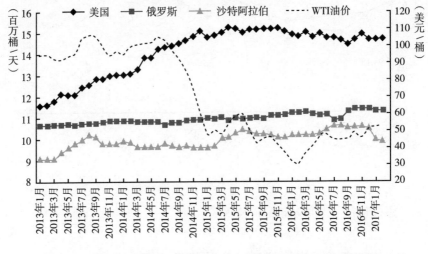

图3 2016 年美国、俄罗斯、沙特阿拉伯的石油供给量

资料来源：美国能源信息署（EIA）。

（二）消费量平稳上涨，"消费东移"的趋势日渐明显

2016 年，全球液体能源消费从 2016 年 1 月的 94.18MBPD 增长到 2017 年 1 月的 96.15MBPD，增量为 1.97MBPD，增长率为 2.1%。美国仍然是最大的消费国，其液体能源消费从 2016 年 1 月的 19.06MBPD 到 2017 年的 19.02MBPD，基本没有变化。欧盟 OECD 国家从 2016 年 1 月的 13.00MBPD 增长到 2017 年 1 月的 13.53MBPD，增长了 4.1%，但是从全年的过程来看，欧盟 OECD 国家的需求还是比较平稳的；中国消

费从 2016 年 1 月的 12.40MBPD 增长到 2017 年 1 月的 12.82MBPD，增长了 3.4%，同样从全年看，增长也相对平稳（见表1）。另据 IEA 统计，2016 年印度石油需求量达到 954.3 万桶/日，增长了约 30 万桶，增长率为 3.2%。

表1　全球液体能源消费增长

单位：百万桶/天，%

国家/地区	2016 年 1 月	2017 年 1 月	增量	增长率	在全球增量的贡献率
OECD	45.50	46.13	0.63	1.4	32.0
美国	19.06	19.02	-0.04	-0.2	-1.8
加拿大	2.43	2.36	-0.06	-2.6	-3.2
欧洲	13.00	13.53	0.53	4.1	26.9
日本	4.34	4.31	-0.03	-0.6	-1.3
其他 OECD	6.41	6.62	0.21	3.3	10.6
Non - OECD	48.67	50.01	1.34	2.8	68.0
欧亚经济体	4.82	4.82	0.00	0.0	0.0
Non - OECD 欧洲	0.69	0.70	0.01	1.3	0.5
中国	12.40	12.82	0.42	3.4	21.1
其他亚洲经济体	12.61	13.07	0.46	3.7	23.4
其他 Non - OECD	18.15	18.61	0.45	2.5	23.0
世界	94.18	96.15	1.97	2.1	100.0

资料来源：美国能源信息署。

美国需求量维持稳定，但石油对外依存度下降迅速，美国能源独立可能为期不远。在非常规油气技术支持下，美国石油对外依存度从 2010 年的 60% 降至 2016 年的 27.5%（去除成品油出口因素），仍存在 358 万桶/天的进口缺口，这相当于解除制裁后的伊朗产量的 1.5 倍，占全球石油消费量的 4%。当前，美国对中东石油的依赖已经显著下降，加拿大与墨西哥成为美国最大的石油进口来源。特朗普政府的能源政策将大大利好化石能源行业，其中石油受益最大，天然气和

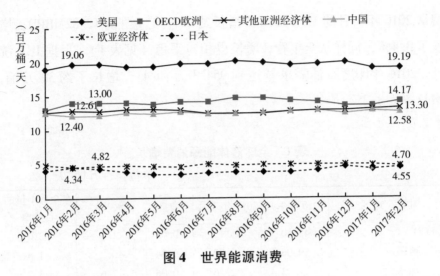

图4 世界能源消费

资料来源：美国能源信息署。

煤炭次之，非常规油气的开采成本将会进一步降低。并且，特朗普主张增加基础建设投资，这将更加刺激石油需求增长。美国能源独立将对世界经济政治格局产生深远的影响。

中国、印度等新兴市场国家对于能源需求与日俱增，中东地区产油国和俄罗斯已将目光转向亚洲市场。根据中国海关2017年1月的数据，2016年俄罗斯首次取代沙特阿拉伯，成为中国最大原油供应国。2016年俄罗斯对中国的原油出口增长近1/4，为105万桶/日，沙特阿拉伯紧随其后，名列第二，对中国原油出口量为102万桶/日，较上年同期增长0.9%。然而，海关2月的数据显示，2017年1月沙特阿拉伯对华原油出口量较上年同期增长18.9%至503万吨，合118万桶/日，重新夺回中国最大原油供应国的位置；安哥拉对华原油出口位居第二，较上年同期增长63.5%至495万吨，为117万桶/日；俄罗斯第三，较上年同期增36.5%至460万吨，为108万桶/日。当前，印度已成为全球第三大石油消费国。随着生活水平的提高，印度国内的购车需求正在急剧攀升，为了满足本国快速增长的燃油需求，印度原油进口量大幅增加。上年，由印度石油、印度国有石油有限公司和巴拉特石油资源有限公司组成的财团，已购买了俄罗斯国有的俄罗斯石油公司其子公司 Vankorneft 公司 23.9% 的股权和 Taas – Yuryakh 公司 29.9% 的股权。国有能源公司收购俄罗斯能源资产股权的计划也获得内阁批准。

（三）国际能源形势展望

考虑到 2016 年第四季度北欧、俄罗斯、亚洲的需求增长强劲，IEA 在 2017 年 1 月上调了 2017 年石油需求增长速度，预计增速保持在 130 万桶/天；OPEC 预测需求增长速度为 116 万桶/天；而 EIA 预测为 160 桶/天。中国和印度仍将是非 OECD 国家石油消费增长的主要贡献者，中国预计 2017 年平均增长 30 万桶/天，印度平均增长 20 万桶/天。

尽管普遍预期需求仍将快速增长，但原油供应过剩的局势很难改变。限产协议实施两个月以来，油价持续上涨一段时间，这吸引美国页岩油企业钻探更多油井。数据显示，美国 3 月 3 日当周石油钻井总数再度增加 7 座至 609 座，连续 7 周增加[1]；同时美国原油库存大增 820 万桶，达到 5.284 亿桶，再创历史纪录高位[2]。此外，技术的快速进步大幅降低了生产成本，比如，二叠纪盆地部分页岩油生产商的盈亏平衡成本已经低至 30 美元[3]。限产协议抬升了油价，同时也刺激了美国钻井数量的增长，美国以及来自巴西和加拿大的更多供应将可能抵消减产做出的努力。是否继续执行减产协议，将可能成为 5 月底 OPEC 会议上的焦点。但不论减产协议是否延期，国际原油价格上升空间有限。

天然气将迎来一个快速发展的时期。特朗普一直以来是天然气特别是页岩气开采的支持者。特朗普能源政策为页岩气开采减轻环境约束，并开放联邦政府土地用于开采。这会刺激美国国内新建页岩气开

---

① http：//www.xhlqw.com/crude/dt/41067.html.
② http：//www.21kjw.com/caijing/20170309/146824.html.
③ http：//wallstreetcn.com/node/295452.

采项目，将为国内劳动力带来大量工作机会。此外，特朗普政策视天然气为节能减排措施，存在很大可能性其将推广天然气交通。特朗普能源政策会延伸天然气下游产业链，发展化工等相关产业。按照目前美国的天然气价格，天然气制烯烃等将具有显著的国际竞争力，有望成为拉动就业和做强实体经济的关键切入点。从2016年起，随着天然气管道的有序建成，我国进口能力正在增强。据统计，2016年中国－中亚天然气管道向中国输送天然气341.7亿标方，同比增长11.13%（海关总署数据）。天然气也已得到我国能源政策关注，将成为我国油气替代煤炭最为重要和现实的抓手。根据《能源发展"十三五"规划》目标，到2020年，我国天然气综合保供能力应达到3600亿立方米以上，天然气消费占一次能源消费的比例达到8.3%~10%。

2017年，风电、光伏市场依然乐观。为了应对全球气候变化，2016年4月，超过165个国家的代表签署《巴黎协定》，目标是将全球气温升高的幅度限制在2摄氏度以内。该协定还制定了削减温室气体排放量以及遏制全球变暖影响的行动方针。进一步发展风电、光伏等可再生能源成为多数国家落实该协定的重要措施。传统的风电大国、光伏大国可再生能源项目增速放缓，而拉丁美洲和非洲新兴市场却持续增长。数据显示，巴西的风电装机容量从2013年6月的2788MW飙升到2016年6月的9810MW[①]。此外，中国"一带一路"倡议对于沿线国家和地区可再生能源发展的意义重大。

二 2016年国内能源需求分析

在经济增速换挡、资源环境约束趋紧的新常态下，2016年我国能源工作在煤炭去产能、非常规油气开发、新能源开发利用、输电能

---

① http://newenergy.in-en.com/html/newenergy-2283530.shtml.

力提升、"一带一路"能源合作等方面取得显著成效。能源消费总量得到有效控制，油气替代煤炭的进程加快，可再生能源占比进一步提升，能源结构改善明显。

（一）消费总量得到有效控制，消费增长放缓

根据《2016年国民经济和社会发展统计公报》初步核算，2016年全年能源消费总量43.6亿吨标准煤，比上年（43亿吨标准煤）增长1.4%。2012~2016年能源总量增长分别为3.9%、3.7%、2.1%、1.0%和1.4%。由图5可见，能源消费总量已趋近峰值，消费总量增速放缓已成为经济新常态下能源消费变化新趋势。

2016年我国能源强度继续下降。全国万元国内生产总值能耗下降5.0%。工业企业吨粗铜综合能耗下降9.45%，吨钢综合能耗下降0.08%，单位烧碱综合能耗下降2.08%，吨水泥综合能耗下降1.81%，每千瓦时火力发电标准煤耗下降0.97%[①]。2012~2016年，全国万元国内生产总值能耗下降速度逐步加快，分别为2.0%、3.7%、4.8%、5.6%和5.0%。

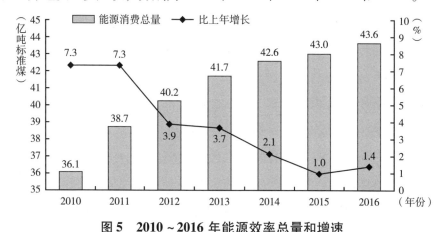

图5　2010~2016年能源效率总量和增速

资料来源：国家统计局。

---

① 《2016年国民经济和社会发展统计公报》。

2016年固定资产投入同比增长迅速。六大高耗能行业投资66376亿元，增长3.1%，占固定资产投资（不含农户）的比重为11.1%；增加值增长5.2%，占规模以上工业增加值的比重为28.1%（见图6）。

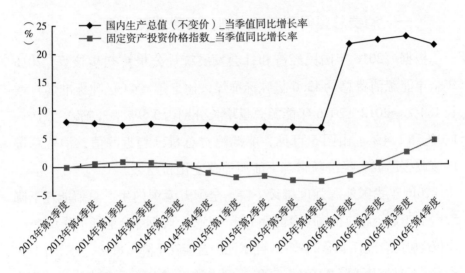

图6 国内生产总值和固定资产投资同比增速

资料来源：国家统计局。

从房地产数据来看，2016年下半年，房地产开发恢复增长。据统计，2016年房屋新开工面积166928万平方米，比上年增长8.1%，其中住宅新开工面积增长8.7%。全国商品房销售面积157349万平方米，比上年增长22.5%，其中住宅销售面积增长22.4%[①]。房地产经过十年的高速发展，当前呈现出大城市高房价、中小城市高库存的局面。但整体而言，中国大规模的房地产开发已经接近尾声。

工业一直是我国能源消费的主体，占到了总消费量的69.8%左右、电力消费的72.4%左右[②]。在工业消费中，钢铁、有色、非金属

[①] 《2016年国民经济和社会发展统计公报》。

[②] 数据为2013年统计数据，来自《中国能源统计年鉴（2014）》。

（以水泥、玻璃为主）是与房地产和大规模基础建设投资相关的三大行业。2016年新开工面积比上年略有增加，在一定程度上拉动了钢铁、有色、非金属（以水泥、玻璃为主）三大行业能源需求。从工业产品产量能够得到印证，2016年粗钢产量8.1亿吨，比上年增长0.6%；钢材产量11.4亿吨，比上年增长1.3%；原铝3187.3万吨，比上年增长1.5%；水泥产量24.1亿吨，比上年增长2.3%（见图7）。

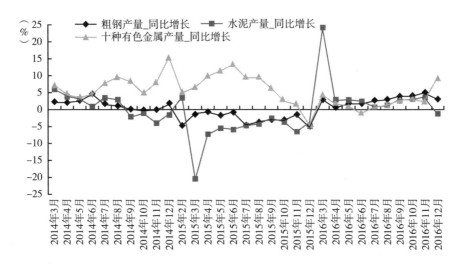

图7　粗钢、水泥、十种有色金属同比增长率

资料来源：国家统计局。

（二）能源结构调整初见成效，减煤成绩显著

从能源结构来看，2016年我国主体能源由油气替代煤炭、非化石能源替代化石能源的双重更替进程正在逐渐加快。2016年煤炭消费量下降4.7%，占一次能源消费比重由64%降至62%；石油消费略有增长，占一次能源消费比重约为18.3%；天然气消费增长速度最快，增速为8.0%，占一次能源消费比重由5.7%提升至5.9%；水电、核电、风电等非化石能源增速最快，由11.3%提高到12.0%（见图8、图9）。

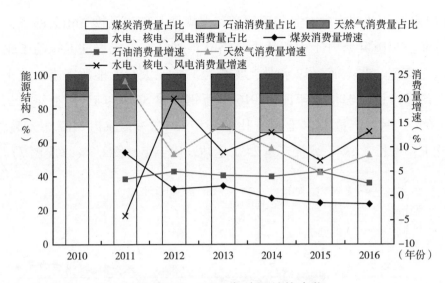

图8 2010～2016年能源结构变化

资料来源：国家统计局。

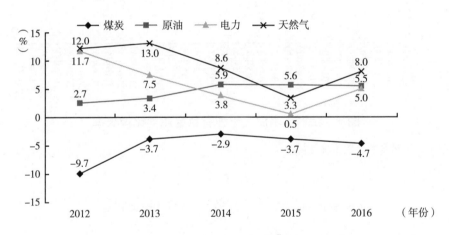

图9 2012～2016年主要能源消费量增速

2016年煤炭消费量下降4.7%，全国累计原煤产量33.6亿吨，同比降9.4%，增速较上年下降5.9个百分点。化解煤炭产能过剩是2016年能源工作的一项重点任务，成效显著。2016年2月，国务院下发《关于煤炭行业化解过剩产能实现脱困发展的意见》，规定全年作业时间不超过276个工作日。随着政策的实施，我国有序淘汰了一批资源枯竭、技术装备落后、不具备安全生产条件、不符合煤炭产业政策的煤矿。4月起连续七个月原煤产量降幅超过10%，同时煤炭进口迅速增长。自6月起，月度煤炭进口量均在两千万吨以上。9月以来，由于煤炭产量大幅下降，煤炭供求关系扭转，并导致煤价暴涨和多地煤炭供应紧张。随后，相关部门启动抑制煤价过快上涨预案，放宽276个工作日政策，煤炭价格有效地得到控制①。

2016年石油消费量增加平稳，增速为5.5%，增量来自汽油消费的增长。2016年国际原油价格低位徘徊，造成国内原油生产企业主动实施"以进顶产"，计划性减产比较普遍。全年产量与进口量之比约为1∶2，原油产量19969万吨，比上年下降6.9%，是2010年以来年产量首次低于2亿吨；进口原油38101万吨，增长13.6%②。据运行快报统计，成品油消费量28948万吨，同比增长5.0%，其中汽油同比增长12.3%，柴油同比下降1.2%③。由于大宗商品运输需求下降，货运车辆增长速度已经逐步下降，由此导致柴油消费需求下降。另外，汽车保有量的增长拉动了汽油消费量的增长。2016年末我国民用汽车保有量19440万辆（包括三轮汽车和低速货车881万辆），比上年末增长12.8%，其中私人汽车保有量16559万辆，增长15.0%。民用轿车保有量10876万辆，增长14.4%，其中私人轿车10152万辆，增长15.5%④。2010~2015年汽车和轿车的保有量增速连年下降，但2016年增长率趋稳（见图10）。可见，我国汽车发展仍具有一定空间，汽油需求仍将继续上升。

2016年天然气消费量增长8.0%，是需求增长最快的能源。2016

① http：//paper. people. cn/zgnyb/html/2016 - 09/12/content_ 1712316. htm.
② 国家统计局：《2016年能源生产情况》。
③ http：//www. sdpc. gov. cn/fzggzz/jjyx/mtzhgl/201701/t20170123_ 836248. html.
④ 《2015年国民经济和社会发展统计公报》。

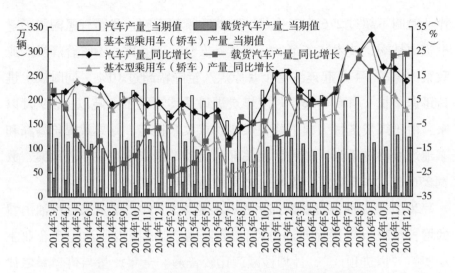

图10　2014~2016年汽车、轿车保有量及增长率

年，天然气产量1369亿立方米，同比增长1.7%；全年天然气进口量5403万吨，增长22.0%[①]；天然气消费量2058亿立方米，同比增长6.6%[②]。但人均天然气消费量仍远低于美国、欧盟、日本等发达国家和地区。天然气不仅可以作为最清洁的化石能源，还可以成为新能源电力的调峰电力，未来具有很大的发展空间。

2016年，全社会用电量59198亿千瓦时，同比增长5.0%[③]。分产业看，第一产业用电量1075亿千瓦时，同比增长5.3%；第二产业用电量42108亿千瓦时，同比增长2.9%；第三产业用电量7961亿千瓦时，同比增长11.2%；城乡居民生活用电量8054亿千瓦时，同比增长10.8%。2016年，全国6000千瓦及以上电厂发电设备累计平均利用小时为3785小时，同比减少203小时。其中，水电设备平均利用小时为3621小时，同比增加31小时；火电设备平均利用小时为4165小时，

---

① 国家统计局：《2016年能源生产情况》。

② http：//www.sdpc.gov.cn/jjxsfx/201701/t20170123_836252.html.

③ http：//www.nea.gov.cn/2017－01/16/c_135986964.htm.

同比减少 199 小时。从电力生产月度数据来看，2016 年下半年电力需求同比有所增长（见图 11）。从生产来看，2016 年电力生产结构优化明显，非化石能源发电比重进一步提升，水电、风电、太阳能发电装机容量世界第一。2016 年，核能发电、风力发电、太阳能发电比重进一步提高，占全部发电量比重分别为 3.5%、3.9% 和 1.0%，比上年分别提高 0.5 个、0.7 个和 0.3 个百分点；水力发电占 19.4%，与上年持平；火力发电占 72.2%，比上年下降 1.4 个百分点[①]。

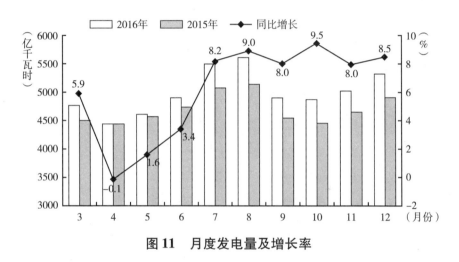

图 11　月度发电量及增长率

2016 年我国共投运 7 台核电机组，全年核电累计发电量 2105.19 亿千瓦时，约占全国累计发电量的 3.56%，比 2015 年同期上升了 25.07%。累计上网电量 1965.68 亿千瓦时，比 2015 年同期上升了 24.65%[②]。截至 2016 年 12 月 31 日，我国已投入商业运行的核电机组共 35 台，运行装机容量为 33632.16MWe（额定装机容量），占全国电力装机的比重约为 2.04%。1~12 月，各运行核电厂继续保持安全、稳定运行，仅出现 1 起运行事件。2016 年 9 月宁德核电厂 4 号机

---

①　国家统计局：《2016 年能源生产情况》。

②　中国核能行业协会：《我国 2016 年核电运行情况报告》。

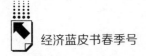
组发生一起 INES5 1 级运行事件，造成放射性气体非预期短时向环境排放，排放量占国家监管部门批准排放年限值的 0.002468%。

2016 年，全国风电保持健康发展势头，全年新增风电装机 1930 万千瓦，累计并网装机容量达到 1.49 亿千瓦，占全部发电装机容量的 9%，风电发电量 2410 亿千瓦时，占全部发电量的 4%①。2016 年，全国风电平均利用小时数 1742 小时，同比增加 14 小时，全年弃风电量 497 亿千瓦时，较 2015 年上涨 46.6%。2013～2015 年，弃风电量分别为 162.31 亿、133.38 亿、339 亿千瓦时，2016 年弃风电量接近 500 亿千瓦时，这大致相当于北京市半年的用电量②，造成的直接经济损失逾百亿元③。全国弃风较为严重的地区是甘肃（弃风率 43%、弃风电量 104 亿千瓦时）、新疆（弃风率 38%、弃风电量 137 亿千瓦时）、吉林（弃风率 30%、弃风电量 29 亿千瓦时）、内蒙古（弃风率 21%、弃风电量 124 亿千瓦时）。

2016 年，我国光伏发电新增装机容量 3454 万千瓦，累计装机容量 7742 万千瓦，新增和累计装机容量均为全球第一④。其中，光伏电站累计装机容量 6710 万千瓦，分布式累计装机容量 1032 万千瓦。全年发电量 662 亿千瓦时，占我国全年总发电量的 1%。2016 年光伏发电分布还呈现出由西北地区向中东部转移的趋势，山东、河南、安徽、河北、江西、山西、浙江、湖北、江苏新增装机容量超过 100 万千瓦。分布式光伏发电装机容量发展提速，2016 年新增装机容量 424 万千瓦，比 2015 年新增装机容量增长 200%。受"630"光伏上网电价下调政策影响，我国 2016 年上半年光伏迎来抢装高潮。据国家能源局数据，

---

① http：//www.nea.gov.cn/2017 - 01/26/c_ 136014615.htm.

② 根据《中国统计年鉴 2015》，2014 年北京市电力消费量为 937.05 亿千瓦时。

③ 2016 年一类、二类、三类、四类资源区的电价分别为 0.47 元/千瓦时、0.49 元/千瓦时、0.54 元/千瓦时、0.59 元/千瓦时。取一类地区电价计算，2016 年全国弃风电量经济损失 0.47 元/千瓦时×497 亿千瓦时 = 233.59 亿元。

④ http：//www.nea.gov.cn/2017 - 02/04/c_ 136030860.htm.

2016年一季度，我国累计光伏发电装机容量达到50.3吉瓦，同比增加52%。其中，光伏电站43.3吉瓦，分布式光伏7吉瓦。仅一季度全国装机量7.14吉瓦，同比增加42%，接近2015年全年光伏装机总量一半。西北地区的弃光问题严峻，2016年上半年弃光电量达到32.8亿千瓦时，弃光率19.7%。其中，新疆、甘肃光伏发电运行较为困难，弃光率分别为32.4%和32.1%。2016年一季度，新疆弃光率甚至一度达到52%。整个2016年，西部地区平均弃光率达到20%。

三　2017年国内能源形势展望

2017年1月，多家国际组织发布的全球经济展望报告都看好2017年中国经济增长前景。国际货币基金组织对中国2017年经济增速预期，在2016年10月期《世界经济展望》的基础上，大幅上调0.3个百分点至6.5%；联合国维持2017年中国经济增速6.5%的预期不变；世界银行下调2017年全球经济增速预测0.1个百分点的同时，维持中国经济增速6.5%的预期不变。此外，摩根大通、汇丰银行、花旗银行等多家外资机构也发布报告，预计2017年中国经济将进一步企稳。

受国家经济刺激政策影响，2016年下半年与投资和基础设施建设相关的行业已经开始摆脱低谷，恢复增长。2016年上半年，粗钢产量增长率为－1.1%，而到年底时全年增长率已经为正的1.2%，11月达到5.0%的同比增长率；十种有色金属上半年仅增长0.1%，而到年底则实现全年增长2.5%，12月的同比增长率更是高达9.2%。汽车产量1~6月累计增长6.0%，而1~12月累计增长达到13.1%。

从这些数据可以看出，目前经济已经表现出强劲的复苏势头。综合这些走势分析，如果国家继续保持目前的经济刺激措施，2017年中国经济将开始摆脱低迷状态，预计全年的经济增长率有可能恢复到6.8%~6.9%。如果国际经济形势也好转，中国经济有可能实现7%

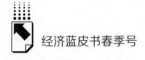

的增长率。

国家能源局在《2017 年能源工作指导意见》中提出全国能源消费总量控制在 44 亿吨标准煤左右，非化石能源消费比重提高到 14.3% 左右，天然气消费比重提高到 6.8% 左右，煤炭消费比重下降到 60% 左右，单位国内生产总值能耗同比下降 5.0% 以上等多项目标。化解过剩产能仍是 2017 年的重点任务，全年力争关闭落后煤矿 500 处以上，退出产能 5000 万吨左右。2017 年 1 月 1 日起，全国将全面供应国 V 标准车用汽油（含 E10 乙醇汽油）、车用柴油（含 B5 生物柴油）。

根据对经济形势的判断，预计 2017 年全年能源消费总量 44 亿吨标准煤，比上年增长 1.1%，达到 440870.12 万吨标准煤（见图 12）。煤炭消费量下降 2.2%，石油消费量增长 3.8%，天然气消费量增长 9.2%，电力消费量增长 6.2%。煤炭消费量占能源消费总量的 60.0%，比上年下降 2.0 个百分点。之所以预测石油消费量增速低于 2016 年，是因为 2016 年石油进口增长有部分是由低油价导致的贷款换石油进口不正常增加，随着 2017 年石油价格处于较高位置，这部分意外进口将会减少。

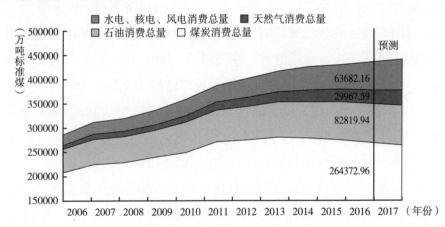

图 12　2006～2017 年能源消费量

资料来源：国家统计局。

四　政策讨论与建议

综合以上分析，本报告提出以下政策建议。

（一）利用国际市场供大于求的有利时机，以油气进口多元化提升能源安全水平

从全局来看，当前全球原油市场正从卖方市场转变为竞争激烈的买方市场，资金充足、需求旺盛的中国买家成为各方积极争取的对象。随着中国地方炼油厂采购量的加大，沙特也开始关注中国地方炼油厂，并采取一些措施争取地方炼油厂的采购。

国际能源研究机构普氏预测，未来5年内，中东原油占中国进口原油比例可能下降至50%以下。而俄罗斯将在中国获得更多的市场份额。与此同时，拉美原油生产国将更加积极地把原油推销至亚洲。预计到2020年拉美原油将占中国原油进口量的15%左右。

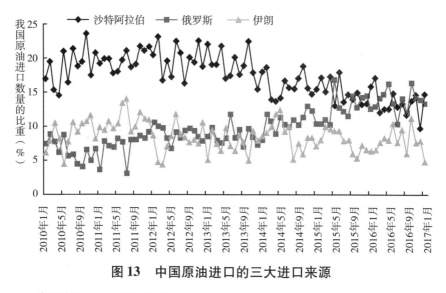

图13　中国原油进口的三大进口来源

资料来源：Wind 数据整理。

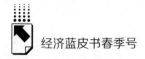

安哥拉的情况则比较特殊。这一西非国家与中国有石油换贷款协议。尽管具体协议内容外界不得而知，但是可以看出价格是随行市而波动。石油价格下跌之后，安哥拉向中国发运的原油迅速增加。

从 2016 年 2 月开始，新一轮中国先期贷款偿还导致安哥拉每月用于偿还中国的船货数量增加 1 倍还多。统治安哥拉近 40 年的安哥拉人民解放运动与中国签署的协议为基础设施获得融资，并获得新的出货渠道，弥补因页岩油革命导致的美国进口需求下降。但用石油作为抵押物的贷款预计已经达到 250 亿美元（截至 2016 年 3 月）。

国际原油进口日益分散，成为今后中国进口石油市场的一大特点。从长远来看，原油进口多元化符合我国原油进口策略，也更有利于保障我国原油进口安全。建议今后关注北美地区的石油进口来源。

（二）中国能源需求总体上已经达到峰值，能源供给革命的重点应转向结构调整

在我国经济发展的大部分时期，能源供给、煤电油运一直是经济发展的瓶颈，受到国家政策的重点支持。十年前，限电还是每年夏季经常出现的现象。因此，很长时间以来中国的能源政策一直以保障供给为基本出发点，不断建设大型能源、电力项目，为我国经济发展提供了基础条件。

然而，在经济新常态下，经济增长的主要驱动力已经从以大规模城市化和工业化为特征的数量型增长，转向依赖技术进步与生活质量提升的质量型增长。与此相伴随的是，商品需求的增长将从重化工业产品转向以提升生活品质为目的的智能化和高质量商品，和与此相关的服务业。因此，经济增长对能源需求的弹性将逐渐下降。由于与大规模基础建设相关的钢铁、建材、有色金属产品的能源需求占到总体能源需求的大约 1/3，随着这些产品需求的下降，总体能源需求增长缓慢甚至负增长都是可以预见的。

能源需求增速放缓甚至总量负增长不仅表现在与这些产品相关的电力和煤炭需求上，而且这些大宗商品的运输以往多依赖柴油动力的重型卡车和内河船运，因此也会引起对石油和成品油需求的减少，并引起成品油中汽柴比的变化。

这一转折与以往的周期性电力过剩不同，随着大规模城市和基础设施的建设，现在可以说是整体性的能源、电力产能过剩。2014年以来，多地的电力机组运行小时数连续下降，尤以东北地区突出（见图14）。同时，"十二五"以来建设的风电基地、光伏基地出现了日益严重的弃风、弃光问题。

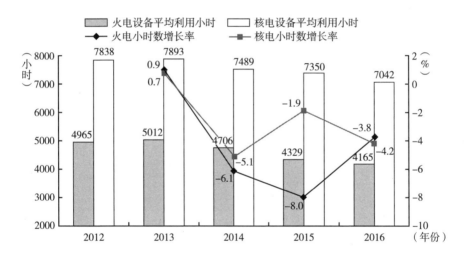

图14　2012~2016年火电、核电设备利用小时数及增长率统计

资料来源：国家能源局。

伴随着经济总量的扩张，我国的资源与环境约束日益显现。大范围、常态化的雾霾现象已经成为危害人民群众身体健康的重要灾害。调整能源供给与消费结构，减轻大气污染，提高能源效率，已经成为刻不容缓的重要任务。今后的能源政策应从上项目、扩产能的供给性政策，转向以控总量、调结构、清洁化、可持续为目标的结构性政策。

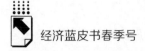

政策主要导向包括有效降低煤炭消费与比重，实现清洁煤、清洁油、扩大天然气应用和占比，发展可再生与低碳能源，提高能源消费效率。

（三）继续推进煤炭行业去产能

我国是煤炭大国，长期以来我国能源消费以煤炭为主，煤炭消费占到能源消费总量的60%～70%。煤炭资源的开发和利用为我国经济高速发展做出了巨大贡献，同时也对我国生态、环境造成了严重的破坏。在煤炭开采过程中，矿井瓦斯以及矸石自然释放的气体会造成大气污染；矿井水大量外抽，导致地下水位下降，甚至引起地表下沉；矿井排出的废水和煤矸石未经处理，还会污染地面江河；煤炭开采还会对山体、森林、草地造成严重破坏。在"北煤南运，西煤东输"的长距离运输过程中，煤尘飞扬又会二次污染空气。然而，与生产、运输相比，煤炭在最终的燃烧环节对我国的环境影响更大。煤炭燃烧时会产生许多有害气体，以二氧化硫为主，还有硫化氢、一氧化氮等。此外，经过30多年尤其是近十年的高强度开采，很多地区的煤炭资源都存在资源储量少、赋存条件差、安全生产无保障、扭亏无望的僵尸煤矿。从我国长期能源发展来看，煤炭去产能势在必行。

2016年是煤炭行业去产能的第一年，也是攻坚年，政府和煤炭企业对去产能的决心和力度十分大。2月，国务院《关于煤炭行业化解过剩产能实现脱困发展的意见》明确，从2016年开始用3～5年的时间，煤炭行业再退出产能5亿吨左右、减量重组5亿吨左右，较大幅度压缩煤炭产能，适度减少煤矿数量，实现煤炭行业过剩产能得到有效化解、市场供需基本平衡、产业结构得到优化、转型升级取得实质性进展。随后，《关于支持钢铁煤炭行业化解过剩产能实现脱困发展的意见》《关于支持钢铁煤炭行业化解过剩产能实现脱困发展的意见》《人力资源社会保障部国家发展改革委等七部门关于在化解钢铁煤炭行业过剩产能实现脱困发展过程中做好职工安置工作的意见》

等配套文件相继出台，各地方政府积极响应，制定去产能方案，严控落实 276 天工作日，严抓超产。面对煤炭行业连年低迷、自身持续亏损，煤炭企业限产意愿也比较强，6 月我国进入矿井关停的高潮期，并提前 1 个月完成了年度去产能 2.5 亿吨的目标任务。

煤炭去产能不仅看数量，还应严控去产能的工作质量。"去"不是指废弃，而是寻求煤矿转型之路、人员转业之处。矿区往往占据大量的土地资源，拥有大批的技术资源和人才资源。所以，在矿井被关闭后，还要严防瓦斯煤尘爆炸、煤层自燃、矿井突水、煤岩动力灾害等，统一管理存在安全隐患的大量闲置设备设施，及时修复已被严重破坏的水资源、土壤资源、地貌地形以及植被等生态环境，主动解决大批失业人员的安置难题。

去产能工作应作为一项长期工作，常抓不懈。煤炭短期内仍会是我国的主导能源，所以去产能工作应长期坚持做下去。淘汰过剩的、落后的、没有经济效益的产能，留下安全、高产、高效和综合利用好的煤矿。淘汰、停建、缓建煤电项目，积极推进水电、核电、风电与火电互补的发电系统建设。更多地引进澳大利亚、印度尼西亚甚至美国的优质煤炭，减少内陆地区煤炭开采带来的生态破坏与环境污染。用五年、十年，甚至更久一些的时间，建设清洁低碳、安全高效的现代能源服务体系。

（四）稳妥推进电力市场化改革，建设和完善电力交易市场

2017 年的政府工作报告特别提出，"深化混合所有制改革，在电力、石油、天然气、铁路、民航、电信、军工等领域迈出实质性步伐。抓好电力和石油天然气体制改革，开放竞争性业务"。在 2017 年 3 月的电力体制改革座谈会上[①]，国家发展改革委和国家能源局提出

---

① http：//www.sdpc.gov.cn/gzdt/201703/t20170308_ 840667. html.

下一步电力体制改革的主要任务是"四个有序加快、四个规范、四个加强",即"有序加快放开发用电计划、有序加快放开配售电业务、有序加快放开竞争性电价、有序加快放开交易机构交易业务范围;加快规范输配电价、加快规范优先发电权优先购电权计划、加快规范自备电厂、加快规范局域网和增量配网;加强电力交易机构建设、加强电力行业综合监管、加强电力行业信用体系建设、加强电力市场信息共享"。

目前,我国电力体制改革试点已经覆盖有条件开展的所有省(区、市),输配电价改革实现省级电网全覆盖,交易机构组建工作基本完成,全国注册成立的售电公司已有约6400家,首批105个增量配电项目开展改革试点,2016年全国市场化交易电量突破1万亿千瓦时,约占全社会用电量的19%。

在当前的国内外能源形势下,电力体制改革面临着一些新情况、新问题。当前国际油气价格较低,天然气发电具有一定价格优势,且较火电更为清洁;我国电力供应能力大于消费水平,窝电和缺电在个别地区依然存在;可再生能源发展迅速,但弃水、弃风、弃光现象严重;我国已全面放开用户侧分布式电源市场,支持企业、机构、社区和家庭根据各自条件,因地制宜投资建设各类分布式电源,准许接入各电压等级的配电网络和终端用电系统;售电公司的准入门槛和业务范围仍有待规制,亟待修订有关法律、法规、政策、标准,明晰发电企业和用户之间市场交易范围。结合上述形势,本报告就电力体制改革提出以下三方面政策建议。

第一,发展直供电模式。直供电模式在售电侧引入竞争机制,改变了电网单一购买者格局,是深入推进电力市场改革的重要措施之一。2002年电改"5号文"在关于竞价上网实行电价新机制中,指出"在具备条件的地区,开展发电企业向较高电压等级或较大用电量的用户和配电网直接供电的试点工作。直供电量的价格由发电企业与用户协商确定,并执行国家规定的输配电价"。2015 年电改"9 号文"进一步明确"构建体现市场主体意愿、长期稳定的双边市场模式。直接交易双方通过自主协商决定交易事项,依法依规签订电网企业参与的三方合同。鼓励用户与发电企业之间签订长期稳定的合同,建立并完善实现合同调整及偏差电量处理的交易平衡机制"。当前,我国个别地区已经在推进电力直供试点工作,为用户购电带来了真正的实惠。据《中国能源报》报道,华能邯峰电厂首次直供电交易成功[1]。华能邯峰电厂共与 6 家大用户确认达成交易,购电量总计 6.35 亿千瓦时,售电量总计 6.58 亿千瓦时,取得发电量指标 7 亿千瓦时,增加利用 530 小时。此次交易是河北南网电力市场化改革后的首次大规模交易,19 家发电企业和 123 家电力用户共达成交易 204 笔,成交电量 82.5 亿千瓦时,平均直接交易电价为 325.58 元/兆瓦时,降低用户购电成本 3.22 亿元。因此,建议尽快制定合理的过网费标准,核定各地区最低上网电价,以两者之和作为直供电最低价格;按照电改深入进行的需要,未来需在更大范围内,鼓励对大用户直供电。

第二,在沿海地区发展进口 LNG 电厂,允许大用户自主或委托进口 LNG。LNG 燃烧后放出的热量大,且对空气污染非常小,已经被很多国家推广采用。截至 2015 年底,全国干线管道总里程达到 6.4 万公里,一次输气能力约 2800 亿立方米/年,建成 LNG 接收站 12 座,LNG 接收能力达到 4380 万吨/年。天然气发电装机 5700 万千瓦,建成压缩天然气/液化天然气(CNG/LNG)加气站 6500 座,船用 LNG 加注站 13 座[2]。我国《能源发展"十三五"规划》提出"十三五"时期天然气消费比重要力争达到 10%。与管道天然气贸

---

[1] http://paper.people.com.cn/zgnyb/html/2016-09/26/content_ 1715651.htm.
[2] 《天然气发展"十三五"规划》。

易相比，LNG 贸易在供应方、采购方、采购合同等方面更具灵活性。当前国际油气市场供应宽松，充分利用全球 LNG 资源价格处于较低的位置这一时机，在 LNG 接收站的基础上，进一步在环渤海、长三角、东南沿海地区发展进口 LNG 电厂，就近供应附近地区的电力消费。这不仅能够及时地填补火电去产能留出的供给空间，缓解大规模可再生能源并网给电网带来的调峰压力，还将有助于减轻北方地区大范围的雾霾。与之匹配，我国还应建立起合理的定价体系，允许大用户自主或委托进口 LNG，推动 LNG 产业逐步走向市场化。

第三，建立售电公司的规制体系。截至 2016 年底，全国已公示售电公司共计 295 家[1]。其中广东省 210 家，售电公司数量最多。广东省在 2016 年 3~5 月的三次月度电力集中交易中，引入售电公司参与竞价的成交电量占到总交易量的 73%，电厂向需求方让利的 5.3 亿多元被售电企业获得。售电公司得到超预期的盈利，引发了业内广泛关注。3~9 月的竞价交易中，平均结算价已经由 4 月最多的 0.148 元/千瓦时下降到 9 月的 0.037 元/千瓦时，售电公司的利润在迅速缩减。2016 年 10 月底，广东经信委公布了新的电力交易规则，规定电力用户在同一时刻只能选择一家售电公司购电（"长协 + 竞价"），合约期内维持购售电关系不变；并且规定采取月结月清的方式结算偏差电量，超过偏差电量要进行惩罚。但统一价格出清方式以及广东现有的偏差考核机制（正负罚两倍，2% 以内免考核）仍存在争议。此外，在该制度下，能否签订长协合同，直接关系到售电公司未来一年的命运。因此，我国应加快研究和落实售电公司的长期盈利模式和市场交易规制，形成充分竞争的售电侧市场主体，并建立相应的市场管理机制。

---

[1]　http://shupeidian.bjx.com.cn/news/20161215/796796.shtml.

（五）完善可再生能源电价和补贴政策，政府引导和市场主导并重

我国自 2009 年起实施标杆上网电价政策，并适时下调上网电价。各地区还有不同的政府补贴政策。两者曾有效地推动了风电和太阳能发电的发展。然而，随着我国风电、太阳能发电规模的日益庞大，标杆上网电价政策和补贴政策暴露出一些问题。

其一，标杆上网电价政策直接刺激企业在期限来临前盲目抢装。当前，行业内出现一种怪现象：一边是蜂拥而上的抢装潮，另一边却是日益严重的弃风弃光。这不但形成了巨大的能源浪费，还给使企业难以实现项目可行性研究报告中的收益率，带来巨大的经济损失。例如，2016 年的"630"下调光伏上网电价政策，"2016 年以前备案并纳入年度规模管理的光伏发电项目但于 2016 年 6 月 30 日以前仍未全部投运的，执行 2016 年上网标杆电价"。企业只要在"630"之前，就可以享受高一些的优惠电价，这直接导致企业为了享受高一些的电价，抢着赶进度、上项目。类似的情况，同样发生在风电行业。抢装潮出现后，会造成短期内大型设备供应短缺，相关工业产品价格上涨，并且还可能会影响工程质量，而电网也未做好充足的接纳准备。

其二，标杆上网电价政策未能激励电网输、配、消纳，限电对电网收益影响较小。当前，我国风电、光伏产业仍以大规模开发为主，主要集中于资源较好的西北地区，发电主要面向电网，而非普通消费者。电网输配可再生能源需要完善主网架结构，对重要送出断面、风电汇集站、枢纽变电站进行补强和增容扩建，还需要合理安排常规煤电机组和供热机组开机规模和发电计划，优化电网调度。标杆电价政策主要是对发电企业的电价优惠，电网并未受到足够的激励去传输和消纳风力发电和太阳能发电。对电网而言，输、配、消纳同等电量的火电更加容易。再有，当系统调峰能力不足，电网通知风电企业限

电，何时限电、何时解除均由电网决定。限电也只是使发电企业受到巨大的经济损失，未涉及电网。《可再生能源法》要求对可再生能源优先并网，然而实际中电网收纳可再生能源的积极性未能调动起来。2016年，部分省份具备完成最低保障性收购小时数的条件，但未能达到既定标准，对弃风率超过20%的省份暂停安排新建风电规模。这种惩戒只是暂时制止盲目的开发，但未能有效改善当地弃风现象。

其三，补贴资金缺口越来越大，企业未能及时获得补贴。根据国家能源局数据，中国新能源补贴资金（风电、光伏的补贴资金总额）缺口已经从2015年底的400亿元，扩大至2016年底的600亿元。我国的可再生能源电价高出当地燃煤机组标杆上网电价的部分，由可再生能源发展基金予以补贴。《可再生能源法》第20条规定了可再生能源电价补贴资金来源于电价附加，但在第24条又规定了可再生能源发展基金来源既包括国家财政安排的专项资金，也包括电价附加。企业自备电厂常拖欠缴纳，造成基金上缴长期不足，《可再生能源法》的补贴制度难以落实。而征收上来的资金主要用于补贴风电，留给光伏的补贴较少。由于审批手续复杂，光伏企业收到补贴通常需要两年甚至更长的时间，给企业造成了很大的资金压力。

因此，建议可再生能源上网电价和补贴政策引入市场机制，充分发挥市场拉动作用。经过近十年的高速发展，我国风电、太阳能发电等新能源规模已十分庞大，但并网电量在我国电源结构中所占比例仍然比较低，局部地区弃风弃光现象严重。适当引入市场竞争机制，如可再生能源配额制、绿色证书交易机制和竞价上网机制，减少开发企业对补贴的依赖，建议逐步取消新能源财政专项资金补贴；鼓励电网尽量多消纳可再生能源，对超出完成最低保障性收购小时数的地区按一定比例进行补贴，并对未能完成最低保障性收购小时数的地区进行惩戒；同时，有效消纳减少省际壁垒，为可再生能源消纳提供保障。

B.8
应对气候变化政策和目标对
就业影响的评估分析

潘家华　张　莹*

摘　要：　旨在降低温室气体排放，引导能源结构和经济结构调整的气候政策会对经济社会产生深远的影响。节能减排目标的完成与就业问题密切相关。积极应对气候变化，遏制全球变暖已成为全球共识，低碳发展是未来经济发展的必然选择，考察相关的气候政策和行动对就业可能造成的影响，是正确选择政策目标和评估政策影响的重要课题。气候政策能够给林业和新能源、节能服务等一些新兴产业创造大量绿色的就业机会，但同时也会给煤炭开采和其他高耗煤产业带来不利冲击，导致就业减少。正确评估各部门的具体影响，并基于研究提出有针对性的政策建议，大力鼓励具有就业创造效应的行业快速发展，同时解决好面临就业损失压力的行业和地区可能面临的问题，以便发挥气候政策实现减排和就业创造的双重红利。

关键词：　气候变化　能源结构　经济结构　低碳经济

---

* 潘家华，中国社会科学院城市发展与环境研究所所长，研究员；张莹，中国社会科学院城市发展与环境研究所副研究员。

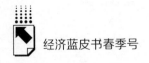

引 言

气候变化问题近年来一直是全球关注的焦点议题之一，积极应对气候变化，遏制全球变暖已经成为全球共识。来自气候变化的压力促使各国逐步步入低碳转型的道路。《斯特恩报告》指出，为了防止全球性的气候变化对人类社会造成灾害性后果，各国都必须立即采取积极有效的减排行动[1]。2015年底召开的巴黎气候变化大会将全球对气候变化的关注推至一个新的高峰，在《巴黎协定》所提出的长期目标中，各缔约方承诺要将全球平均气温控制在相对于工业化前的水平增幅低于2摄氏度，并将向1.5摄氏度温升目标努力。要实现这样雄心勃勃的目标，各国都必须继续降低温室气体排放水平或者控制温室气体排放的增长速度，这要求对整个经济结构、产业结构和能源结构做出相应的调整。这种调整会进一步影响到经济生活的各个方面，包括消费方式、能源生产和利用方式、能源技术发展、产业布局、商品生产和分配方式等。

这些变化和调整会带来很多新的风险，但同时也孕育着一些新的机遇。中国对于应对气候变化正在给予越来越多的关注，在全球环境治理中逐渐发挥领导作用。"十二五"期间，我国政府紧紧围绕"十二五"应对气候变化目标任务，通过调整产业结构、优化能源结构、节能提高能效、控制非能源活动温室气体排放和增加碳汇等手段和措施，在减少温室气体排放水平和减缓气候变化方面取得了积极的成效。[2] 相关的政策和目标无疑会对就业产生显著的影响。积极应对气候变化会导致一些传统的化石能源产业面临较大压力，同时也会传导

---

[1] Stern N., *The Economics of Climate Change: The Stern Review*, Cambridge, UK: Cambridge University Press, 2006.
[2] 国家发改委:《中国应对气候变化的政策与行动2016年度报告》。

到下游一些以化石能源为主要原材料的工业部门，但同时会给新能源利用、节能服务等行业带来全新的发展机遇。

应对气候变化包括减缓和适应两个主要手段，其中，减排政策和低碳技术是实现低碳发展的重要途径。低碳发展是指通过低碳化进程实现低碳经济的发展路径，旨在实现可持续发展与应对气候变化的双重目标。不同的政策目标和政策实施路径会对相关产业产生不同的影响，通过产业结构和能源结构的调整，淘汰落后产能，开发新技术和新能源等途径影响产业就业结构和区域就业结构。除了对就业总规模和结构产生影响外，这些变化还会对就业技能提出新的要求。

目前，关于气候变化对就业的影响，欧洲和美国已有一些相关研究，但是仍缺乏系统性的讨论和论述。很多研究是为了给相关政策的可行性和社会影响分析提供支持，多侧重于分析和评估气候和能源政策带来的就业创造效应。一些研究的结论倾向于支持应对气候变化政策会给整体就业带来正面影响[1]。研究表明，应对气候变化会创造上百万个新的就业机会，甚至会创造出一群全新的从事绿色工作的"绿领阶层"[2]。各国也越来越重视通过激励政策去鼓励创造更多的绿色就业机会，2007年美国次贷危机引发的全球性金融危机导致很多传统行业受到严重冲击，一些国家开始考虑通过施行绿色新政来创造新的就业机会。美国、德国和英国等国都推出了有针对性的经济刺激计划，这些计划的实施推动环境保护领域，尤其是与应对气候变化相关的一些产业和部门成为新的就业增长点。

---

① ETUC, CES, SDA, Syndex, Wuppertal Institute for Climate, Environment and Energy, ISTAS, 2004, "Climate Change and Employment: Impact on Employment in the European Union – 25 of Climate Change and CO₂ Emission Reduction Measures by 2030", http://www.unizar.es/gobierno/consejo_ social/documents/070201ClimateChang – Employment. pdf.

② ILO, UNEP, 2009, "Green Jobs: Toward Decent Work in a Sustainable Low – carbon World".

从长远看，产业和能源结构调整所创造的新的工作机会和需求能够弥补因政策冲击造成的就业损失。但短期内，从我国的实际情况来看，为了实现温室气体减排目标，相关的产业结构调整措施会对一些传统的工业部门，包括煤炭开采、钢铁、水泥生产以及电力生产和供应等行业产生显著的影响，一些淘汰落后产能目标会导致大量就业岗位的削减或消失。这些部门就业规模庞大，所带来的就业影响牵扯到企业利益，关乎相关从业职工的命运，也事关社会稳定。应对气候变化的行动和政策所产生的就业创造和就业损失影响具有时间和地区的不完全匹配性，因此亟待认真、深入地研究，针对这些影响做出准确评估，并基于研究提出有针对性的政策建议，大力鼓励具有就业创造效应的行业快速发展，同时解决好面临就业损失压力的行业和地区可能面临的问题。

一 气候政策对经济的影响

旨在降低温室气体排放水平的各种政策和行动都会对就业产生直接或间接的影响①。相关的政策体系，涵盖了宏观经济政治决策、能源与环境管理、社会文化引导等诸多领域，包括发展战略、规划、法律、标准、政策等多种手段和工具，根本目的是调整以化石燃料为主的能源结构，增加清洁能源的使用，提高能源利用效率以及通过植树造林等方式增加碳汇。

各种气候政策和减排行动会对经济活动中的生产、消费、投资和贸易行为产生具体的影响，具体的影响可以分为以下四类。通过这些影响机制促进增加清洁能源的使用，推动节能和新能源

---

① 广义的应对气候变化政策除了减缓气候变化行动和政策外，还包括适应气候变化的相关举措和政策，但是本研究主要侧重于减缓行动和政策的就业影响，即旨在降低温室气体排放水平的一些具体行动和目标。

技术的开发研究，推动气候友好型产品和服务贸易的发展，形成贸易增长点，但同时会提高传统化石能源的相对使用成本，影响经济中不同部门的产出水平，并导致不同部门就业规模和就业结构发生变化。

（一）能源需求的结构影响效应

当经济步入工业化时代之后，社会经济的发展对能源具有刚性需求，而气候政策的根本目的是通过减少对化石能源的使用来降低温室气体的排放，因此会对生产、消费、投资和贸易中的能源结构产生影响，最终达到能源结构清洁化的目的。

（二）价格和成本影响效应

气候政策中常用的经济措施和手段会提高化石能源的相对价格，从而增加这些能源类型的使用成本或降低替代清洁能源的使用成本，因此将直接对以能源为主要原材料的生产部门和家庭的能源消费行为产生影响，同时也会影响能源贸易活动。

（三）产业传导影响效应

当能源使用成本发生变化后，又会通过产业间的相互传导效应，从直接以能源为原材料的产业传导到其他产业，对其他经济部门产生规模不同的产业关联影响。

（四）技术进步/创新影响效应

为了实现温室气体减排目标，需要提高能源利用效率、增加清洁能源和可再生能源的使用，因此，技术进步和技术创新会发挥重要的作用。因此在一些与能源利用相关的部门中，劳动生产率和技术水平都会随着气候政策的实施实现加速进步。

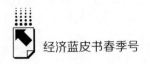
二 气候政策对就业的影响

气候政策涉及多个产业部门，对不同部门、不同地区的就业所产生的影响也具有明显的差异。在制定减排目标时，除了考虑技术可行性和经济成本外，还必须认真评估相关政策对就业的影响。应当认识到，气候政策会给一些部门带来新的投资，并促进就业规模扩大，例如，新能源的开发利用、通过植树造林增加碳汇、专业性的节能服务等。这些投资不仅会创造大量直接就业机会，还会给与其关联的其他产业，如相关的设备制造业、森林旅游业和金融行业等，带来很多间接的就业机会。但与此同时，煤炭、石油和天然气的开采以及相关的化工行业，高耗煤的火电、钢铁、水泥生产等行业的就业机会则会减少。但是不同部门受影响的过程时间长短不一，在不同时间内，气候政策对各部门就业水平的影响也各不相同。

（一）不同时期内的就业影响

1. 短期影响

短期内，各种气候政策会通过对能源需求的结构性影响效应以及对能源价格和成本的影响效应直接使与能源利用相关的部门和企业面临就业机会的增减。具体来说，一些高碳部门的就业机会将逐渐减少或增速放缓，而一些低碳产业将会提供更多的就业岗位。因此，短期内气候政策首先会给直接关联的产业带来明显的就业影响，而具体的净影响则取决于相关产业的就业规模和劳动生产率。

从我国的实际情况来看，煤炭开采、钢铁等部门的就业规模较大，同国际先进水平相比，劳动生产率水平相对较低。因此，在短期内受气候政策影响，这些部门的去产能目标会给稳定就业带来较大压力。此外，我国在《巴黎协定》中提交的国家自主贡献（INDC）还提出要实现到 2030 年森林蓄积量比 2005 年增加 45 亿立方米左右的目标。这要求继续推行碳汇造林与绿化行动与林业生物质能源发展行动等，给相关的造林活动直接创造新的就业机会。但很多与此相关的就业机会多为季节性以及暂时性的工作，具体的就业拉动作用尚待进一步的深入研究。

2. 中期影响

中期内，气候政策对就业的影响会通过产业传导效应从高碳部门和低碳部门波及经济整体。例如，煤炭开采和洗选行业的就业损失会导致运输行业也受到影响，与煤炭运输相关的就业机会也会相应减少。而新能源的开发利用，如风能和太阳能利用的发展也会推动相关的设备制造业创造出更多就业机会。

为了实现建筑、工业部门的节能，会催生对专业性节能服务行业的需求增长，创造出一些新的工作岗位。与此同时，对既有建筑的节能改造也会给建筑行业带来新的就业需求。但是更高能源结构的清洁化会给企业带来额外的成本负担，也可能导致企业削减其他成本，并通过传导效应波及其他行业，造成一些工作机会的减少。

3. 长期影响

长期内，气候政策会促进对低碳技术的大规模投资，通过技术进步/创新效应创造新的工作岗位。这些政策在长期内能促进就业结构的升级，使劳动力从高碳产业转移到低碳产业中去。关于气候政策就业影响的相关研究也都表明政策的长期净影响效应是增加了更多绿色、环保、体面的工作机会。

（二）气候政策对就业的具体影响

气候政策将改变产业结构和能源结构，带动新技术的开发和应用，从而对不同行业的就业产生一系列积极的或不利的影响。

1. 积极影响

清洁能源以及可再生能源的发展会给能源产业和相关的设备制造

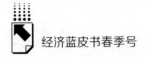

部门创造大量新的就业机会。通过大力发展水电、风电、太阳能、生物质能等可再生能源，能够推动新能源技术开发，设备制造和安装、维护等行业产生一系列新增就业。

节能减排需要融资和金融服务，因此也能带动金融行业的就业，刺激产生一些新的就业岗位，包括清洁能源投资、低碳技术服务贸易，以及清洁发展机制、碳排放权交易市场等相关领域的金融服务工作岗位。

为了提高化石能源的利用效率和清洁化使用，电力、交通、建筑、冶金、化工、石化、汽车等部门会推动低碳和节能技术的快速发展。低碳技术的研发和运用，会大大推动技术层面和服务层面的就业，包括增加能源咨询公司、能源服务公司，形成新的就业结构。

开展植树造林和生态保护能够提供大量的工作机会。中国通过实施退耕还林政策、建设自然保护区及开展生态旅游等举措，能够增加林业、园艺、森林管理及旅游区设施维护等方面的就业需求。

低碳发展带来的巨大投资能给服务业带来大量的就业机会，包括咨询、保险、商业气象服务、环境保护和科普教育、传媒等。服务业的发展可以促进我国的产业结构优化，为城乡失业人群提供更多、更好的就业机会。

2. 不利影响

新技术和新行业的发展，对劳动力的技术含量要求较高，不利于低端劳动力就业。作为发展中国家，中国大力发展再生能源和提高能源效率，不但需要巨额的资金，还需要大量的高技术人才，而发展中国家大多数劳动力是低技术或零技术含量，这将减少许多低素质劳动力的就业机会。

节能减排将限制发展那些资源和能源消耗大、高污染和高排放的企业，许多不符合要求的中小企业会逐步关停并转，这会带来某些行业就业机会的缩减，造成结构性失业。例如，重化工产业、机械制造、钢铁行业的低端技术人员可能在技术升级换代过程中失业，煤炭行业中的高能耗高污染小企业被关停，建筑行业、汽车行业、能源行业的某些低端技术人员也会失业。

三 气候政策对重点部门的就业影响评估

目前，我国对气候政策的就业影响研究比较有限，究其原因，在于难以准确度量相关政策和目标对就业规模的影响。在本报告中，我们将主要聚焦于短期内受到直接影响的几个重要部门，包括电力部门、林业部门、煤炭部门和节能服务部门等。

（一）电力部门

1. 电力部门的基本情况

随着中国经济的快速发展，中国的能源生产和消费总量也呈迅速增长态势。目前我国的电力结构仍以火电为主，因此，电力部门是中国温室气体排放规模最大的重点部门之一，也是最大的煤炭直接消费部门。"十三五"期间，根据我国公布的能源和电力发展规划，煤电装机容量所占比重将进一步降至55%以下，清洁能源装机容量将进一步提高，其中风能、光伏太阳能、生物质能等新兴产业将成为电力部门中最具潜力的投资方向，并创造大量相关的绿色岗位，而为了保障能源供给的安全，煤炭消费总量的控制政策除了加速电力部门内部各发电类型的技术进步、规模效应外，将对非化石能源的电力增长具有较强的推动作用，从而对电力供应部门内部的就业结构产生显著的影响，还将会对这些部门上下游产业的投资和就业带来间接的影响。

由于政府的重视，辅以鲜明的政策支持，目前，我国新能源及可再生能源发电产业呈现良好的发展态势，市场规模不断扩大，在一些重要领域进入世界先进行列。随着政府鼓励政策的陆续出台，发展标准逐渐完善，市场逐步健全，投资规模和比重显著提高。截至 2016 年 12 月末，当年累积电源基本投资完成额为 3429 亿元，其中新能源发电投资比重约占 33.2%[1]。

从世界范围来看，在金融危机之后，许多国家都选择将能源部门特别是新能源、可再生能源作为振兴经济、促进就业、实现绿色发展的关键部门，促进本国经济实现绿色转型。各国都努力开发清洁能源，打造由风能、太阳能、地热、水能及生物质能等新能源组成的多元化能源结构。早在 2010 年，我国就出台了一系列鼓励新能源发展的支持政策，直接带动相关产业的发展。国务院所颁布的《关于鼓励和引导民间投资健康发展的若干意见》指出，鼓励民间资本参与风能、太阳能、地热能、生物智能等新能源产业建设。支持民间资本以独资、控股或参股形式参与水电站建设。此外，根据已上报国务院的《新兴能源产业发展规划》，我国计划到 2020 年累积直接投资新兴能源产业的投资总额将达到 5 万亿元，每年增加产值 1.5 万亿元。其中既包括国家投资，也包括将拉动的商业化社会性投资。这些投资将投入包括新能源产业、节能环保产业、新能源汽车产业等在内的七大产业。根据其具体划分，除了核电和水电外，可再生能源投资将为 2 万亿～3 万亿元，其中风电将为 1.5 万亿元，投资于太阳能产业的金额将为 2000 亿～3000 亿元。

2. 电力部门的就业状况

电力生产和供应业属于技术密集型和知识密集型产业，要求从业人员拥有较高的电机理论水平和操作能力，在我国的产业部门划分体系中，隶属于电力、热力的生产和供应行业。从整个行业的就业规模来看，2016 年，电力、热力的生产和供应业的整体就业规模为 262.2 万人，大部分就业都是在电力部门，热力生产和供应部门的就业仅占不到 10%。2013 年电力生产部门的就业规模为 98.6 万人，电力供应

---

① 前瞻产业研究院：《中国绿色能源（清洁能源）产业市场前瞻报告》，2017。

部门的就业约为 173.3 万人，两者总和约为 272 万人。其中伴随生产技术的发展，电力生产行业的就业规模近年来略有下降，而电力供应部门的就业规模则一直保持增长态势（见图 1）。

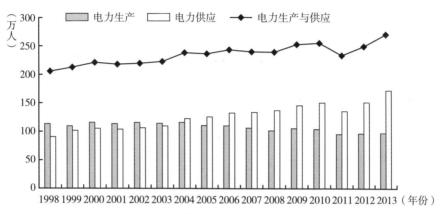

图 1　电力行业的就业增长情况（1998～2013 年）

注：电力、热力生产和供应业下细分部门的就业数据仅更新至 2013 年。
资料来源：CEIC 数据库。

进一步考察电力生产部门中不同电源的电力生产从业人数统计数据，可以发现，火力发电部门的就业总数在电力生产部门中占绝对优势，虽有小幅波动但一直稳定在 70% 上下，水力发电部门的就业占比呈现波动下降的趋势，而核电和其他发电类型部门的就业比重则增长很快（见表 1）。

表 1　1998～2011 年不同电源发电部门就业总数在

电力生产业中的占比情况变化趋势

单位：%

年份	火力发电	水力发电	核电	其他发电类型
1998	70.41	28.90	0.31	0.39
1999	68.13	31.09	0.28	0.50
2000	70.78	28.60	0.25	0.37
2001	70.43	28.79	0.24	0.53

年份	火力发电	水力发电	核电	其他发电类型
2002	70.91	28.33	0.33	0.43
2003	70.52	28.98	0.24	0.26
2004	73.94	25.22	0.33	0.51
2005	72.49	26.67	0.36	0.48
2006	71.12	27.77	0.39	0.73
2007	73.79	24.65	0.53	1.03
2008	70.23	27.40	0.54	1.84
2009	69.85	27.44	0.52	2.20
2010	69.54	26.77	0.66	3.03
2011	71.45	23.82	0.85	3.87

注：数据库数据更新至 2012 年底，但是由于 2012 年底的核电和其他发电类型部门的就业数据存在统计问题，这里只统计到 2011 年的变化趋势情况。

资料来源：CEIC 数据库。

3. 气候政策对电力部门的就业影响

为了实现温室气体减排，需要调整电力行业的能源使用结构，从传统的化石能源发电（主要是煤炭发电）向清洁的可再生能源发电转移，这个过程将对行业就业产生负面、正面两方面的影响（见图 2）。首先，节能减排措施将关闭落后低效的小型火电机组，同时煤炭资源开发的合并重组，将会减少相应岗位的就业；其次，火电行业"上大压小"政策及脱硫改造设施将带动新增岗位的就业；最后，低碳的绿色能源如风力发电、太阳能发电、水力发电、生物质能发电、地热发电、潮汐能发电等，具有相当巨大的发展潜力，创造绿色就业的直接与间接效应也非常显著。

我国的火力发电行业部门 2012 年的就业总规模约为 70.33 万人，总装机容量约为 819170 兆瓦，单位装机容量创造的就业约为 0.858

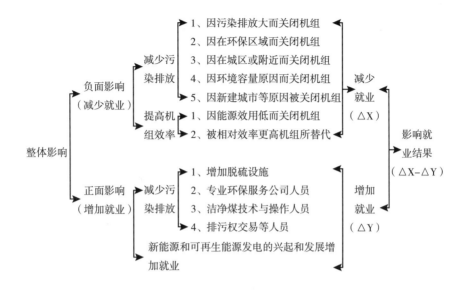

图2　气候政策对电力行业的就业影响

人/兆瓦，而在1998年时该值高达3.81人/兆瓦。和其他部门类似，随着技术水平的不断提高和行业规模的不断扩大，整个火电行业单位装机容量所需的就业数量呈明显下降趋势，但仍高于主要发达国家。根据REPP 2001年的一项研究，美国火电运行维护（O&M）环节所需要的就业岗位为0.78人/兆瓦，而2001年时中国的水平约为3.17人/兆瓦。尽管随着时间推移我国火力发电装机容量一直在不断扩大，但是火力发电部门的就业规模却呈现稳中有降的趋势，从1998年的接近80万人降至如今的不足70万人。预计受到各种气候政策的影响，一些效率较低的老旧火电厂会进一步被淘汰，整个火电发电部门的就业规模将持续缩减。

　　由于火电技术已经相对比较成熟，一些大型发电机组和发电厂所创造的劳动就业机会相当有限。一项针对美国的研究表明，可再生能源和清洁能源发电在建设、安装及设备制造以及日常运行维护过程所创造的就业机会要多于传统的火力发电（见表2），因此，电力部门的能源结构调整，用清洁能源发电来替代火电，具有帮助实现减排目标和创造更多就业的"双重红利"效应。气候政策下电力部门低碳转型对产业整体的就业影响在初期主要体现为火电部门就业减少的负面影响；但是随着时间的推移，从长期看电力部门对就业的影响会因为新能源的规模扩张效应而体现为正面、积极的影响。

表2 美国不同发电技术单位装机容量就业水平的比较

能源技术	研究来源	建设、安装和制造环节创造的单位就业(人/兆瓦)	运行维护和燃料处理过程中的单位装机容量就业水平(人/兆瓦)
生物质能1	EPRI 2001	0.13	1.80
生物质能2	REPP 2001	0.25	1.42
小水电	EPRI 2001	0.26	2.07
太阳能光伏1	EPIA/Greenpeace 2006	7.40	5.00
太阳能光伏2	REPP 2006	6.47	1.85
太阳能光伏3	EPRI 2001	1.43	0.60
太阳能光热1	Skyfuels/NREL 2009	1.03	2.50
太阳能光热2	NREL 2006	0.45	0.95
太阳能光热3	EPRI 2001	0.57	0.55
风电1	EWEA 2008	1.15	1.14
风电2	REPP 2006	0.43	0.41
风电3	McKinsey 2006	1.25	0.50
风电4	CALPIRG 2002	0.85	0.57
风电5	EPRI 2001	0.29	0.83
天然气	CALPIRG 2002	0.03	0.91
火电	REPP 2001	0.27	0.91
核电	INEEL 2004	0.38	0.70

资料来源：Max Wei, Shana Patadia, Daniel M. Kammen, "Putting renewables and energy efficiency to work: How many jobs can the clean energy industry generate in the US?", *Energy Policy*, 2010, 38。

（二）林业部门

（1）林业部门的基本情况

森林是陆地系统最大的储碳库，通过固碳释氧，为维持地球系统的碳平衡发挥重要的作用。可持续的森林系统管理就是要使森林植物和土壤吸收的二氧化碳同土地开发及粮食种植过程中释放出的碳排放水平保持平衡，以此实现长期"碳中性"或"碳汇增加"。《联合国气候变化框架公约》（UNFCCC）及《京都议定书》，将恢复和保护森林作为重要的低成本减排举措写入文件。

气候变化会影响到全球森林资源的种类、品质及分布格局，从而会波及林业的经营活动及发展状况。除了在减缓领域发挥的重要作用外，保护森林系统也是适应气候变化的重要举措之一。植树造林能够涵养水源、防风固沙、防治荒漠化；农田林网建设能够保护和改善农业生产条件，提高粮食产量；种植和恢复沿海红树林生态系统，能够以低成本抵御台风侵袭，保护沿海生态环境；保护和恢复森林植被，能够保护生物多样性和生态安全。因此，各种适应措施和长期减缓努力对于减轻气候变化和对森林系统的影响都非常重要。

中国是世界上人工造林面积最大的国家。通过持续大规模开展退耕还林和植树造林，我国的森林碳汇不断增加，目前人工造林面积位居世界第一。在2009年的哥本哈根气候大会上，我国承诺争取到2020年实现森林面积比2005年增加4000万公顷，森林蓄积量比2005年增加13亿立方米。向《巴黎协定》所提交的国家自主贡献目标又进一步加大承诺力度，提出到2030年实现森林蓄积量比2005年增加45亿立方米左右。

（2）气候政策对林业部门的就业影响

气候变化对中国森林资源的影响会波及林业的发展，从而对林业就业也会产生相应的影响。其中正面的影响主要包括以下两个。①为减缓全球变暖，政府加大林业领域的投资，启动了相关的林业生态工程建设项目，吸纳了大量劳动力就业，这将拉动和促进林业就业，同时也促进了劳动力的转移和就业结构升级。②催生了一些新的低碳产业，如林业碳汇产业、林业生物质能源产业、非木质林产品产业、生态休闲产业、森林培育和林业养护业等，延长了林业产业链，创造了一些新的就业机会，也吸纳了大量的劳动力。

而负面的影响主要包括以下两个。①气候变化、低碳发展模式在一定程度上制约了木材采伐加工业的发展，林场工人下岗，客观上也影响了林业就业；②气候变化引起的森林病虫害、雨雪冻灾等自然灾害以及气候变化对林种分布和林业经营产生的影响，会对林业就业产生一些负面影响。

林业本身就是一个完整的产业链，既包括第一产业，也包括第二产业和第三产业。表3从传统林业和新兴林业两个角度对林业相关产业的碳排放情况及劳动力的吸纳能力进行了定性分析。从中不难看出，林业产业的开发既有利于减缓或适应气候变化，也可以创造大量的绿色就业岗位。积极发展与林产品相关的加工制造业、林副产业、休闲旅游服务业，有助于促进中国的低碳就业转型。

表3　林业产业碳排放及就业岗位创造能力状况

产业类别			碳排放情况	对气候变化的贡献	就业岗位创造能力
传统林业产业	林木培育、种植和养护业	林木培育业	碳增汇	正	强
		林木种植业	碳增汇	正	强
		林木养护业	碳增汇	正	强
	林木采运业	林木采伐业	碳排放	负	弱
		林木运输业	碳排放	负	弱
	林产品加工制造业		碳排放	负	中
	经济林产品种植与采集业		碳增汇	正	强
	花卉产业		碳增汇	正	强
	竹产业		碳增汇	正	强

产业类别			碳排放情况	对气候变化的贡献	就业岗位创造能力
新兴林业产业	林业旅游、休闲、文化产业	林业旅游业	低碳排放	中性	强
		林业休闲业	低碳排放	中性	中
		林业文化业	低碳排放	中性	中
	非木材林产品产业		低碳排放	中性	强
	林业生态服务产业	林业固碳服务产业	碳增汇	正	中
		林业水文服务产业	碳增汇	正	中
		生物多样性保护产业	碳贮存	正	中
		其他林业生态服务产业	碳增汇	正	中
	林业生物产业	生物质能源产业	碳替代	正	强
		生物质材料产业	碳替代	正	强
		生物制药产业	碳替代	正	强
		绿色化学产品产业	碳替代	正	强
		绿色食品产业	碳替代	正	强

资料来源：ILO，中国社会科学院城市发展与环境研究所，"气候变化伙伴关系框架项目"，《中国低碳发展与就业的实证研究》，2010。

造林活动对增加碳汇具有非常积极的贡献。根据我国提出的森林蓄积量增加目标，有研究估算，2011～2020年，造林和再造林活动可直接创造约519.2万个短期标准就业岗位，折合每年约可解决52万农村剩余劳动力的就业问题[①]。

（三）煤炭开采部门

（1）煤炭开采部门的基本情况

要发展低碳经济实现减排目标，必须要准确把握经济发展对化石

---

① 张莹、潘家华、潘丽娜、柯水发：《我国林业部门中绿色就业潜力实证分析》，《林业经济》2011年第7期。

能源的依赖程度。我国能源结构的基本特点是"富煤、贫油、少气",与石油和天然气相比,煤炭的储量相对较为丰富,这就决定了煤炭在我国一次能源中的重要地位。近年来,随着我国国民经济持续快速发展,工业化进程的不断推进,电力、冶金、建材、化工等行业的高速发展导致了对煤炭的需求大幅度增加,原煤的生产和消费量不断增加。2001年,我国煤炭产量为10.89亿吨,2015年为37.5亿吨左右,在14年的时间里,我国煤炭产量增加26.61亿吨,平均每年增产1.90亿吨。工业部门及其他用途的煤炭消费源源不断地排放着大量温室气体,同时还会排放二氧化硫、氮氧化合物等大气污染物,对环境造成破坏,给人们的身体健康带来损害。

能源结构转型是应对气候变化的根本所在,中国作为煤炭储量丰沛的发展中国家,必须要在促进经济发展的同时,优化能源结构,减少对环境的破坏和影响,而这无疑会给煤炭行业带来巨大的冲击。随着中国经济的平稳发展,煤炭产能过剩问题日趋严重。我国在应对气候变化和节能减排中,势必会加大对能源消费总量尤其是煤炭消费总量的控制力度。多重压力下,煤炭行业去产能面临艰巨的任务。在经济增速趋缓的新常态下,煤炭经济也呈现下行的风险。国家对应对气候变化以及治理大气污染的决心,推动一些地区已经明确提出了区域控煤的目标和措施。这些政策影响最直接的部门就是煤炭开采和洗选行业,并对行业的就业规模和结构产生显著的冲击。

(2)煤炭部门的就业状况

煤炭开采和洗选行业的就业总规模随时间的推移,呈现出不同的增长趋势,如图3所示。1998~2003年,煤炭开采和洗选行业的就业人数存在小幅波动,但是总体上仍然呈现出下降态势,从464万人降至376万人左右;然后随着煤炭行业步入"黄金十年"的快速发展期,就业规模也基本保持增长态势,到2013年达到峰值水平529万人;随后,随着行业景气下降、机械生产率水平提高以及环保标准的不断加强，煤炭行业呈现出总量宽松、结构性过剩的态势。煤炭需求低速增长，产能快速释放，进口不断增加，全社会煤炭库存一直在持续上升，价格下滑，效益下降，市场景气持续偏冷，企业经营困难加大，一些煤炭企业开始出现贷款发工资和延迟发放工资的现象，不断有小企业倒闭。受此影响，行业整体的就业规模也不断缩减。到2014 年末已经迅速降至 488 万人，短短 1 年时间内已经减少了 41 万人，到 2015 年底降至 443 万人。2016 年 10 月的最新数字显示，煤炭行业的就业总规模已经降至 395.5 万人左右。

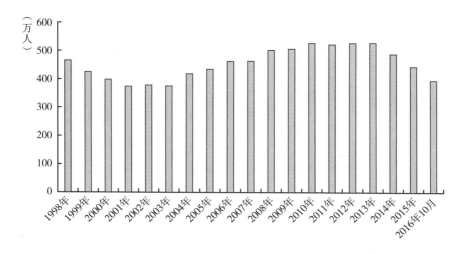

图 3　煤炭开采和洗选行业就业人数

资料来源：CEIC 数据库。

煤炭开采和洗选行业的从业人数主要可以分为技术工人和管理人员两大类。目前我国煤炭开采管理部门人员较少，据不完全统计，仅占从业人员的 10% 不到，大部分从业人员均为生产性技术人员。但技术工人整体文化程度较低，初中及以下文化程度占大多数，且专业技术人员比例不高，人员流动性较大，专业煤炭开采技术人员缺口严重。

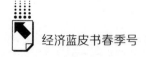

（3）气候政策对煤炭部门的就业影响

近年来，环境问题日渐受到各界重视，而煤炭的生产和消费有着广泛的环境影响，比如，采矿引起的土体坍塌、耕地占用、水污染、尾矿等本地的环境问题；煤炭消费造成的大气污染、酸雨、气候变化等地区乃至国际的环境问题，使对煤炭生产和消费的环境管制显得尤为重要。

气候政策会对煤炭的生产、运输和消费产生影响，并最终改变煤炭在所有燃料能源中的竞争力。从这点来看，应对气候变化和煤炭生产是对立的，由于煤炭使用带来的温室气体排放以及煤炭生产和使用对于空气污染问题的贡献，因此普遍认为日趋严格的环境管制和气候政策会使煤炭工业发展前景黯淡，并会导致行业劳动力需求的下降。

除了环境和低碳转型的压力以外，还有一些其他外部因素导致了近年来煤炭行业总体就业规模的持续大幅缩小，具体包括：煤炭生产过程中劳动生产率水平的不断提高；在"去产能"政策背景下，煤炭行业淘汰落后产能面临巨大压力；经济趋缓和产业结构的调整抑制了煤炭生产和消费继续快速增长等。气候政策和其他因素的叠加，导致煤炭行业的从业人数不断减少，这给一些以煤炭行业为支柱产业的资源型城市和地区带来了很大的就业压力。

但气候政策对煤炭行业也具有一定的促进就业影响。通过大力推进煤炭洗选加工，能有效提高煤炭质量，减少原煤直接燃烧，提高能源效率，降低环境污染，减少煤炭无效运输，实现节能减排目标。只有通过洗选加工，才能提高煤质、分离杂物，收到降低环境污染、充分利用资源、提高运输效率的综合效益。在环保观念逐渐深入民心的情况下，煤炭洗选作为煤炭生产与利用过程中强化环保效应的一个环节必然会受到国家的不断重视，因此，可能也会带来一些在清洁煤利用和煤炭深加工环节等领域新的就业需求。煤炭洗选行业由于其环保效益，将会逐步受到国家和社会的不断重视。目前大型选煤厂仍在不断的兴建。近年来，新修的选煤厂呈现出规模增加趋势，进入21世纪之后，我国建设的 10.0Mt/a 以上的特大型选煤厂多达 47 家。到 2013 年底，我国已拥有世界上最先进的选煤工艺和设备，原煤洗选加工能力接近 24 亿吨，原煤入选率近 60.2%。预计未来行业整体的原煤入选率仍将小幅稳步提升，煤炭洗选环节的就业量将有所增加。此外，目前一些选煤厂所用的关键设备仍多倾向于从国外进口，伴随整个选煤设备向国产化、可靠、高效、节能的方向发展，还会给相关的国产设备制造业带来一定的机会并创造出相应的就业机会。

从我国历年的煤炭开采与洗选行业的总就业规模和总产出数据可以看出，我国单位产量的煤炭生产所需的就业人员数量在不断下降，从 2000 年的 29 人/万吨下降到 2015 年 11.8 人/万吨。但是当前我国的煤炭生产效率仍然很低，和其他主要煤产国相比有很大的差距。2008 年，美国采煤行业有工人 86859 名，生产各类煤炭（包括褐煤）10.63 亿吨，单位产量煤炭生产所需的就业人数为 0.816 人/万吨；同年澳大利亚采煤行业有工人约 30000 名，生产各类煤炭（包括褐煤）4.02 亿吨，单位产量煤炭生产所需的就业人数仅为 0.747 人/万吨[①]。当然，也必须认识到我国的煤炭开采以井下开采为主，因此单位开采所需就业人数要高于其他富煤国。随着未来我国煤炭消费量的达峰及逐步下降、煤炭开采技术的不断进步以及机械化程度的不断提高，所需要的煤炭开采工人总数还将持续减少。到 2050 年，为了实现温升控制目标，在最严格的煤炭消费总量控制下，整个行业所需要的就业总人数甚至可能不足百万人，仅为目前规模的 20% 左右。

（四）节能服务部门

（1）节能服务部门的基本情况

通过节能服务业的发展推行合同能源管理，是利用市场机制促进

---

① 何金祥：《澳大利亚煤炭工业的现状与前景》，《世界煤炭》2010 年第 8 期。

节能减排、减缓温室气体排放的有效措施。节能环保产业作为战略性新兴产业，是被寄予厚望的新的未来经济增长点。我国节能服务行业在"十二五"期间，在各种利好政策的激励下，步入快速发展的黄金期。节能服务行业的市场覆盖面广泛，既包括工业领域中重点部门（钢铁、电力、水泥等）的节能技术应用和专业咨询，也包括建筑节能。在一些公共建筑和商业建筑较多的大中型城市，节能服务行业的发展势头良好。在其他一些部门，如交通运输、农业等行业部门的节能管理工作中，节能服务也有所涉及。专业性的节能服务同节能材料生产、节能设备制造等一起组成了完整的节能行业产业链。

在气候和节能减排政策的压力下，节能服务产业取得了快速发展。统计数据显示，节能服务业产业总产值在 2014 年底已经增长到 2650.37 亿元，在"十一五"期间，行业总产值的年均增长速度高达 60% 以上，近年来每年均保持两位数的高速增长率；到 2015 年，行业总产值已经突破 3000 亿元，达到 3127.72 亿元。2015 年合同能源管理投资规模从 2010 年的 287.51 亿元增长到 1039.56 亿元，年均增长率为 29.31%。"十二五"期间累计合同能源管理投资 3710.72 亿元，形成年节能能力 1.24 亿吨标准煤，实现二氧化碳减排约 3.1 亿吨。作为一个重要的新兴产业，节能服务产业真正实现了减排和创造就业的"双重红利"，并将在中国实现减排目标、尽早实现排放峰值过程中发挥重要作用。

（2）节能服务部门的就业状况

全国运用合同能源管理机制实施节能项目的节能服务企业数量每年不断增加，到 2015 年底，节能服务企业总数已经增至 5426 家（见图 4），比"十一五"期末增长了近 6 倍。2015 年中国节能服务企业产值超过 10 亿元的节能服务公司有 25 家，超过 5 亿元的有 142 家，超过 1 亿元的有 286 家；"十二五"期间，合同能源管理累计投资超过 10 亿元的有 34 家，超过 5 亿元的有 112 家，超过 1 亿元的有 385

家。企业数量的增加同时也伴随着行业从业规模的不断发展壮大，行业整体的就业总数从"十一五"初期的1.6万人增长到2015年底的60.7万人（见表4）。

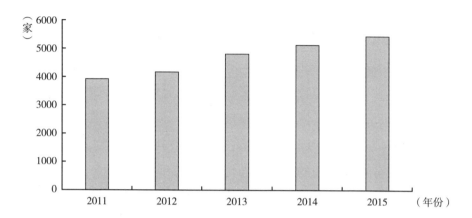

图4 节能服务企业数量变化趋势（2011～2015年）

资料来源：中国节能协会节能服务产业委员会发布的历年《中国节能服务产业发展报告》。

表4 2005～2015年节能服务产业产值、节能量和就业人数变化趋势

年份	产值(亿元)	节能量(万吨标煤)	就业人数(万人)
2005	47.30	—	1.6
2006	82.55	—	2.1
2007	216.57	—	3.5
2008	417.30	—	6.5
2009	587.68	—	11.3
2010	836.29	1064.90	17.5
2011	1250.26	1648.40	37.8
2012	1653.37	1828.36	43.5
2013	2155.62	2559.72	50.8
2014	2650.37	2996.15	56.2
2015	3127.72	3367.37	60.7

资料来源：中国节能协会节能服务产业委员会发布的历年《中国节能服务产业发展报告》。

2017 年初，发改委联合科技部、工业和信息化部、环境保护部制定的《"十三五"节能环保产业发展规划》明确提出了未来节能服务行业的发展方向。根据该规划，到 2020 年，我国节能服务业总产值会达到 6000 亿元，因此对节能技术人才和节能管理人才的就业需求将会持续增长，行业就业规模有望突破百万。

（3）气候政策对节能服务部门的就业影响

作为就业容纳能力较强的服务行业，专业化的节能服务行业未来将成为因节能减排和气候政策获益的重要部门之一。在节能减排的压力下，一些能耗水平较高的工业部门和建筑领域的节能工作都对专业化的节能服务有着迫切的需求。节能减排技术和相关服务的发展会创造大量新兴的绿色就业机会，展示出就业净增效应。有研究指出，在一定的煤炭消费总量控制情景下，到 2020 年，建筑、钢铁和水泥行业节能服务的新增就业机会分别为 30 万个、45 万个和 39 万个，即使考虑到这些就业中相互重叠的部分，也将创造出几十万个新增的直接就业机会和数以百万计的间接就业机会①。

四 结论和政策建议

一些积极推动气候政策的发达国家已经开展了很多研究去评估节能减排等气候政策对就业的具体影响，但我国目前对于这些政策的就业效应研究不够深入，相关的定量和实证研究则更少。本文梳理了气候政策对行业发展和就业规模影响较为直接的几个重点部门，研究发现，应对气候变化政策会给一些部门带来积极影响，如新能源发电、林业中的植树造林和节能服务行业都会因此而受益，创造出大量新增

---

① NRDC，中国社会科学院城市发展与环境研究所：《煤炭消费总量政策的就业影响研究》，2014。

的绿色就业岗位；但与此同时，一些传统的化石能源生产和使用部门则会因此受到冲击，很多就业岗位将会减少或永久性消失。近年来，在环境保护和经济增速趋缓的双重压力下，很多依赖化石能源的工业部门（如煤炭开采、火力发电、钢铁和水泥生产等）就业规模不断缩减：目前火电行业的从业总规模在 70 万人左右，煤炭开采行业就业规模已经不足 400 万人，相比五年前已经有了明显的减少。如何妥善应对由此带来的就业压力，是摆在政策制定者和重点地区面前的新挑战。

但需要认清的是，即使没有气候政策的影响，煤炭开采和一些传统的高耗煤行业未来也会面临自然的就业挤出影响。伴随技术水平和企业专业化生产经营程度的提高，一些传统的煤炭生产和使用部门的总就业水平都会逐步降低。而为了应对气候变化推出的各种气候政策能够加速这种对传统煤炭开采和利用部门的就业挤出影响。尽管气候政策会导致传统煤炭开采，钢铁、水泥和火电生产部门中的相关就业岗位减少，但减少的多为安全保障度低、环境负面影响较大的工作机会，而政策的就业创造影响的都是新兴部门中待遇相对较高的体面工作岗位，因此为了能够更科学地评估应对气候变化政策对就业的整体影响效果，除了需要预估政策影响最为直接的一些关键部门的就业总量变动趋势外，还应该认真分析政策影响下就业创造和损失机会的内在价值和质量。

气候变化及相关的社会经济影响越来越受到国际社会的关注，为了应对气候变化所开展的各项行动和所制订的政策目标会给经济和就业带来怎样的影响也受到更多国家政府和公众的关注。从实证角度探索气候政策和相关政策法规对就业的影响，具有很强的实际和理论意义。中国是一个典型的以煤炭为主要能源消费形式的经济大国，煤炭消费对于支撑中国的经济发展和工业化进程具有重要的、不可替代的作用，因此，实现节能减排目标只能是一个循序渐进的长期过程，要充分考虑相关政策对于一些部门的就业挤出影响，妥善应对。对于受冲击较为严重的部门要循序渐进地设定政策目标，采取有针对性的措施，在实施过程中安置转移好因政策实施失去工作机会的群体，避免局部地区或企业出现严重的就业问题。在制定气候政策时，考虑与就业政策的协调关系，做好以下几方面的工作。

首先，积极发展低碳型节能服务产业：能源是保障经济增长持续性和稳定性的必要物质前提，要减少经济体系对能源的依赖，首要的任务是利用技术进步提高能源利用效率，其次是优化产业结构，将高耗能行业控制在合理的发展空间内，同时积极发展与生产行业密切相关的技术服务业和消费型服务业，以便在降低能源需求的基础上促进就业目标的实现。针对高耗煤的部门开展节能服务，不但可以推动经济增长，提供更多的社会服务，而且还可以减少单位产出的温室气体排放，从而实现促进就业和应对气候变化的双重目标。

其次，推动低碳行业与高碳行业的协同发展：低碳行业与高碳行业的划分只是相对的。社会经济是一个完整的系统，三大产业的结构及其发展演变具有一定的客观规律，在分析行业碳排放特征时，一方面需要兼顾行业的碳产出水平和劳动生产率等指标，考虑其综合各种要素投入的经济产出效率，另一方面，还需要考虑行业在整个国民经济产业链条中所处的位置，及其对相关产业的直接、间接的能源需求。因此，低碳部门的就业往往离不开高碳行业的发展，以风电为例，既涉及发电行业、电力设备制造业，也涉及与风电技术研发、维护有关的技术服务业，因此，向低碳就业转型也需要考虑产业的协同发展。

再次，通过绿色投资促进低碳就业：行业发展现状对就业的贡献不一，行业的未来发展带来的就业潜力变化较大。不同生产部门中各行业的自身发展对就业的直接效应和间接效应不同。对林业、电力企业的调查表明，碳汇林业的发展对就业具有较强的吸纳作用，火电企业开展节能减排后对就业的影响为负向，但是国外经验已经证明，绿色投资拉动就业的间接效应远大于直接效应，中国节能减排政策及太阳能、生物燃料、风电、水电等清洁能源的发展，将带来就业的大量增加。

最后，妥善考虑和安置因气候政策冲击导致失业的群体：节能减排政策会导致一些传统的部门面临较大的就业压力，在"去产能"背景下，近几年的就业压力尤其严峻。针对这些行业的就业安置问题，国家和地方都应该出台有针对性的政策和措施，突出重点、分类执行、综合治理。由于煤炭生产区域分布差异很大，产业相对单一的资源枯竭城市和独立工矿区的就业困难最为突出。要以资源枯竭城市和产业单一的独立工矿区为重点，在就业专项资金、职业技能培训、社保转移支付、失业保险基金使用、跨地区劳务对接等方面制定专门政策措施，重点给予支持和帮助。必须针对不同地区的实际情况，一地一个解决方案，抓好生产力布局，开拓新的经济发展和就业模式。对于因为政策冲击受到影响的下岗职工群体，要做好妥善安置，防止这一人群因受政策冲击而致贫。

B.9
2017年中国宏观经济波动及
走势的分析与预测[*]

王金明　高铁梅[**]

摘　要： 2016年，我国经济增长质量和效益提高，新动能加速
成长。本文利用合成指数和预警信号系统等计量经济
方法对我国经济周期态势进行了监测和预测，结论如
下：我国本轮经济增长率周期的下降局面已于2015年
10月结束，达到谷底，下降阶段持续时间长达25个
月，2016年全年处于小幅上升阶段；基于先行指数判
断，预计在2017年6月左右达到本轮经济增长率周期
的峰，随后微幅平稳回落，考虑到当前我国经济正处
于由高速向中速增长的转换时期，经济下行压力依然
较大，预测2017年全年GDP实际增长率将达到6.5%
或略高；物价增长周期滞后于经济增长周期，在PPI
大幅上升的推动下，CPI也会缓慢上升，但物价涨幅仍
能控制在3%以内。

关键词： 经济增长率周期　景气指数　预警信号系统　经济预测

* 本报告得到国家自然科学基金项目"中国经济周期波动的转折点识别、阶段转换及预警研究"
（编号为71573105）、国家社科基金重大项目"新常态下我国宏观经济监测和预测研究"（编号
为15ZDA011）资助。
** 王金明，吉林大学数量经济研究中心，吉林大学商学院教授；高铁梅，东北财经大学经济计
量分析与预测研究中心，东北财经大学经济学院。

2016 年，面对严峻复杂的国际环境和国内艰巨的改革发展稳定任务，我国坚持新发展理念，积极推进供给侧结构性改革，并适度扩大总需求，取得了来之不易的成绩，实现了"十三五"良好开局。经济走势缓中趋稳、稳中向好，2016 年 GDP 为 744127 亿元，实际同比增长 6.7%，物价水平稳定，CPI 年度上涨 2%。中国经济发展"新常态"特征更加明显，新动能加速成长，结构不断优化。2016年，我国高技术产业增速 10.8%，成为全年工业增长亮点，比规模以上工业增加值增速快 4.8 个百分点，增速比 2015 年加快 0.6 个百分点；2016 年全年节能降耗成效突出，单位 GDP 能耗比上年下降5.0%；供给侧改革取得积极成效，钢铁、煤炭行业超额完成去产能任务，工业企业资产负债率及成本均有所下降，对工业运行带来正面效应，工业品出厂价格指数（PPI）同比增速结束了长达 54 个月的下降，于 2016 年 9 月转正并大幅回升至 12 月的 5.5%，企业盈利状况出现好转，2016 年全国规模以上工业企业实现利润总额同比增长8.5%，是近三年的最高增速；我国服务业对经济增长的贡献继续加大，2016 年第三产业增加值同比增长 7.8%，占国内生产总值的比重为 51.6%，比 2015 年提高 1.4 个百分点，比第二产业高 11.8 个百分点；消费增速总体平稳，全年最终消费对经济增长的贡献率为64.6%，继续发挥经济增长第一动力的作用。

2017 年，中国经济仍然处在结构转型和动能转换时期，面临诸多矛盾叠加、风险隐患加大的严峻挑战，2017 年中国经济景气波动走势和重点经济领域态势如何，政府的宏观调控政策取向如何调整，成为各界关注的焦点问题。为了对这些热点问题做出比较科学和准确的回答，本文基于改进的"经济景气分析系统"和"宏观经济监测预警信号系统"，对我国当前经济景气状况、重点经济领域的运行态势以及影响因素进行具体分析和判断，在此基础上，对政府下一步的宏观调控提出政策建议。

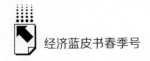

一 基于景气指数分析法对经济景气状况的分析和预测

1.景气指标的选取

本文采用国际上通用的经济景气指数方法分析我国宏观经济整体的周期运行态势和景气波动状况。在选取景气指标时，采用的基准指标是国家统计局公布的工业增加值月度实际增长率。由于工业增加值月度实际增长率指标是扣除了价格因素的实际增长率序列，为了使合成的指标类型一致，本文首先对被筛选的各经济领域的价值型经济指标进行了价格平减①，然后计算各经济指标的同期比增长率序列②，经季节调整并消除不规则因素。在此基础上，进一步利用 K－L 信息量、时差相关分析等计量方法从处理后的大量指标中筛选出与基准指标波动对应性较好的 22 个经济指标作为中国宏观经济景气指标。

本文筛选出的中国先行（分为长先行和短先行两种情况）、一致、滞后景气指标组及与各指标相对应的 K－L 信息量和时差相关系数如表 1 所示，计算时期选为 1997 年 1 月至 2016 年 12 月。从表 1 中各指标的 K－L 信息量和时差相关系数可以看出，所选指标与基准指标具有很好的对应性，其中进行价格平减后的投资类和金融类指标具有很好的先行性质，而物价、消费、库存等指标具有很好的滞后性质。

---

① 本文利用国家统计局公布的价格月度同比（上年同月＝100）和环比（上月＝100）数据分别计算了 5 种基期价格指数（2005 年全年平均值＝1）：居民消费价格指数、商品零售价格指数、工业品出厂价格指数、出口价格指数和进口价格指数，并利用固定资产季度价格指数，通过插值方法，计算出固定资产月度基期价格指数。本文所采用的实际值指标是分别经过上述相应的基期价格指数平减得到的。

② 需要说明的是，"社会消费品零售总额"和"工业企业产成品"两项指标，由于采用国家统计局发布的绝量指标计算的增长率和发布的增长率指标相差较大，因此本文直接采用发布的增长率指标。

2. 基于合成指数的中国经济景气状况分析与预测

景气指数方法是一种实证的景气观测方法，从各领域中选出一批对景气变动敏感、有代表性的经济指标，用数学方法合成为一组景气指数（先行、一致、滞后），以此作为观测宏观经济波动的综合尺度。本文采用表1筛选出来的景气指标组，利用美国全国经济研究所（NBER）方法分别建立了一致、先行和滞后合成指数（Composite Index，

表1　中国宏观经济景气指标组

	指标名称	延迟月数	K-L信息量	时差相关系数
长先行指标	1. 金融机构各项存款增速*	12	8.43	0.46
	2. 固定资产投资本年新开工项目个数累计增速	12，-6	57.99	0.36
	3. 固定资产投资资金来源中自筹资金增速*	-9，-8	26.39	0.70
	4. 广义货币供应量(M2)增速*	-9	7.53	0.45
	5. 金融机构各项贷款增速*	-8	14.70	0.26
	6. 固定资产投资完成额增速*	-7，-6	11.30	0.69
	7. 地方项目固定资产投资额增速*	-8，-6	12.78	0.73
	8. 固定资产新建投资额增速*	-7	40.19	0.52
短先行指标	1. 狭义货币供应量(M1)增速*	-6	14.96	0.42
	2. 固定资产投资施工项目个数累计增速	-6	24.50	0.56
	3. 水泥产量增速**	-4	7.28	0.84
	4. 房地产投资完成额增速D*	-4，-3	20.69	0.63
一致指标	1. 工业增加值增速**	0	0	1.00
	2. 国家财政收入增速*	-2，-1	17.82	0.65
	3. 工业企业产品销售收入增速*	-1	9.29	0.91
	4. 进口额增速*	-1	26.72	0.73
	5. 发电量增速**	-1	3.39	0.90
滞后指标	1. 工业品出厂价格指数(上年同月=100)**	+4	2.82	0.82

续表

	指标名称	延迟月数	K-L信息量	时差相关系数
滞后指标	2. 社会消费品零售总额增速**	+6，+3	4.61	0.55
	3. 居民消费价格指数(上年同月=100)**	+7，+6	3.77	0.58
	4. 出口商品价格总指数(上年同月=100)**	+8	4.07	0.77
	5. 工业企业产成品增速**	+12	10.02	0.84

注：①延迟月数有两个数时，前一个是 K-L 信息量的延迟月数，后一个是时差相关系数的延迟月数，其中负号"-"表示先行，正号"+"表示滞后。K-L 信息量越小，越接近于 0，说明指标 x 与基准指标 y 越接近。表 1 中计算出的 K-L 信息量扩大了 10000 倍。

②指标名后标有*表示经过价格平减的实际值指标计算的同比增长率；指标名后标有**表示直接采用统计局发布的同比增长率指标；指标名后没有标记是采用统计局发布的绝对量指标计算的同比增长率指标。

资料来源：中国经济信息网宏观月度库，http：//db. cei. gov. cn/。表 1 中的结果是利用 1997 年 1 月至 2016 年 12 月的数据计算的结果，各指标均为同比增长率序列，并且经过季节调整，去掉了季节要素 S 和不规则要素 I 的 TC 序列。

简称 CI，各指数均以 2005 年平均值为 100），样本期间为 1999 年 1 月至 2016 年 12 月。

从图 1 中的一致合成指数可以看出，1999 年以来我国宏观经济呈现出明显的增长周期波动特征（阴影部分为景气收缩阶段①，下同）。按照峰-峰对应的周期计算，1999 年至今我国宏观经济经历了 4 轮完整的景气增长循环，目前正处在第 5 轮景气增长循环中。

（1）本轮经济增长循环的谷已确认

进入 21 世纪后，景气指数震荡上升，表现出高位波动的态势，前两轮景气循环呈现景气收缩期短、上升期长的非对称波动态势。但 2007 年自美国发端的金融危机使我国经济景气显著下降。随后，

---

① 高铁梅、陈磊、王金明、张同斌：《经济周期波动分析与预测方法》（第二版），清华大学出版社，2015。

超常规的刺激性经济政策使经济景气迅猛回升，但由于通货膨胀率持续走高，央行又不得不采取紧缩的货币政策，虽然通货膨胀得到了控制，但经济景气逐渐回落。虽然随后的政策逐渐趋于宽松，但是国际金融危机的冲击使企业对经济前景缺乏信心，加上工资成本上升、人民币升值等因素使企业获利空间变小，生产企业投资意愿急剧下降。企业利润下降也影响居民收入，进而影响到消费，加之出口不振等因素共同作用，使我国经济景气在 2010 年 1 月达到峰值后出现长达 30 个月的收缩局面。2012 年 7 月到达谷后开始出现景气回升，至 2013 年 9 月仅上升 14 个月就达到一个较低的峰，呈现出长收缩、短扩张的"非对称"形态。然而，这轮景气回升幅度非常有限，经济景气的峰甚至低于前 2 轮景气循环的谷，成为 1999 年以来我国景气增长循环的"最低峰"。自 2013 年 10 月开始，受我国工业企业"去库存""去产能"的影响，工业增加值增速、财政收入增速等指标回落，一致合成指数呈现下降态势，月度经济景气指标在低位再次出现回落态势，2015 年 10 月经济景气达到谷底，景气增长循环的收缩期持续了 25 个月。随后，一致指数小幅持续回升至 2016 年 12 月，已上升 14 个月，目前仍处在第 5 轮增长循环的上升阶段。

本轮景气增长循环的谷底可以通过滞后合成指数进一步得到确认。滞后合成指数由各类价格指数（上年同月 = 100）、社会消费品零售总额增速、工业企业产成品库存增速等指标构成。图 1 显示滞后合成指数的滞后期比较明显，历史上各个周期对应较好，其峰（谷）的平均滞后期为 10 个月（8 个月）左右。滞后合成指数的一个重要作用就是确认宏观经济周期波动的转折点确已出现。从图 1 中可以看出，滞后合成指数最近的下降局面已于 2016 年 7 月结束，达到滞后合成指数的谷，从而可以进一步确认 2015 年 10 月为第 5 轮景气增长循环的谷。

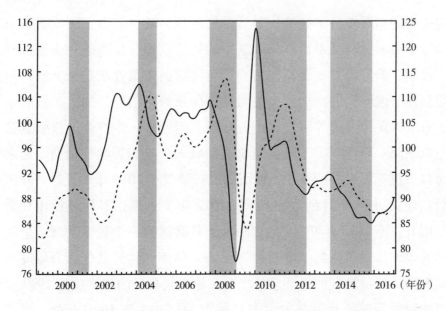

图1 一致合成指数（实线，左坐标） 滞后合成指数（虚线，右坐标）

（2）2017年上半年我国经济增长仍将处于上升阶段

本轮景气增长循环什么时候能够到达峰值，也即经济增长走势持续到何时截至，这对中央政府制定2017年宏观经济调控政策具有重要参考意义，也是党的十八大提出的"到2020年国内生产总值和城乡居民收入翻番"目标实现的关键。鉴于此，本文依据各先行指标的不同先行月数长度，将先行月数超过或等于7个月的先行指标归为长先行指标组，先行月数低于7个月的归为短先行指标组，并分别构建长先行和短先行合成指数。从而能够更为清晰地利用先行与一致合成指数关系，预测本轮景气循环峰的具体日期。

由金融机构各项存款等8个先行指标合成的长先行指数由图2a中虚线给出，由固定资产投资施工项目个数等4个先行指标合成的短先行指数由图2b中虚线给出。从图2a和图2b中可以看出，长/短先行合成指数历史上各个周期的峰、谷点相对一致合成指数均具有较明

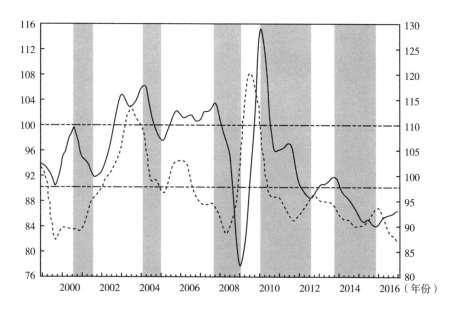

图2a   一致合成指数（实线，左坐标）长先行合成指数（虚线，右坐标）

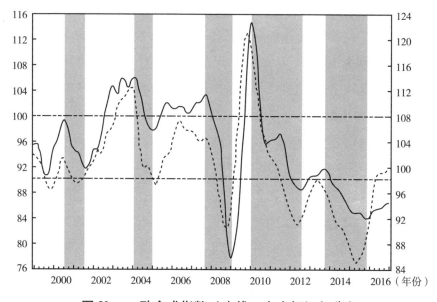

**图2b   一致合成指数（实线，左坐标）短先行
合成指数（虚线，右坐标）**

显的先行性，但先行指数的超前期波动较大，在峰值和谷底处也不相同。最近 3 轮的长/短先行合成指数与一致合成指数的峰以及相对应的超前期由表 2 给出。

表 2　一致合成指数和先行合成指数的峰点及超前期

	一致合成指数	长先行合成指数		短先行合成指数	
	峰	峰	超前期	峰	超前期
第 2 轮循环	2007 年 9 月	2005 年 11 月	22	2006 年 5 月	16
第 3 轮循环	2010 年 1 月	2009 年 7 月	6	2009 年 10 月	3
第 4 轮循环	2013 年 9 月	2012 年 9 月	12	2013 年 4 月	5
平均超前期			13.3		8

注：①为消除经济结构变化的影响，本文依据最近 3 轮景气循环来考察长/短先行合成指数对一致合成指数的峰超前期。②长/短先行合成指数相对于一致合成指数的超前期单位为月数。

利用表 2 结果可计算得到，长先行合成指数对一致合成指数的峰的平均超前期为 13.3 个月；短先行合成指数对一致合成指数的峰的平均超前期为 8 个月。图 2a 表明，长先行指数于 2014 年 10 月达到谷底后处在上升局面，于 2015 年 11 月达到峰值后下降，至 2016 年 12 月，下降局面已经持续 13 个月。与此相对应，一致指数于 2015 年 10 月达到谷底后开始出现景气回升，至今仍然处在上升局面，峰值仍未出现。由于长先行指数在峰值处平均超前一致指数 13 个月左右，据此，一致合成指数的峰值在近期出现的概率逐渐增加。但值得注意的是，我国经济稳中向好的形势正在显现，当前，一致合成指数上升趋势十分清晰，峰值将延后出现，第 2 轮循环也曾出现超前 22 个月的情况。短先行合成指数于 2015 年 4 月达到谷底，至今依然处于上升局面，虽然短先行指数峰值还未出现，但根据短先行指数上升趋势已平缓，因此继续上升的概率较小，预计短先行指数的峰已出现或将在近期达到峰。根据短先行指数在峰值处与一致指数统计关系的历史表现，本文预计一致指数将在 2017 年 6 月左右出现峰值，因此 2017 年上半年我国经济增长周期仍将处于上升阶段。

为进一步刻画 2012 年前后我国经济周期波动特征的变化，本文在图 2 中添加两条虚线，一条是在一致合成指数坐标为 100（2005 年的平均值等于 100）的位置，记为虚线 100；另一条是在一致合成指数坐标为 90 的位置，记为虚线 90。从图 2 中可以看出，1999～2011 年，我国经济增长基本是围绕着虚线 100 上下波动，这 13 年的 GDP 年均增速约为 10%；在 2012 年之后，我国经济增长开始围绕虚线 90 上下波动，最近 5 年的 GDP 年平均增速约为 7.3%，且呈现小幅波动态势，这显示出我国经济运行正逐步进入中速增长和"微波化"波动的"新常态"阶段。从 10% 左右的高速增长换挡为 7% 左右的中速增长是经济增长"新常态"阶段的重要表现，同时是我国潜在增长率下降的反映。随着我国劳动力成本上升与"人口红利"减弱、储蓄率降低与投资增速放缓，潜在增长率出现一定程度的下降是必然趋势。

综合以上分析可以看出，我国经济运行正逐步进入中速增长和周期波动"微波化"的"新常态"阶段，始于 2013 年 9 月的第 5 轮增长循环于 2015 年 10 月触底，随后景气回升至今，上升局面将在 2017 年 6 月左右结束，从 2017 年下半年我国经济增长速度将逐步小幅回落。

二　基于监测预警信号系统对经济景气状况的分析和预测

本文选取包含我国工业生产、进出口、投资、消费、财政收入、金融、物价及房地产等主要经济领域的 12 个经济指标增长率构成了我国宏观经济监测预警信号系统，对我国总体经济景气状况和变动趋势做进一步的考查和判断。考虑到我国经济已经进入经济结构转型和深化改革的新阶段，结合对预警指标变化情况的统计分析和发展趋势判断，本文在 2015 年调整后的预警指标和预警综合指数的预警界限①的基础上，进一步调整了预警指标的预警界限（见附录），以便更为合理地反映"新常态"下经济景气的变动情况。

1. **基于景气动向综合指数的分析**

由 12 个预警指标构成的景气动向综合指数（见图 3）与图 1 的一致合成指数的波动和走势很接近。图 3 显示，在本轮景气周期之前，除 2008 年受世界经济危机影响中国经济增长进入了"趋冷"的"浅蓝灯"区，以及 2009 年末至 2010 年初政府为应对全球金融危机

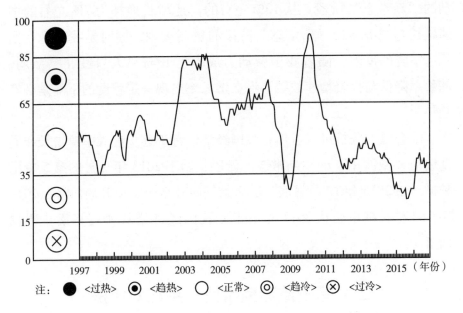

图 3　景气动向综合指数

① 高铁梅、陈磊、王金明、张同斌：《经济周期波动分析与预测方法》，清华大学出版社，2015。

增加 4 万亿元投资促使经济增长进入"过热"的"红灯"区之外，其他大部分年份中国经济增长都处于"正常"的"绿灯"区间，部分年份处于"趋热"的"黄灯"区。

在本轮景气循环的下降阶段，景气动向综合指数在 2014 年 11 月从"正常"的"绿灯"区下降到"趋冷"的"浅蓝灯"区，2015 年 8～9 月出现"谷"，与一致合成指数的波谷转折点时间（2015 年 10 月）大体一致。此后，随着工业生产、货币供应量、外贸、发电量增速和房地产开发景气指数等预警指标值的上升，景气波动开始回升，并于 2016 年 2 月回到"正常"的"绿灯"区，一直到 2016 年底，景气动向综合指数一直处于"绿灯"区。

2. 基于监测预警指标信号的分析

图 4 显示了 2016 年对 12 个预警指标的监测结果，多数指标的景气波动呈上升态势，少数指标波动较大。其中，金融机构贷款和消费指标一直处于"正常"的"绿灯"区间，到 2016 年 8 月，发电量也开始进入并稳定在"绿灯"区间；进口和物价这两个指标于 2016 年 10 月进入"绿灯"的"正常"区间；而 2016 年货币供应量很早就进入"过热"的"红灯"区；另外，固定资产投资、出口、企业产品销售收入、工业增加值指标和房地产开发综合景气指数还在"趋冷"的"浅蓝灯"区；由于减税的原因，财政收入增速于 2016 年 9 月跌入"过冷"的"蓝灯"区。下面对各预警指标信号变动情况做详细的分析。

（1）2016 年工业生产增速总体上处于"正常"的"绿灯"区，呈现缓中趋稳态势

2016 年，国外需求依然低迷，国内有效需求不足，"去产能""去库存"等供给侧结构性改革持续推进，使钢铁、煤炭等重化工行业受到很大影响，2016 年底工业增加值实际累计增速降低为 6%。剔除季节和不规则因素后，工业增加值实际增速在 2016 年一直处于围

指 标 名 称	2016年											
	1月	2月	3月	4月	5月	6月	7月	8月	9月	10月	11月	12月
1.工业企业增加值实际增速	◎	◎	○	○	○	○	○	○	○	○	◎	◎
2.货币（M1）月末数 实际值	○	◉	●	●	●	●	●	●	●	●	●	●
3.金融机构各项贷款实际增速	○	○	○	○	○	○	○	○	○	○	○	○
4.固定资产投资完成额实际增速	○	○	○	○	○	○	○	○	○	◎	○	○
5.社会消费品零售总额实际增速	○	○	○	○	○	○	○	○	○	○	○	○
6.进口实际增速	◎	◎	◎	◎	◎	◎	◎	◎	◎	◎	◎	◎
7.出口实际增速	⊗	◎	◎	◎	◎	◎	◎	◎	◎	◎	◎	◎
8.国家财政收入实际增速	○	○	○	○	○	○	○	○	◎	◎	⊗	⊗
9.居民消费价格指数	◎	○	○	○	○	○	○	○	○	○	○	○
10.工业企业产品销售收入实际增速	○	◎	◎	◎	◎	◎	◎	◎	◎	◎	◎	◎
11.发电量产量增速	⊗	⊗	⊗	⊗	⊗	◎	⊗	◎	◎	◎	◎	○
12.房地产开发综合景气指数	⊗	⊗	◎	◎	◎	○	○	○	○	◎	○	○
综 合 判 断	◎	○	○	○	○	○	○	○	○	○	○	○
	29	35	42	42	44	40	40	42	38	40	40	40

注： ● <过热> ◉ <趋热> ○ <正常> ◎ <趋冷> ⊗ <过冷>

图4 月度监测预警信号

绕6%水平的平稳波动态势，2016年3～10月处在“正常”的“绿灯”区，11月和12月在“趋冷”区间，但增速仍为6%，呈现缓中趋稳态势。值得关注的是，自2016年以来，发电量增速（剔除季节和不规则因素后）全年一直处于上升态势，由“过冷”区间进入“趋冷”最后进入“正常”的“绿灯”区。虽然工业生产增速下滑，但随着供给侧结构性改革的推进，工业领域结构日趋优化，传统落后产能逐渐被淘汰，由创新驱动引发的医药制造、计算机、通信和其他电子设备制造业等高技术产业迅猛发展，电子设备、电气机械、医药等先进制造业产量增速上升，如工业机器人产量增速达到30.4%，集成电路产量增速为21.2%等。

工业企业产品销售收入实际增速始终处于7.0%以下的“趋冷”区间，大体在4.5%～6.5%范围内变动，且呈现持续小幅下降态势。

不过，全年规模以上工业企业利润比上年增长8.5%，其中，国有控股企业利润比上年增长6.7%，计算机、通信和其他电子设备制造业，电气机构和器材制造业，医药制造业利润分别增长59.2%、39.5%和21.1%。随着原煤、钢材、成品油等大宗商品价格上涨，煤炭、钢铁、石油加工等企业利润将快速增长，预计2017年工业生产增速和企业效益仍将处在"绿灯"区平稳波动。

（2）固定资产投资增速由"正常"的"绿灯"区下降到"趋冷"区间

2013年9月以后，随着钢铁等重点工业产品的需求陆续接近或者达到峰值，房地产多项建设指标出现历史性转折变化，部分传统领域摊子铺得过大、产能过剩的问题开始逐步显露，固定资产投资实际增速（剔除季节和不规则因素后）回落并一路持续下滑。2016年，固定资产投资实际增速（剔除季节和不规则因素后）从10月进入"趋冷"的"浅蓝灯"区，占固定资产投资60%以上的民间投资下滑明显，增速仅为3.2%，占固定资产投资31.5%的制造业仅增长4.2%，而传统行业纷纷负增长，采矿业负增长低至-20.4%。

与一般的经济波动不同，这一次投资增速回落，实质上是经济发展到了更高阶段的回落，符合后发国家追赶阶段转换的逻辑和规律。投资增速的不断下降是导致我国经济景气难以明显回升的重要原因，也预示着本轮景气扩张即将结束。我们认为，2017年，政府应继续采取必要措施扭转投资增长的下滑趋势，以保持经济增长的基本稳定。

（3）2016年消费增速稳中略缓，虽有回落但仍保持在"正常"的"绿灯"区间内运行

2016年以来，社会消费品零售额实际增速（剔除季节和不规则因素）走势平稳稳长，呈现小幅缓慢下降趋势，增速基本在9%~10%，保持在"正常"的"绿灯"区间内运行。全年最终消费对经

济增长的贡献率为 64.6%，在较大基数上实现了稳步增长，充分发挥了对经济增长"稳定器"和"压舱石"的作用，消费的平稳增长对稳定经济增长起到了关键作用，意味着我国经济增长的动力机制已经发生重大转变。2017 年，随着智能消费、绿色消费、服务消费、品质消费等市场热点的发展，消费规模必将进一步扩大，预计全年消费实际增速仍将在"正常"的"绿灯"区间运行。

（4）外贸景气有所回升，2016 年出口升到"趋冷"区间，进口已经进入"绿灯"区

随着劳动力、土地的成本的快速上升，中国在传统劳动密集型产品上的出口竞争力减弱，而新的国际竞争优势尚未形成，加上近年国际市场需求低迷等因素，抑制了我国出口增长，我国外贸进出口额增速（剔除季节和不规则因素）在 2015 年创造了 2010 年以来的最低水平。为应对这一问题，中央政府频频出台扶持外贸出口发展的政策，随着各项政策效果的逐步显现和"一带一路"战略实施的不断推进，我国进出口额增速出现反弹，由负增长的"过冷"区间先后脱离负增长局面进入"趋冷"区间，进口额实际增速从 2016 年 10 月起进入"绿灯"区。2016 年，受经济增速企稳和大宗商品价格回升影响，进出口总额下降幅度趋窄，进口额转为正增长。2017 年 1 月进口增长22.21%，出口增长 12.98%，显示出强势的增长势头，预计 2017 年"一带一路"战略实施的成果将不断显现，外贸景气将继续改善，进、出口增速都将处在"绿灯"区。

（5）2016 年货币供应量高速增长，已经进入"过热"的"红灯"区

狭义货币供给量（M1）实际增速（剔除季节和不规则因素）从2016 年 3 月开始进入"过热"的"红灯"区，保持强劲上升态势，M1 增速已经进入新一轮周期的上升期。2015 年下半年以来，房地产市场不断升温带动住户贷款猛增，企业经营和投资意愿不足导致单位

存款出现活期化倾向，同时，地方政府存量债务置换债券和非金融企业债券发行规模大幅增加，受到这些因素的共同影响，狭义货币 M1 增速（剔除季节和不规则因素）在 2016 年出现大幅攀升的态势，从 3 月开始进入"过热"区间，同比名义增速一直在 20% 以上，7 月、8 月两个月同比增速甚至超过 25%。不过，2016 年金融机构人民币贷款实际增速一直处于"正常"的"绿灯"区，并且呈现下降趋势，预计 2017 年 M1 增速将逐渐放缓并降至"正常"运行的"绿灯"区。

（6）2016 年国家财政收入实际增速由"正常"跌落至"过冷"区间

在房地产销售回暖的带动下，财政收入实际增速（剔除季节和不规则因素）代表的财政景气在 2015 年止跌企稳后，直到 2016 年 5 月一直处在"正常"的"绿灯"区。但受"营改增"和政府为减轻企业负担实施的减税降费措施影响，财政收入增速再次出现下滑，2016 年 9 月降至 1.4%，进入"过冷"的"蓝灯"区（2% 以下），11～12 月甚至降为负增长，是 2010 年以来的最低点。需要重视的是，随着中国经济步入"新常态"阶段，经济增长速度向中速水平回归，财政收入增速放缓将不再是周期性的，而是潜在增长率的下降，并且，减税降费仍将继续推进。但是随着经济增长，税基将加大，这意味着财政收入增速也将回归到"绿灯"区间。

（7）2016 年物价在"趋冷"和"正常"区间平稳波动

2016 年我国的居民消费价格指数经历了先涨后跌再上涨的震荡波动过程。一季度，受寒潮天气和春节因素的综合影响，鲜菜价格和猪肉价格都处于高位运行。CPI 呈上涨趋势，超过 2% 进入"正常"的"绿灯"区，此后，CPI 出现一路走低的趋势，剔除季节和不规则要素后，6～9 月一直处于小于 2% 的"趋冷"区间。10 月开始，CPI 再次出现上升局面，超过 2% 的预警界限重回"正常"的"绿灯"区。CPI 回升与 PPI 上升密切相关，2016 年国际大宗商品价格的上行走势助推了 PPI 的回暖,我国 PPI 同比于 2016 年 9 月转为正值(0.1%),结束了连续 54 个月负增长的局面。PPI 的回升表明,上游行业"去产能""去库存"使工业原材料部门的供需情况正在稳步好转,我国工业企业的生产经营状况正在企稳。考虑到 2016 年能源和部分原材料价格有所回升,工业品出厂价格指数 PPI 结束负增长局面并开始大幅上升,预计 2017 年全年 CPI 将在"绿灯"区持续上升。

(8)房地产开发综合景气指数在"过冷"和"趋冷"之间震荡徘徊

房地产业是影响宏观经济景气波动的重要力量,而房地产开发综合景气指数是反映房地产供给的关键指标。2012 年受经济下行压力和政府的严厉房价调控政策影响,房地产开发综合景气指数开始下降到 100(剔除季节和不规则因素)以下,并一直保持低位运行,2015 年 5 月该指标下降到近 10 年来的最低点(92.8),2015 年至 2016 年 2 月均处于"过冷"的"蓝灯"区。中央出台多项政策鼓励住房需求,如放松公积金政策、适度调整二手房转让税费、加大对改善性住房需求的支持力度等,这一系列政策促使房地产开发综合景气指数呈现上升趋势,2016 年 3 月开始向上进入"趋冷"的"浅蓝灯"区。随着我国房地产市场去库存政策效果的逐步显现,以及新型城镇化带来的居民刚性住房需求的累积,房地产开发综合景气指数在 2017 年度仍将处于"浅蓝灯"区。

三 2017年主要宏观经济指标预测

本文采用多种经济计量模型对 2017 年主要宏观经济指标的走势进行预测,从而把握经济的变动趋势,为我国宏观经济调控政策提供参考,各指标的预测结果如表 3 所示。

表3　主要宏观经济指标预测结果

单位：%

指标名称	2017年二季度	2017年三季度	2017年四季度	2017年全年
GDP累计增长率（可比价）	6.7	6.6	6.5	6.5
规模以上工业增加值增长率（可比价）	6.9	6.7	6.6	6.7
固定资产投资（不含农户）累计增长率	8.2	8.4	8.6	8.6
社会消费品零售总额增长率	10.7	10.8	11.0	10.8
出口总额增长率	15.6	12.0	10.5	12.5
进口总额增长率	16.0	12.0	10.5	14.0
狭义货币供应量（M1）增长率	15.5	13.6	12.8	12.8
广义货币供应量（M2）增长率	10.2	10.5	10.7	10.7
金融机构人民币贷款总额增长率	12.8	13.2	13.4	13.4
居民消费价格指数（CPI）上涨率	2.7	2.8	3.0	2.8
工业品出厂价格指数（PPI）上涨率	6.9	7.5	6.5	7.0

注：除特殊说明外表中数据均为名义同比增长率，样本数据截至2016年12月。

1. 2017年经济增长速度将达到6.5%

2016年，我国经济景气受外需低迷和国内结构调整等多重因素影响，GDP实现6.7%的增速。虽然GDP增速是26年以来的新低，但应当看到，作为世界第二大经济体，在经济总量超过74万亿元的高基数上，中国经济总量每增长1个百分点都是很大的数量，2016年国内生产总值每增长1个百分点的增量，相当于2006年2.5个百分点的增量。特别是在我国进行经济结构优化、发展方式转变和新动能成长过程中，GDP保持这样的中速增长已经难能可贵。并且，我国经济增长质量和效益提高，新动能加速成长，经济效率提高，产业结构优化，经济增长新亮点不断涌现。根据前面的监测和分析，预计2017年经济增长呈现前高后低走势，预测全年GDP增速为6.5%或略高。

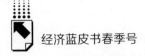
2. 2017年物价或将出现"成本推动型"小幅上涨局面

2016 年，随着上游行业"去产能""去库存"等供给侧结构性调整政策效果的初步显现，工业原材料部门的供需情况正在稳步好转，加上国际大宗商品价格的上行走势，工业品出厂价格指数（PPI）开始大幅上升。随着"去产能"进程的进一步推进，预计 2017 年 PPI 将延续上升态势，特别是上游产业增速会更快，全年涨幅约为 7.0%。

2016 年，我国的居民消费价格指数（CPI）经历了先涨后跌再上涨的震荡波动过程，从 2016 年 10 月开始，CPI 再次出现上升局面，超过 2% 的预警界限重回"正常"的"绿灯"区。CPI 回升与 PPI 上升密切相关，大宗商品和原油价格上升，工业产品价格回升，工业领域产品价格上涨逐渐传导至消费领域。不过，下游消费品行业受到最终消费需求的制约，价格上涨将比较有限。考虑到这些因素，结合物价周期的波动特征和模型外推结果，预计 2017 年 CPI 将在"绿灯"区持续上升，全年涨幅约为 2.8%。

3. 工业生产增速走势大体平稳，预计2017年全年增长6.7%左右

随着工业领域淘汰过剩产能的效果以及产业结构调整优化所带来的正面效应逐渐显现，高耗能原材料行业走低，高新技术产业、战略性新兴产业亮点频现，工业生产增速在 2016 年企稳后有望继续保持平稳走势。2016 年，全国国有控股工业企业利润总额由降转增，创造了自 2012 年以来的最高增速，国企赢得了质量和效益的双提升，为我国经济注入了强劲动能。在工业生产中积极因素增加的同时，外贸景气有所回升，投资在价格回升的趋势下有望增速提高，因此，预计 2017 年工业增加值增速将高于上年水平，走势大体平稳。但由于短期内工业领域相对过剩的局面难以根本改变，制造业面临的下行压力依然较大，预测 2017 年规模以上工业增加值仍将处于"正常"区间的下界 6% 以上，增长 6.7% 左右。

4. 固定资产投资有望从"趋冷"区间上升到"正常"区间，2017年预计增长8.6%

2016年固定资产投资增速不断出现下滑，年末降至"趋冷"的"浅蓝灯"区。2016年，政府积极创造新的投资增长点，既包括提升棚户区改造、中西部铁路建设和公共服务设施等传统领域的投资潜力，也包括鼓励机器替代人工、研发和信息化、绿色环保和新能源汽车等新技术、新模式产业的创新性投资需求。展望2017年，与新型城镇化布局联系，各地基础设施建设正在铺开，基础设施投资有望继续保持较高增长态势。随着新开工项目和施工项目计划投资额增速的较快回升，PPP项目落实率的提高，以及近期工业企业效益有所好转从而可能提高企业投资意愿，预计2017年制造业投资和民间投资将继续保持温和回升，固定资产投资（不含农户）增速有望止跌企稳，预计增长8.6%，从"趋冷"区间上升到"正常"区间。

5. 消费在"正常"区间稳中微升，预计2017年增长10.8%

2016年在我国经济面临较大下行压力的形势下，全年社会消费品零售总额名义增长10.4%。消费对GDP的贡献率为64.6%，显示出我国内需的巨大潜力。2016年，房地产销售增加带动了住房相关的家具、建材等产品消费增长；网络购物以及新兴消费模式促使消费结构升级加速，网上商品零售额快速增长达25.6%，在社会消费品零售总额中的占比上升为12.6%；乡村消费品零售额增长高于城镇，达10.9%，随着农业供给侧改革的推进和农民收入的提高，必将对消费增长和GDP增长产生更大的贡献。预计2017年消费零售总额增速稳定增长，并呈现上升势头，全年增长10.8%左右。

6. 进出口景气有所回暖，预计2017年都将上升到"绿灯"区

2016年我国进、出口增速逐渐止跌企稳，由负增长的"过冷"区间先后脱离负增长局面进入"趋冷"区间，进口额实际增速从2016年10月起进入"绿灯"区。2016年，"一带一路"工作取得了新的进展和积极成效，随着"一带一路"战略实施的不断推进，贸易投资规模逐渐扩大，基础设施和产能合作逐步推进。随着各项政策效果的逐步显现，更多的有力举措不断推出，一批重大项目逐渐落地，加上我国经济景气企稳和国际大宗商品价格回升，预计2017年我国外贸景气进一步回暖，进口、出口增速都将处在"绿灯"区。

7. 预计2017年货币供应M1降到"绿灯"区，货币供应M2增速或止降回稳

2016年，狭义货币供应量增速在出现大幅攀升的态势，同比名义增速从3月开始一直在20%以上，2016年末增长21.4%，保持着强劲的上升态势。但2017年1月末M1数额小于2016年12月末值，环比为负增长，同比增长14.5%。2017年，货币政策将要保持稳健中性、"货币政策+宏观审慎政策"双支柱政策框架防控金融风险，综合本文前面对经济景气的判断和模型预测结果，预计2017年M1增速将从2016年末的"红灯"区逐渐回落至"绿灯"区，增速在12.8%左右。2016年广义货币供应量M2增速将止降回稳，增速在10.7%左右，依然保持在"正常"运行的"绿灯"区。

信贷方面，在经济结构转型的过程中以及杠杆率已经较高的情况下，要防范系统性金融风险，2017年1月，全国人民币贷款增加2.03万亿元，低于上年同期，同比增长12.6%，体现出货币政策正在按照稳健中性、防范金融风险的目标推进。不过，在发展实体经济的需求下，预计2017年人民币贷款增速将逐渐上升至13.4%左右，处于"正常"的"绿灯"区。虽然增速依然较低，但在MPA（宏观审慎评估）考核机制下，信贷投向结构必将趋于优化。

四 结论和相关政策建议

综合以上分析和预测结果，我国月度经济景气于从2013年9月开始进入新一轮增长周期波动中短周期的缓慢下降期，2015年10月结束下降走势，达到第5轮增长周期波动的谷底，下降阶段持续时间长达25个月，然后在"偏冷"区间内缓慢回升，2016年全年处于缓慢且波动的上升阶段。基于先行指数判断，预计2017年上半年我国经济增长仍将处于上升阶段，预计在2017年6月左右达到第5轮增长周期波动的峰，随后小幅平稳回落，考虑到当前我国经济正处于由高速向中速增长的转换时期，经济下行压力依然较大，2017年全年GDP增长率将达到6.5%左右，物价增长周期滞后于经济增长周期，在PPI大幅上升的推动下，CPI也会缓慢上升，预计全年涨幅为2.8%。由于国内外形势仍很复杂，具有较大的不确定性，2017年，宏观经济调控应该继续坚持"稳中求进"的主基调，确保经济平稳健康发展，提高经济运行质量和效益，通过深化供给侧结构性改革使经济结构更加优化。为此，需要梳理整合各项政策，聚焦供给侧，重视需求端，防控金融风险，为我国经济稳定健康增长提供长效动力。

1. 引导投资行为，拉动消费需求，加快实现增长动力转换

2017年，为实现经济的稳定增长，必须进一步加快推进经济增长动力转换。消费方面：继续大力推广"互联网＋"，加速互联网与传统行业的深度融合，增强农产品和工业品在城乡之间的双向流通速度，以扩大服务消费为重点带动消费结构升级，推动线上线下融合等消费新模式发展；努力增加高品质商品和服务供给，不断释放居民消费潜力，促进居民消费扩大和升级。投资方面：要引导投资行为，合理引导预期，保持房地产市场稳定，建立促进房地产市场平稳健康发展长效机制；扩大有效投资，把资金投到有利于调结构、补短板、惠民生的项目上来，加大基础设施项目投资，补齐城市基础设施短板，提高技术改造投资、新兴产业投资、生态环保投资、高技术服务业投资的比重。贸易方面：积极优化出口商品结构，提高传统出口商品的质量，进一步扩大高新技术产品出口，提升出口附加值；继续推进"一带一路"向纵深发展，深化经贸合作，促进对外投资合作健康有序发展。

2. 防控金融风险，抑制资产泡沫

由于企业对实体经济发展信心不足，实体经济投资预期回报下降，2016年以来，全国固定资产投资增速持续下降，民间投资低迷。部分热点城市房地产市场的火暴，使民间投资更偏好追逐房地产等资产，资金"脱实向虚"现象较为严重。因此，2017年，要抓好房地产调控，确保房地产市场平稳健康发展，抑制投资投机性购房，特别是防止热点城市出现房地产泡沫。同时，要保持货币政策稳健中性，进一步健全宏观审慎管理框架，发挥"货币政策 + 宏观审慎政策"双支柱政策框架的作用，排查制度监管漏洞，强化穿透式监管，防范系统性金融风险，防控金融市场和资产价格泡沫。要坚决治理市场乱象，坚决打击违法行为，坚持金融服务实体经济的根本，创新体制机制，畅通货币政策传导渠道，维护流动性稳定，为经济增长和供给侧结构性改革营造适宜的货币金融环境。

3. 振兴制造业，加快供给侧结构性改革进程

我国制造业尤其是消费品工业产业规模巨大而有效供给不足、制造能力较强而创新能力不足，要推动制造业从数量扩张向质量提高的战略性转变。同时，要深化《中国制造2025》城市试点示范，带动其他地区加快制造业提质增效升级。深入实施智能制造工程，实施高端装备创新工程，抓好高档数控机床与基础制造装备、大飞机等国家科技重大专项，加快推进信息通信业转型发展，推动实施重点新材料研发及应用重大工程。政府需要积极为企业创造良好的营商环境，制定切实有效的降低企业负担政策，如降低企业税负、社保缴费等，降低各类交易成本特别是制度性交易成本，减少审批环节，取消、调整和规范行政事业性收费项目，支持小微企业融资模式创新，有效降低企业成本，从而增强制造业投资信心。

2017年，仍然要积极淘汰落后产能，大力淘汰"僵尸企业"，加快促进钢铁煤炭等严重过剩产业的优化重组。更好地利用市场化和法治化的手段，控制新增产能，打击违法违规行为。与此同时，完善过剩产能退出的保障体系，注意因淘汰落后产能所导致的失业人口增加问题，采取相应措施做好转岗就业、再就业培训等工作，实行企业安置、个人自谋职业和社会帮助安置相结合的方式，帮助失业人员实现再就业，确保没有能力再就业人员的基本生活。

参考文献

陈飞、范晓非、高铁梅：《2016年中国宏观经济波动及走势的分析与预测》，载《经济蓝皮书：2016年中国经济前景分析》，社会科学文献出版社，2016。

陈磊、孟勇刚、孙晨童：《2016～2017年经济景气形势分析与预测》，载《经济蓝皮书：2017年中国经济形势分析与预测》，社会科学文献出版社，2016。

高铁梅、陈磊、王金明、张同斌：《经济周期波动分析与预测方法》（第二版），清华大学出版社，2015。

刘伟、苏剑：《中国经济展望："滞胀"压力下的信心与挑战》，《光明日报》2017年1月18日。

祝宝良、牛犁：《2017年中国经济十大预测：稳中求进 培育壮大经济增长新动能》，《上海证券报》2017年1月3日。

国家统计局：《2016年国民经济和社会发展统计公报》，2017年2月28日，http://www. stats. gov. cn/tjsj/zxfb/201702/t20170228_ 1467424. html。

《部委年终会议"关键词"勾勒2017年投资路线图》，新华网，2017年1月3日，http://news. xinhuanet. com/fortune/2017 -01/03/c_ 1120232840. htm。

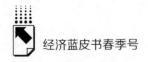

附录

预警信号系统预警界限

指标名称	红灯	黄灯	绿灯	浅蓝灯	蓝灯
	过热	趋热	正常	趋冷	过冷
1. 工业增加值增速**	← 15.0	13.0	6.0	4.0 →	
2. 货币供应量（M1）增速*	← 18.0	16.0	10.0	2.0 →	
3. 金融机构各项贷款增速*	← 20.0	17.0	10.0	3.0 →	
4. 固定资产投资增速*	← 26.0	18.0	8.0	4.0 →	
5. 社会消费品零售总额增速**	← 17.0	15.0	8.0	4.0 →	
6. 进口增速*	← 23.0	20.0	5.0	0.0 →	
7. 出口增速*	← 24.0	20.0	5.0	0.0 →	
8. 财政收入增速*	← 24.0	18.0	5.0	2.0 →	
9. 居民消费价格增速**	← 6.0	5.0	2.0	0.0 →	
10. 工业产品销售收入增速*	← 25.0	18.0	7.0	3.0 →	
11. 发电量增速**	← 16.0	14.0	5.0	2.0 →	
12. 房地产开发综合景气指数**	← 105	103	97	94 →	
综合指数	← 85	65	35	15 →	

注：表中除最后的指标外，预警界限值都是增长率，需加上"%"。指标名称标有*的指标是经过价格平减的实际增长率；指标名称标有**的指标是国家统计局发布的增长率。

B.10
中国房地产业经济与
税收统计分析

付广军*

摘　要：　本报告立足中国国情，在中国住房制度改革的背景下，
　　　　　通过收集、整理大量的有关房地产经济和税收数据，
　　　　　运用定量与定性相结合的研究方法，深入分析了中国
　　　　　房地产业的发展环境，回顾了房地产发展历程，以及
　　　　　房地产税收情况，并结合房地产经济和税收的发展情
　　　　　况，找出了中国房地产业发展过程中存在的主要问题，
　　　　　提出了未来房地产业健康发展的建议。

关键词：　房地产　经济　税收　统计分析

　　自 1998 年中国实行房改政策以来，中国房地产业得到了迅猛的发
展，对经济发展和税收收入产生了深远的影响；房地产业成为中国经
济的支柱产业，其对经济的影响举足轻重。而税收作为国家宏观调控
的重要工具，也对房地产业的发展起到了重要的调节作用。将二者结
合起来进行深入研究和探讨，对中国房地产业的发展以及与之密切相
关的税收政策制定、征管实践，都具有十分重要的现实意义。

---

　*　付广军，国家税务总局税收科学研究所研究员，中安联合博士后工作站博士后导师，民建中
　　央财政金融委副主任。

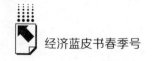

一 中国房地产业发展状况

（一）中国房地产发展环境分析

1. 政策环境

近年来，房地产市场告别了高增长和高利润的常态，"去库存"这个词频繁出现在各大新闻媒体上，这一切表明房地产业已然步入新的格局，房地产这个行业正在发生巨大的变化。

据房地产开发行业市场调查分析报告，在楼市各项指标下行压力空前加大的情况下，国务院近期明确将住房消费列为重点推进的六大消费领域之一，提出要稳定住房消费，加强保障房建设，放宽提取公积金支付房租条件。调控部门的一系列政策举措，引发各界关注。

前几年，面对处在亢奋状态的楼市，调控部门通过限购、限贷等政策进行调控，虽说有些政策有行政式调控之嫌，然而，在楼市价格涨幅过度的非常时期，这些非市场化的政策成为楼市回归理性的可选择手段。

然而，随着新房市场的巅峰期已过，大部分已进入平稳期，2015年以来，市场供求关系的逆转，除北京、上海、广州、深圳（一线城市）以外的城市，此前供不应求的房地产市场都已开始出现去库存压力。在这样的背景下，此前降温性的政策在达到预期目标之后，退出舞台也是理所当然的。因此，在新的市场环境下，房地产政策环境发生重大变化，特别是央行限贷政策调整或将进一步改变市场预期。

随着各项政策的落地实施，各类需求释放或将促进市场回暖，但在高库存以及全年销售业绩压力等因素影响下，未来房地产企业仍将会以去库存为主，价格降幅或将逐步收窄，然而，寄希望政策带来房价大幅反弹，可能性已经不大，对于开发商而言，抓住销售窗口期，积极走量将是上策。

2. 经济环境

2016 年上半年，全国经济保持平稳发展，GDP 同比增长 6.7%，其中居民消费平稳释放，但投资、出口仍然乏力。货币方面，M1、M2 增速剪刀差持续扩大，社会资金大量"闲置"，说明宽松货币政策带来的负面效应正在显现，尽管目前企业现金流充裕，但多数行业投资风险较大，宁愿持币观望，扩张意愿不足。

2016 年 1~6 月，全国固定资产投资（不含农户）25.8 万亿元，同比名义增长 9%。具体来看，基建投资同比增长 20.3%，房地产业投资同比增长 6.2%。其中，一季度，房地产投资改善，推动固定资产投资增速有所提升，但是二季度以来，随着房地产投资和制造业投资增速回落，固定资产投资增速有所回落。预计全年固定资产投资增速仍存回落压力。房地产业投资在下半年增速将有所放缓，在去库存压力较大背景下制造业投资增速亦将趋缓，加之民间投资短期内难有起色，全年整体投资增速仍将保持低位[①]。

3. 法制环境

2016 年 3 月 11 日，十二届全国人大四次会议举行记者会，请五位全国人大相关负责人就人大监督工作答记者问。全国人大常委会预算工作委员会副主任刘修文在回答记者关于房地产税试点和改革的问题时表示，全国人大常委会已将房地产税法列入 2016 年立法工作计划的预备项目。

刘修文表示，加快房地产税立法并适时推进改革，是党的十八届三中全会提出的一项重要改革任务，由全国人大常委会预算工作委员会会同财政部牵头研究。目前，调整后的全国人大常委会立法规划已

---

① CREIS 中指数据，fdc. fang. com。

将房地产税法列入第一类立法项目，同时，2016 年全国人大常委会的立法工作计划将房地产税法列入预备项目。对房地产税改革，不同的人从不同视角赋予了不同的期许，如抑制房价过快上涨、构建地方税主体税种、缓解贫富差距等。

近 20 年以来，我国的商品房房价涨势明显。房价较快上涨的一个很重要的原因是土地资源有限，特别是一、二线城市面对庞大的外来人口，有限的资源决定了土地供应乃至住房供应，显然供不应求。在这样的国情和大背景下，房价上涨是趋势。如果仅仅将个人住房纳入房地产税征收范围来遏制房价上涨，显然力度有所欠缺，但对投资性房产会有一定的遏制。

4. 社会环境

房地产市场的社会环境主要包括人口密度（特别是外来人口的数量）、大众消费心理等。例如，人口密度高的地方对住房需求大，价格也就较高，近 20 年来，中国经济持续增长，人口流动频繁，城镇化水平不断提升。在这一大背景下，住房价格持续快速上涨，"买房难"已经成为影响人们生活的主要问题之一。北京、上海、广州、深圳的表现尤为明显；人们消费心理的变化也影响着房地产的设计和开发建设，当人们消费心理倾向于经济实用型的时候，房地产的设计和开发都会以降低成本和售价为目标。当人们消费心理趋于舒适方便时，房地产开发则注重功能的完善和居住环境的美化。虽然这可能会增加开发成本，但同时也提高了售价。而当人们消费心理对投资需求增加时，则必然会影响房地产市场的供求关系，从而提高房价。

（二）中国房地产业发展历程回顾

中国房地产业是和中国近现代商品经济的发生、发育和成长紧密联系的。中国近代房地产业发端于鸦片战争后中国通商口岸开埠之后，成型于 20 世纪 20~40 年代，主要发育成长于中国东部的大中城市中。新中国成立后，土地和房屋从商品领域退出，土地无偿划拨，房屋无偿分配且高度匮乏，可供市场公开销售的商品房屋几乎没有，房地产市场销声匿迹，独立的房地产不复存在。改革开放以后，中国房地产业大体经历了三个发展时期。

1. 起步阶段

1981～1990年是房地产业和房地产市场初步形成时期。20世纪80年代开始，中国明确建立社会主义商品经济体制，实行土地经济制度改革和住房经济制度改革，变土地使用权的无偿划拨为有偿转让，变职工住房的福利分配为货币选择，变财政单一承担为多元化渠道共同承担，开辟土地收益支付动迁、市政基础设施建设、教育卫生商业配套、住房保障的新路径，房地产业开始了高度开放和充分竞争。随着土地与住房制度不断改革与发展，中国住房商品化和市场化不断推进，商品土地和商品房屋实质性地成为房地产业的商品，中国现代房地产业得以恢复发展，初步形成了符合市场经济规律的房地产业和房地产市场。

2. 稳定发展阶段

1991～1999年是房地产业稳定发展时期。在这一时期，房地产业的发展在曲折中不断前进，20世纪90年代初期进入稳定发展状态，1997年跌入谷底，1998年恢复性增长，1999年平稳增长，中国现代房地产业开始进入稳定发展的历史时期，逐步奠定了房地产业在国民经济中的支柱地位。

3. 高速发展阶段

2000年至今是房地产业高速发展时期。在这一时期，中国住房制度改革取得了突破性进展，房地产业发展的制度障碍大大消除。居民个人成为房地产消费和投资的主体，为房地产成为新的消费热点和投资热点打下了坚实的基础；住房公积金制度、住房补贴制度和货币分房制度不断建立和迅速完善，为房地产业的长期持续增长提供了广阔的市场需求。城市化和再城市化快速发展，城市人口在总人口中的比重迅速上升，人均住房面积不断扩大，为房地产业的高速发展提供了强有力的市场支撑。得益于中国宏观经济形势的总体向好，特别是城乡一体化进程的深入和加快，中国房地产业进入新一轮增长周期。

由于房地产业是国民经济的重要组成部分，房地产业的发展与国民经济的发展呈现趋同性，房地产业的高涨和衰退往往依靠整体经济的高涨和衰退的来临；房地产业本身的特殊性，又使房地产业的发展与国民经济的发展出现时间的差异性。因此，分析和把握房地产业的发展态势并使房地产税收政策具有针对性和前瞻性，意义重大。

（三）中国房地产相关税种介绍

1. 房地产税收体系

房地产税收是税收实践中对涉及房地产行业的财产税收、行为税收、所得税收或资源税收的统称。房地产业的经济活动存在于房地产的前期准备阶段、开发销售阶段和消费阶段全过程，横跨生产、交易和消费领域，虽以交易领域为主，但又参与房地产开发、经营的决策、组织、管理，兼有勘察、设计、规划和土地开发等生产职能，并在消费过程中承担维修、改造、保养、装饰等生产任务，甚至提供售后维修和物业管理服务，具有高度的综合性。因此，本文的研究亦将房地产税收作为一个综合性概念，将一切与房地产经济运行过程有直接关系的税收都归类于广义的房地产税收范围内，这样归类的主要目的，在于准确而全面地衡量房地产税收的真实税负水平。

房地产税收包括房地产商品税、房地产财产税、房地产所得税和房地产其他税。在现行房地产税收体系中，与房地产相关的税种主要有房产税、城镇土地使用税、土地增值税、耕地占用税、契税、增值税（营业税已于 2016 年 5 月 1 日起改为增值税）、城市维护建设税（教育费附加）、印花税、企业所得税、个人所得税共十个税种。

其中，房地产财产税主要包括房产税、城镇土地使用税、耕地占用税；房地产商品税主要包括增值税、城市维护建设税（教育费附加）；房地产所得税主要包括土地增值税、企业所得税和个人所得税；房地产其他税主要包括契税和印花税。

表1　按税收属性分中国房地产税收体系

所属税类	房地产财产税	房地产商品税	房地产所得税	房地产其他税
税种名称	房产税	增值税	土地增值税	契税
	城镇土地使用税	城市维护建设税（教育费附加）	企业所得税	印花税
	耕地占用税		个人所得税	

依据与房地产的关联程度，房地产税收可以分为与房地产直接相关的税种和与房地产间接相关的税种。与房地产直接相关的税种有五个：房产税、城镇土地使用税、耕地占用税、契税、土地增值税。本报告的研究重点是与房地产有直接相关的房产税、城镇土地使用税、耕地占用税、契税和土地增值税五个税种，同时兼顾与房地产间接相关的增值税、城市维护建设税（教育费附加）、印花税、企业所得税和个人所得税五个税种。

表2　按与房地产关联程度分中国房地产税收体系

与房地产的关系	税种名称
与房地产直接相关	房产税、城镇土地使用税、耕地占用税、土地增值税、契税
与房地产间接相关	增值税、城市维护建设税（教育费附加）、企业所得税、个人所得税、印花税

依据课税环节的不同，房地产税收可以分为土地购置环节、房地产交易环节和房地产保有环节三大税收类别，在不同课税环节对房地产税种安排不同，税负水平不同，产生的市场效应也不相同。

表3 按课税环节分中国房地产税收体系

所处环节	税种名称
土地购置环节	耕地占用税、契税
房地产交易环节	出售方：增值税、城市维护建设税（教育费附加）、土地增值税、所得税、印花税 购买方：印花税、契税
房地产保有环节 （仅对经营性用房征收）	自用：房产税、城镇土地使用税 租赁：房产税、城镇土地使用税、增值税、城市维护建设税（教育费附加）、印花税、所得税

2. 现行房地产相关税种简介

中国房地产税收制度是随着中国经济的发展和税收制度的改革先后发布实施的。目前，中国现行房地产税种设置和制度安排如下。

（1）房产税

现行房产税的基本规范，是 1986 年 10 月 1 日起施行的《中华人民共和国房产税暂行条例》。房产税以城市、县城、建制镇和工矿区为征税范围，以房地产①为征税对象，以在征税范围内的房屋产权所有人或使用人为纳税人。房产税的计税方法分为从价计征和从租计征两种形式，计税依据是房地产的计税价值或房地产的租金收入。从价计征的，按房地产原值一次减除 10% ~30% 后的余值计征，税率为从租计征的，按房地产出租的租金收入计征，税率为 12%。

（2）城镇土地使用税

现行城镇土地使用税的基本规范，是 2007 年 1 月 1 日起施行的

---

① 所谓房地产，是指有屋面和围护结构有墙或两边有柱，能够遮风避雨，可供人们在其中生产、学习、工作、娱乐、居住或贮藏物资的场所。独立于房屋之外的建筑物，如围墙、烟囱、水塔、变电塔、油池、油柜、酒窖、菜窖、酒精池、糖蜜池、室外游泳池、玻璃暖房、砖瓦石灰窑以及各种油气罐等，不属于房地产。财政部、国家税务总局《关于房产税和车船使用税几个业务问题的解释与规定》（财税地字〔1987〕3 号）。

《中华人民共和国城镇土地使用税暂行条例》。城镇土地使用税以在城市、县城、建制镇和工矿区内的国家所有和集体所有的土地为征税范围，以在城市、县城、建制镇、工矿区范围内使用土地的单位和个人为纳税人。城镇土地使用税采用差别幅度税额，按大、中、小城市和县城、建制镇、工矿区分别规定每平方米土地使用税年应纳税额。

（3）耕地占用税

现行耕地占用税的基本规范，是 2008 年 1 月 1 日起施行的《中华人民共和国耕地占用税暂行条例》。耕地占用税以纳税人为建房或从事其他非农业建设而占用的国家所有和集体所有的耕地为征税范围，以占用耕地建房或从事非农业建设的单位或个人为纳税人。耕地占用税采用地区差别定额税率。

（4）增值税

现行增值税的基本规范，是 2009 年 1 月 1 日起施行的《中华人民共和国增值税暂行条例》。增值税的征税对象为在中华人民共和国境内销售货物或者提供加工、修理修配劳务以及进口货物的单位和个人①。增值税实行一般纳税人和小规模纳税人管理，分别适用不同的税率和征收率。

（5）城市维护建设税（教育费附加）

现行城市维护建设税的基本规范，是 1985 年 1 月 1 日起施行的《中华人民共和国城市维护建设税暂行条例》，现行教育费附加的基本规范，是 1986 年 7 月 1 日起施行的《征收教育费附加的暂行规定》。省、自治区、直辖市人民政府可以制定实施细则，送财政部备案。城市维护建设税和教育费附加以城市、县城和建制镇，以及税法规定征收增值税、消费税、营业税（简称"三税"）的其他地区为征

---

① 2016 年 5 月 1 日起，营业税改征增值税试点全面推开。房地产业由缴纳营业税改征增值税，适用 11% 的税率，并将所有企业新增不动产所含增值税纳入抵扣范围。

税范围，以负有缴纳"三税"义务的单位和个人为纳税人，增值税、消费税、营业税的代扣代缴、代收代缴义务人同时也是城市维护建设税的代扣代缴、代收代缴义务人。城市维护建设税采用地区差别税率，教育费附加采用单一征收比率。

（6）土地增值税

现行土地增值税的基本规范，是1994年1月1日起施行的《中华人民共和国土地增值税暂行条例》。土地增值税以有偿转让国有土地使用权及地上建筑物和其他附着物产权并取得收入的行为为征税范围①，以转让国有土地使用权、地上的建筑及其附着物并取得收入的单位和个人为纳税人。土地增值税实行四级超率累进税率。根据相关法律、法规、规章的规定，土地增值税规定了对于建造普通标准住宅、国家征用收回房地产、个人转让房地产等方面的税收优惠。

（7）企业所得税

现行企业所得税的基本规范，是2008年1月1日起施行的《中华人民共和国企业所得税法》。企业所得税以企业的应税所得为征税对象，应税所得包括销售货物所得、提供劳务所得、转让财产所得、股息红利等权益性投资所得、利息所得、租金所得、特许权使用费所得、接受捐赠所得和其他所得。以在中华人民共和国境内，企业和其他取得收入的组织为纳税人。企业所得税采用比例税率，法定税率为25%。

（8）个人所得税

现行个人所得税的基本规范，是2011年9月1日起施行的《中

---

① 在实际工作中，可以通过以下几条标准来判定：第一，转让国有土地使用权；第二，发生房地产权属转让行为；第三，有偿转让行为。依此标准，房地产出售、房地产交换、以房地产投资联营等行为属于土地增值税征税范围，而房地产继承、房地产出租、房地产赠与符合条件、代建房、房地产重新评估等行为不属于土地增值税征税范围。

华人民共和国个人所得税法》。个人所得税以居民纳税人来源于中国境内、中国境外的全部所得和非居民纳税人来源于中国境内的所得为征税范围，个人所得税规定的法定应税所得项包括工资、薪金所得；个体工商户的生产、经营所得；对企事业单位的承包经营、承租经营的所得；劳务报酬所得；稿酬所得；特许权使用费所得；利息、股息、红利所得；财产租赁所得；财产转让所得；偶然所得和经国务院财政部门确定征税的其他所得。以中国公民自然人、个体工商业户以及在中国境内有所得的外籍人员包括无国籍人员、华侨及香港、澳门、台湾同胞为纳税人，依据住所和居住时间两个标准区分居民纳税人和非居民纳税人，分别承担不同的纳税义务。个人所得税采用分类征收制，税率按所得项目不同分别确定。

（9）契税

现行契税的基本规范，是 1997 年 10 月 1 日起施行的《中华人民共和国契税暂行条例》。契税以在中国境内转移土地、房屋权属为征税范围，以在中国境内转移土地、房屋权属承受的单位和个人为纳税人。契税采用幅度比例税率[①]。

（10）印花税

现行印花税的基本规范，是 1988 年 10 月 1 日起施行的《中华人民共和国印花税暂行条例》。印花税以税法明确列举的各类经济凭证为征税范围，印花税共有 13 个税目，包括经济合同、产权转移数据、营业账簿、权利许可证照和财政部确定征税的其他凭证共五类经济凭证，以在境内书立、使用、领受印花税法所列举的凭证并应依法履行纳税义务的单位和个人为纳税人。印花税采用比例税率和定额税率两种形式。

---

① 契税税率为 3%～5%。契税的适用税率，由省、自治区、直辖市人民政府根据其经济发展的实际情况，在规定的税率幅度内确定，并报财政部和国家税务总局备案。

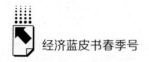

二 中国房地产业发展及税收状况分析

（一）中国房地产业发展状况

自 1998 年中国停止住房实物分配，逐步实行住房制度货币化以来，中国房地产业飞速发展，使这一行业逐步成为国民经济的重要支柱产业。1998 年中国房地产业增加值占国内生产总值的 4.05%，到 2014 年已经达到 6.09%，所占比例逐年上升，年均名义增长率达到 16.58%，比国内生产总值的年均名义增长率 13.51%，高了 3.07 个百分点（见表 4）。

表 4 1998～2014 年中国房地产业增加值与 GDP 状况

单位：亿元，%

年份	国内生产总值		房地产业增加值		房地产业增加值占 GDP 比
	绝对值	增长率	绝对值	增长率	
1998	84883.7	—	3434.5	—	4.05
1999	90187.7	6.2	3681.8	7.2	4.08
2000	99776.3	10.6	4149.1	12.7	4.16
2001	110270.4	10.5	4715.1	13.6	4.28
2002	121002.0	9.7	5346.4	13.4	4.42
2003	136564.6	12.9	6172.7	15.5	4.52
2004	160714.4	17.7	7174.1	16.2	4.46
2005	185895.8	15.7	8516.4	18.7	4.58
2006	217656.6	17.1	10370.5	21.8	4.76
2007	268019.4	23.1	13809.7	33.2	5.15
2008	316751.7	18.2	14738.7	6.7	4.65
2009	345629.2	9.1	18966.9	28.7	5.49
2010	408903.0	18.0	23569.9	24.3	5.76
2011	484123.5	18.4	28167.6	19.5	5.82
2012	534123.0	10.3	31248.3	10.9	5.85
2013	588018.8	10.1	35897.6	14.9	6.10
2014	636138.7	8.2	38766.6	8.0	6.09

资料来源：历年《中国统计年鉴》。

从图1可以看出，房地产增加值的增长率仅2004年、2008年、2014年低于国内生产总值的增长率，其余年份均高于国内生产总值的增长率。其中，2007年在达到一个时期内的高点33.16%后，2008年由于房地产政策调控及全球金融危机双重影响，房地产增加值增长率下探到历史低点6.73%，2009年又由于货币政策的松动和政策优惠的鼓励，触底反弹，达到历史第二高点28.69%。

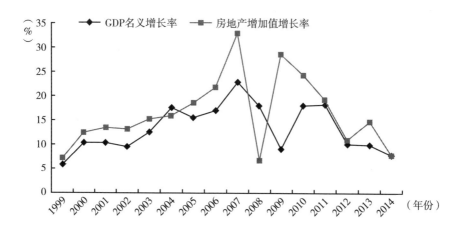

图1　1999~2014年房地产增加值与GDP总值增长率比较

（二）中国房地产业税收收入状况分析

随着房地产业的快速发展，房价也不断上涨，与之密切相关的房地产业税收收入也快速增加。2004~2014年，中国税收收入总量从24165.68亿元增加到129541.12亿元，10年间增加105375.44亿元，年均增长18.5%；房地产业税收收入从1369.64亿元增加到16619.08亿元，10年间增加15249.44亿元，年均增长29.0%，房地产业税收占税收收入总量的比例也从2004年的5.7%提高到12.8%，增加1.26倍。

另外，房地产业税收占GDP的比例逐年提高，从0.85%提高

到 2.61%，增加 2.07 倍；房地产业税负从 13.2% 增加到
21.78%，增加 65%。各种数据表明，随着房地产业经济的快速发
展，房地产业税收出现了大幅增长，房地产企业税负不断增加，
占税收收入的比例也不断提高，房地产业已经成为国民经济中最
重要的一个行业，为中国经济发展做出了巨大的贡献（见表5、
图2）。

表5 2004～2014年房地产业销售收入及税收收入状况

单位：亿元，%

年份	税收收入	房地产业销售收入	房地产业税收收入	房地产业税收占税收比重	房地产业税负
2004	24165.68	10375.70	1369.64	5.67	13.20
2005	28778.54	18080.00	1797.80	6.25	9.94
2006	34804.35	20510.00	2384.37	6.85	11.63
2007	45621.97	29889.12	3527.72	7.73	11.80
2008	54223.79	25068.18	3924.38	7.24	15.65
2009	63103.60	44355.17	4826.86	7.65	10.88
2010	77394.44	52721.24	6855.50	8.86	13.00
2011	95729.46	58588.86	8665.66	9.05	14.79
2012	110764.04	64455.79	12352.36	11.15	19.16
2013	119959.91	81428.28	15559.60	12.97	19.11
2014	129541.12	76292.41	16619.08	12.83	21.78

注：房地产业税负等于房地产业税收除以房地产业销售收入（非房地产业增加值）。
资料来源：历年《中国税务年鉴》和《中国统计年鉴》。

通过 2005～2015 年 GDP 名义增长率、税收收入增长率、房地产
业税收增长率、房地产业销售额增长率、销售均价增长率的比较，我
们可以看到，这五个增长率基本表现了一致的趋向性，在 2008 年均
出现了增长下滑，2009 年又表现出了增长加速。其中，GDP 名义增

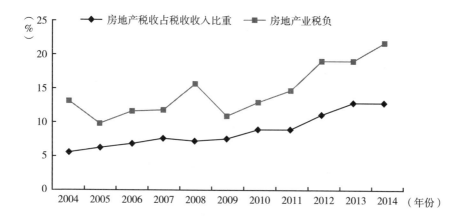

图2　2004~2014年房地产业税收占比及税负情况

长率作为整个经济体的综合反映，变化相对温和，年均增长14.85%，2007年最高23.14%，2014年最低8.18%，但长期趋势是增长率逐渐下降，表明中国经济发展经历21世纪前10年快速的粗放发展后转向相对平稳发展的新常态；税收收入总量增长率在大多数年份表现为快速的增长，长期趋势也是在增长率长期稳定在20%后逐渐下滑，年均18.47%，2007年最高31.08%，2014年最低7.99%；房地产业税收增长率相对于税收收入总量的增长，表现为增长率更高，变化幅度更大，年均28.98%，2007年最高47.95%，2014年最低6.81%，较税收收入总量的增长年均快10.51个百分点，且在除2014年外，增长率均大幅高于税收收入总量，甚至在2008年、2014年房地产销售额出现下降的情况下，房地产业税收依然维持了11.24%、6.81%的增长；房地产业销售额增长率在这10年间表现出了更大的不稳定性，2009年最高增长76.94%，2008年最低增长−16.13%，年均25.43%。

通过一系列比较发现，房地产业缴纳了越来越多的税款（另外房地产企业还需要承担巨额土地出让金、政府规费等），企业税负也在不断增加，而所有这些最终将汇入房价，由购房消费者承担（见表6、图3）。

表6　2005～2014年GDP名义增长率等指标一览

单位：%

年份	GDP名义增长率	税收收入增长率	房地产业税收增长率	房地产业销售额增长率
2005	15.67	19.09	31.26	74.25
2006	17.09	20.94	32.63	13.44
2007	23.14	31.08	47.95	45.73
2008	18.18	18.85	11.24	-16.13
2009	9.12	16.38	23.00	76.94
2010	18.31	22.65	42.03	18.86
2011	18.40	23.69	26.40	11.13
2012	10.33	15.71	42.54	10.01
2013	10.09	8.30	25.96	26.33
2014	8.18	7.99	6.81	-6.31

注：根据表4、表5资料计算得出。

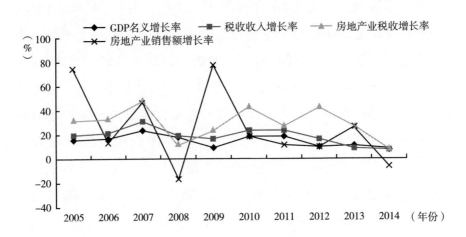

图3　2005～2014年GDP名义增长率等指标折线示意

（三）与房地产业直接相关的税收情况分析

1. "五税"与地方财政收入

目前，中国已建立了以房产税、城镇土地使用税、土地增值税、契税和耕地占用税5个税种（简称"五税"）为主体，以企业所得税、个人所得税、增值税、城建税及附征、印花税等相关税种为辅的房地产业税系结构，在提高稀缺土地资源的集约利用水平、引导房地产资源合理配置和提高地方财政收入等方面发挥了一定的作用。

近年来，耕地占用税、土地增值税、城镇土地使用税、房产税、契税的税收收入不断增加，2004年合计金额为1207.75亿元，2014年达到13711.27亿元，增加12503.52亿元，增幅为1035.27%，其中土地增值税和契税贡献了最多的增长量，分别为3839.63亿元，3421.00亿元，分别占"五税"增量的30.71%、27.36%；另外，耕地占用税、房产税、城镇土地使用税2014年较2004年分别增加1870.77亿元、1485.34亿元、1886.42亿元，占"五税"增量的14.96%、11.88%、15.09%。"五税"收入占地方财政收入的比重也逐年上升，从2004年的10.15%增加到2014年的18.07%，为地方财政收入的稳健增长提供了保证（见表7、图4）。

表7　2004~2014年中国房地产税收情况

单位：亿元，%

年份	开发环节	交易环节		保有环节		与房地产直接相关的五个税种合计	地方财政收入	五个税种合计占地方财政收入比
	耕地占用税	土地增值税	契税	房产税	城镇土地使用税			
2004	120.10	75.05	540.10	366.30	106.20	1207.75	11893.37	10.15
2005	141.90	140.31	735.10	435.90	137.32	1591.59	15100.76	10.54
2006	171.10	231.47	867.70	515.18	575.05	2361.33	18303.58	12.90
2007	185.00	403.12	1206.30	176.89	385.45	2356.84	23572.62	10.00

续表

年份	开发环节	交易环节		保有环节		与房地产直接相关的五个税种合计	地方财政收入	五个税种合计占地方财政收入比
	耕地占用税	土地增值税	契税	房产税	城镇土地使用税			
2008	314.40	537.44	1307.50	680.27	816.89	3659.68	28649.79	12.77
2009	632.84	719.56	1734.99	803.62	920.99	4812.52	32602.59	14.76
2010	888.64	1278.29	2464.85	894.07	1004.01	6530.75	40613.04	16.08
2011	1075.46	2062.79	2765.73	1102.39	1222.22	8229.44	52547.11	15.66
2012	1598.76	2719.06	2857.24	1372.48	1540.72	10088.82	61077.33	16.52
2013	1739.94	3293.92	3815.03	1581.50	1718.77	12149.52	69011.16	17.61
2014	1990.87	3914.68	3961.10	1851.64	1992.62	13711.27	75876.58	18.07

资料来源：历年《中国税务年鉴》。

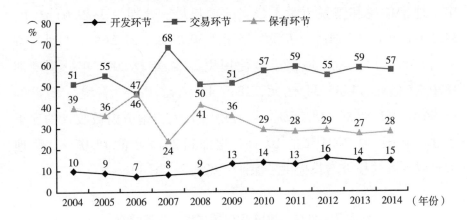

图4 2004～2014年中国房地产业各环节税收占比

2. 房产税、城镇土地使用税和土地增值税

现行房产税是以房产为课税对象，向房产所有人征收的一种财产税，城镇土地使用税是对占用城镇土地的单位和个人征收的另一种财产税，这两个税种具有征税范围广、税基稳定、税率较低等特点；土地增值税作为国家对房地产开发商和房地产交易市场进行调控、抑制炒买炒卖房产土地获取暴利的行为，对有偿转让国有土地使用权、地上建筑物及其他附着物，并取得增值收益的单位和个人征收的一个重要税种，自1994年开征，1995年仅收入0.3亿元，直到2004年收入才到达75亿元，占当年税收入的0.31%，而当年房产税、城镇土地使用税分别为366亿元、106亿元，合计为土地增值税的6.3倍。此后，由于房地产市场的异常火爆，国家陆续对房地产企业启动了按照销售收入预征土地增值税和项目竣工后的清算制度，使土地增值税的收入大幅增加，2014年该税种收入达到3915亿元，占当年税收入的3.02%，10年间增长51倍，比房产税、城镇土地使用税合计多70亿元，成为与房地产业相关的最关键的一个税种。

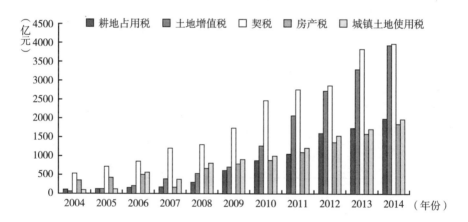

图5 2004～2014年房产税与城镇土地使用税等税种对比

（四）中国部分地区房地产业发展与税收分析

中国幅员辽阔，各地由于地理位置、人口数量、城镇化率、经济发展等因素不同，各地的房地产业发展水平也参差不齐，为了更直观地了解中国各地区房地产业的发展情况，我们从东北、东部、西部、中部地区各选择了一个有代表性的省份进行比较分析。

通过表8，我们可以直观地看到，东部地区发展比较好的代表浙江
省，面积最小，但地方财政收入、房地产业增加值、税收收入、房地
产销售额、销售单价均最高，体现了房地产业较高的发展水平。相对于
东部发达省份浙江，西部地区贵州省属于内陆落后山区，经济发展比较
滞后，虽然面积较浙江大了70%，但房地产业增加值仅为浙江省的
10.17%，房地产销售额、销售单价等指标也大幅落后于其余地区省份。

表8　2014年辽宁等四省份房地产业发展状况比较

项目 \ 省份	辽宁省	浙江省	贵州省	湖北省
面积(万平方公里)	14.59	10.20	17.60	18.59
人口(万人)	4391	5508	3508	5816
城镇化率(%)	67.05	64.87	40.01	55.67
GDP(亿元)	28626.58	40173.03	9266.39	27379.22
房地产业增加值(亿元)	1145.70	2166.86	220.48	1062.71
地方财政收入(亿元)	3192.78	4122.02	1366.67	2566.90
税收收入(亿元)	2330.57	3853.96	1026.70	1873.11
房地产业税收(亿元)	518.86	1024.28	217.77	599.56
销售面积(万平方米)	5754.81	4676.83	3178.12	5601.98
销售额(亿元)	3092.10	4293.00	1370.31	3088.31
销售单价(元/平方米)	5373.07	9179.29	4311.70	5512.89

资料来源：各省《2015年统计年鉴》。

在考虑了人口数量因素后，计算出人均GDP、人均房地产业增
加值和人均房地产业税收，东部地区的浙江省依然是遥遥领先，人均
房地产增加值较辽宁、湖北、贵州分别高50.77%、115.30%、
525.93%；人均房地产业税收比辽宁、湖北、贵州分别高57.37%、
80.39%、199.57%，均体现出房地产业较高的发展水平。

房地产业的发展带来了对税收收入和地方财政收入的贡献，东部
地区浙江省房地产业税收对税收收入和地方财政收入的贡献分别为
26.58%、24.85%，而西部地区贵州省仅为21.21%、15.93%。中

部地区湖北省由于税收总量偏小，导致房地产业税收占税收收入比为 32.01%。

（五）房地产业与其他行业税收负担比较

作为国民经济的支柱产业，房地产业与其他行业相比，除土地增值税以外，大部分税种都是一样的，而政府性收费有一定的差别。也就是说，增值税、城市维护建设税（教育费附加）、企业所得税以及城镇土地使用税、房产税、契税、印花税不仅房地产企业要负担，其他行业企业也可能会负担，但是房地产企业是同时要负担这所有的税种。而且，其他行业一般不需要负担房地产业缴纳的各项费种。因此，与其他行业企业相比，房地产企业的税费负担非常重，而且不够合理，特别是税种设置、税费分置以及税收级次划定等方面存在很多的问题。这里选取国民经济的 4 个重要支柱产业，来进行税负的比较，从中我们可以看出房地产企业所面临的税收压力。

表9　2014 年房地产行业与其他行业纳税指标比较

单位：亿元，%

行业名称	营业收入	净利润	应纳税额	净利润率	税负率
金融业	14968.62	3673.55	2058.67	24.5	13.75
房地产业	1930.55	310.61	312.05	16.1	16.16
交通仓储业	4848.74	705.09	295.96	14.5	6.10
信息技术业	3023.28	193.14	92.22	6.4	3.05

资料来源：《2015 年中国统计年鉴》。

（六）中国税收调控对房地产业的影响分析

在中国，调控房地产市场的经济杠杆主要是金融政策和税收政策，调控方法主要是基于过热或过冷的房地产市场表现，实行紧缩型

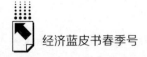

房地产调控政策或宽松型房地产调控政策。从近几年宏观调控的性质上判断，房地产税收调控政策可以分为三个阶段。

第一阶段：2003年初至2008年上半年，紧缩型房地产调控阶段。2003年后，中国出现了经济过热迹象，房地产投资快速增长，房地产业增加值由2003年的6172.7亿元增加到2007年的13809.7亿元，年均名义增长率为21.06%，其中2007年达到33.16%。房地产价格大幅上涨，房地产市场秩序比较混乱。为此，政府各部门频繁出台诸多政策对房地产市场进行调控。在这一阶段，配合国务院对于房地产业过热的现象进行调控的要求，财政部、国家税务总局分别出台了针对居民个人和房地产开发企业适用的税收政策。

对于居民个人而言，个人销售住房开始缴纳营业税。2005年5月27日，财政部、国家税务总局、建设部联合发文（国税发〔2005〕89号），调整个人出售住房营业税政策，"2005年6月1日后，个人将购买不足2年的住房对外销售的，应全额征收营业税。对个人购买的非普通住房超过2年（含2年）对外销售的，按其售房收入减去购买房屋价款后的差额缴纳营业税"。2006年5月30日，国税总局发文（国税发〔2006〕74号），对仅执行了1年的二手房营业税政策进行修改，将2年免税期延长为5年，进一步加大了投机炒作的税收成本。

对于房地产开发企业而言，其土地增值税一直处于预缴状态，但国家税务总局于2007年1月发出《关于房地产开发企业土地增值税清算管理有关问题的通知》，规定自2007年2月1日起，土地增值税由预征转为清算，进入土地增值税实质性征收阶段，直接增加了房地产开发企业的税收负担。

通过图6可以看出，虽然2005～2007年，中国针对居民个人和房地产开发企业出台了一系列税收调控政策，但收效甚微，2005～2007年房地产业销售额和销售均价都快速攀升，2007年房地产业销售额与销售均价都创下历史高位,直至 2008 年发生金融危机,房地产业销售额与销售均价双双下滑。

图 6　2003~2014 年中国房地产业销售

　　第二阶段:2008 年下半年至 2009 年上半年,宽松型房地产调控阶段。2008 年,受经济危机影响,中国经济以拉动内需为主。为了拯救经济并促进经济更好发展,房地产调控政策开始松绑。在这一阶段,财政部、国家税务总局规定,自 2008 年 11 月 1 日起,对个人住房交易环节的税收政策做出调整,对个人首次购买 90 平方米及以下普通住房的,契税税率暂统一下调到 1%;对个人销售或购买住房暂免征收印花税;对个人销售住房暂免征收土地增值税[①],并规定地方政府可制定鼓励住房消费的收费减免政策。与此同时,国务院办公厅出台政策,规定个人购买普通住房超过五年(含五年)转让免征营业税改为超过两年(含两年)转让免征营业税;将个人购买普通住房不足两年转让的,由按其转让收入全额征收营业税改为按其转让收入减去购买住房原价的差额征收营业税。[②] 上述税收优惠政策直指普

---

① 《关于调整房地产交易环节税收政策的通知》,财税〔2008〕137 号。
② 《关于促进房地产市场健康发展的若干意见》,国办发〔2008〕131 号。

通住宅，目标在于通过降低交易环节的税负来降低住房的建设成本和
交易成本，促进房地产市场的理性回归。

通过图7看出，宽松的税收政策与金融政策共同作用，促使房地
产市场经历了2008年短暂的低迷后迅速走向火爆的发展过程，销售
额与销售均价都大幅攀升。

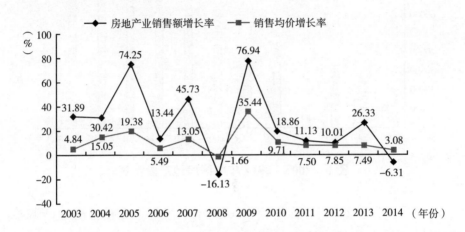

图7   2003～2014年中国房地产业销售情况

第三阶段：2009年下半年至2014年下半年，紧缩型房地产调控
阶段。受国际、国内经济影响，从2009年二季度开始，国际、国内
经济企稳，特别是国内GDP增速比第一季度高出1个百分点，消费
者对经济好转信心增强；2009年实施的一系列优惠政策及市场销售
好转使投资投机购房行为死灰复燃，商品房和住宅销售面积及其增速
双双提升。在这一阶段，伴随着收紧二套房贷等货币政策，国家税务
总局制定《土地增值税清算管理规程》①，规定自2009年6月1日起
对土地增值税清算的前期管理、清算受理、清算审核和核定征收等具
体问题做出具体规定，以加强房地产开发企业的土地增值税征收管

---

① 《关于印发〈土地增值税清算管理规程〉的通知》，国税发〔2009〕91号。

理。2009 年 12 月，财政部、国家税务总局规定，自 2010 年 1 月 1 日起，个人住房转让营业税征免时限由两年恢复到五年①，即个人将购买不足五年的非普通住房对外销售的，全额征收营业税；个人将购买超过五年（含五年）的非普通住房或者不足五年的普通住房对外销售的，按照其销售收入减去购买房屋的价款后的差额征收营业税；个人将购买超过五年（含五年）的普通住房对外销售的，免征营业税。2011 年 1 月 27 日，财政部、国家税务总局为了促进房地产市场健康发展，规定自 2011 年 1 月 28 日起，个人将购买不足 5 年的住房对外销售，不再区分普通住宅和非普通住宅，均要全额征收营业税②。

上述政策遏制了房价过快上涨，对抑制房地产炒买炒卖、投机性购房消费行为起到了一定的作用。

第四阶段：2015 年上半年至现在，宽松型房地产调控阶段。受到国际经济环境疲软及中国经济结构调整影响，出口、投资均表现不佳，GDP 增长率持续下探到 7.3%，为了提振经济，2015 年 3 月 30 日，财政部、国家税务总局发文再次将普通住宅 5 年免税期改为 2 年③。2016 年 2 月 17 日，财政部、国家税务总局、住房和城乡建设部再次调整房地产交易环节契税、营业税优惠政策，除北京、上海、广州、深圳外，对个人购买家庭唯一住房，面积为 90 平方米及以下的，减按 1% 的税率征收契税；面积为 90 平方米以上的，减按 1.5% 的税率征收契税。对个人购买家庭第二套改善性住房，面积为 90 平方米及以下的，减按 1% 的税率征收契税；面积为 90 平方米以上的，减按 2% 的税率征收契税。个人将购买不足 2 年的住房对外销售的，全额征收营业税；个人将购买 2 年以上（含 2 年）的住房对外销售的，免征营业税。④

---

① 《关于调整个人住房转让营业税政策的通知》，财税〔2009〕157 号。
② 《财政部国家税务总局关于调整个人住房转让营业税政策的通知》，财税〔2011〕12 号。
③ 《关于调整个人住房转让营业税政策的通知》，财税〔2015〕39 号。
④ 《关于调整房地产交易环节契税 营业税优惠政策的通知》，财税〔2016〕23 号。

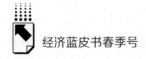

近些年来，中国中央政府和地方政府在完善房地产开发行业管理和改进房屋及土地使用权的交易环节税费方面开展了卓有成效的工作，极大地推进了中国房地产业以及房地产市场的健康、快速发展。但是，与房地产税收快速增长的现象相反的是，房地产税收虽已成为国家财政收入的重要来源，但房地产税收制度改革一直进展缓慢，房地产税收制度的滞后与房地产业的快速发展和重要地位极不相称。同时，房产税制体系构成中存在税种重叠、税基狭窄、税租费混杂、"重流轻存"、税收政策相对滞后等一系列问题。因此，房地产业税收制度建设的连续性与稳定性目标和房地产业健康发展目标，都要求中国政府及时纠正房地产税收政策短期化现象，研究制定房地产税收制度改革的近期、中期和远期规划。

三 研究结论与建议

本报告从房地产商品税、房地产财产税、房地产所得税和房地产其他税的角度梳理了现行房地产税收体系，分析了1998～2015年房地产业的经济发展与国内生产总值、税收收入总量、地方财政收入之间的规律性变化，将中国房地产业经济与房地产业税制及税收收入、税负进行了全面分析，还从中国东部、东北、西部、中部各选取一个有代表性的省份进行比较，分析由人口、地理位置区别导致的房地产业发展快慢与所导致的税收差异，并将房地产业的税收负担与其他行业进行比较分析。

（一）主要结论

1. 房地产业为中国经济的快速增长做出了巨大贡献

房地产业作为国民经济新的增长点，在中国经济发展中发挥着越来越重要的作用，所占国内生产总值的比例越来越高，并且和国内生产总值相互作用、同向变化，但更容易受到外部环境、货币政策、税收政策的影响，表现出更大的不稳定性。

2. 房地产税收应该成为地方税收收入的主要来源

以 OECD 国家为例，2011 年 34 个国家中，房地产税收入占地方税收总额比重超过 50% 的有 13 个，超过 30% 的有 19 个。特别是澳大利亚、英国、爱尔兰，将房地产税作为地方唯一税种。如此可见，国际上许多税制比较成熟的地方政府税收收入结构中，房地产税占据主体地位。除此之外，地方政府在税率等方面拥有较大的自主权。而中国在 2011 年，房地产税收入占地方税收总额仅为 16.49%。

3. 房地产税收职能有作用但不可无限放大

税收对于调控房地产市场发展能够发挥一定的作用，可以根据不同发展时期的着力点调整税收政策进行有效调控。作为国家对房地产经济领域的主要干预手段，中国房地产税收的目的非常明确：一是为政府筹措资金用于各种公共开支；二是为达到特定的经济和社会目的进行调节。这同时也说明了房地产税收的职能。中国房地产兼具两种职能并发挥着作用，只是不同时期作用点和着力点有所侧重而已。税收只是影响房地产市场发展的因素之一，其调控作用不应被无限夸大。影响房地产市场发展的因素有很多，税收只是影响房地产市场发展的因素之一。许多因素对于房地产市场的影响甚至大于税收，如房地产收费、房改政策、经济发展状况等。

因此，不必指望单纯通过税收政策来左右房地产发展速度和规模的行为。房地产税的主要职能是取得财政收入，其次是调节房地产业发展和市场供求关系，无限夸大房地产税收职能会产生一系列问题。

4. 房地产税收制度有缺陷且不可被忽视

从税种设置看，涉及房地产业的多达 10 种，中国目前房地产总体税负水平已经很高，但收费项目繁多、比重较高，有多少种至今没

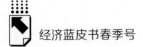

有权威统一的说法，曾给出具体数目的是全国人大代表陈万志，他在2010年两会上公开，涉及房地产的收费有50项之多。

从税收类别看，中国现行房地产税收制度涉及现行税制的所有税类，存在税种重叠设置的问题，重复征税在所难免，如增值税与土地增值税之间、对房屋产权发生转移时征收的契约与印花税之间，均存在明显的重复征税现象。这些重复课征的税收通过税负转嫁体现在房价之中，使普通老百姓成为房地产税的实际负税人了；另外，缺少必要的税种，如国际通用的不动产税、遗产和赠与税、土地闲置税等均未开设。

从税收结构看，房地产领域不同环节的税负水平理应保持适当比例，但在中国的房地产税制体系构成中，房地产交易环节税负偏高，保有环节税收流失严重导致税负偏低。主要的税种都集中在房地产的流转环节，并且常常是对同一课税对象数税并征，而房地产的保有环节名义税负较高，但由于税收流失严重，实际税负水平极低，房屋在保有阶段除用于经营外，几乎不必缴纳任何费用。

从税收效用看，房地产保有环节税负水平过低，意味着对于土地和房屋占有者缺少经济上的约束，易造成土地和房屋闲置，导致房地产利用效率低下，资源浪费严重，难以发挥房地产税应有的调节存量财富分配的功能；另外，政府从把土地出让出去，通过公共设施和基础设施建设大大改善了居民的生活环境，从而带来了土地增值，但是几年甚至十几年得不到土地产生的任何收益，因此对保有阶段的不动产征税成为建立中国房地产税收政策体系的切入点。

（二）若干建议

针对中国现行房地产税收政策中税种繁多、税负分布不合理和重复征税等问题，必须对现有房地产税收政策的结构进行合理的调整，平衡生产开发、转让处置、保有使用三个阶段的税负水平。从国外的实践看，在房屋的取得、保有和转让三个阶段都需要征收一定的税收，而中国在保有阶段征收的税费极少，这样的税收体系进一步刺激了住房的投机性需求。因此，从构建房地产税收政策体系的目标出发，一方面，应该在三个不同的环节都课征相应的税收，体现全面调节原则；另一方面，三个环节的税收要合理搭配，并借鉴国际经验，加大保有环节的税收比重，体现重点调节的原则，同时降低开发及转让环节的税负水平。这一点也是由房地产的特点决定的，因为保有环节是房地产的最终环节，而且最能够充分体现房地产的市场价值。

1. **降低开发及转让环节的税负水平**

可以通过减少开发及转让环节的税种来达到简化税种、方便征缴的目的，进而降低该环节的税收成本。例如，既然征收土地出让金，就可以取消耕地占用税，又如，将印花税与契税取消，因为房产交易环节的印花税和契税对财政收入没有什么帮助。再如，将房产税和城镇土地使用税合并为不动产税，并且主要在房地产保有阶段征收。

2. **在房地产保有阶段根据房地产市场的发展情况对土地和房产征收不动产税**

中国历次政策调控都强调了税收政策在调整住房结构和打击房地产投机中的作用，但现有的税收政策主要还是在交易环节上做文章，没有保有环节税收的房地产税收体系是不健全的。如果出台房地产保有阶段的不动产税，按照"宽税基，简税制，低税率"的税制原则对房地产行业的税制进行涉及，加大对保有环节的征税，加大房产税改革试点范围，合并房产税、物业费和城镇土地使用税。

3. **房地产流转环节存在土地增值税和增值税的交叉问题**

在房地产销售环节缴纳了增值税，而在房产完工环节和转让二套房的时候又针对房产增值部分缴纳土地增值税，这不仅加重了房地产业的税负，也不利于税制公平。因为土地增值税本身同增值税有共同之处，都是对增值部分进行征税，因此在营改增后取消土地增值税这

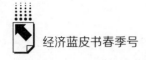

一项目。

4. 从房地产税收政策体系的健全来说，还应该新增遗产和赠与税、土地闲置税等国际上通用的必要的税种

美国住房交易主要涉及三类税收：个人所得税、交易税、遗产和赠与税。其中，遗产和赠与税只在住房价值超过 60 万美元的遗产或在每次赠与价值超过 100 万美元时缴纳，实际很少影响普通住房交易。可以通过细则规定，对不动产赠与进行专门的税种设定，增加高档住房赠与的税收负担，或者提高持续通过"假赠与"进行投机的成本，这些都符合促进房地产业健康发展的大趋势。

5. 简并税费，完善多环节多税种的房地产税收体系

为减轻房地产企业前期开发的沉重的税费负担，根据税费租合理负担原则，必须从立法上来界定地租、税收以及其他各项收费的界限，一方面，严格加强对房地产行业收费的立法，对房地产收费实现法制化，另一方面，也对地方政府行政管理机关的收费行为进行规范。

参考文献

袁玲子：《中国房地产业的投入分析》，《企业改革与管理》2016 年第 4 期。

易成栋、童怡：《基于三次经济普查的中国房地产业发展研究》，《中国房地产》2016 年第 1 期。

刘洋、黄稚渊等：《中国房地产业的商业模式》，《科技促进发展》2016 年第 3 期。

胡晓菲、曹泽：《中国房地产业与国民经济发展耦合协调性研究》，《安徽建筑大学学报》2016 年第 6 期。

高美琳：《中国房地产业的投入产出分析》，《现代国企研究》2016 年第 5 期。

谷方龙：《房地产业税收风险管理探析》，《合作经济与科技》2015 年第 8 期。

徐文：《房地产业税收制度研究》，东北财经大学硕士学位论文，2013。

郭慧丽、刘树庚：《房地产业税收管理存在的问题及对策研究》，《扬州大学税务学院学报》2008 年第 9 期。

B.11
2017年我国外贸形势分析与展望

刘建颖　金柏松*

摘　要： 在全球经济持续深度调整、复苏乏力、挑战上升的背景下，2016年中国对外贸易增速有所下降，但以人民币计价的降幅和以美元计价的降幅分别较2015年收窄6.1个和1.2个百分点，进出口数量指数则呈现企稳回升态势。2017年，国际环境复杂性进一步凸显，地缘政治风险、国际政治格局变化、经济规则受到前所未有的挑战等都将带来很大的不确定性和多重影响，中国对外贸易面临的压力依然较大，但中国经济、对外贸易表现出较大韧性，结构调整逐步推进，将是全球经济和全球贸易发展的"压舱石"和"稳定器"。建议中国与美国全面开展经济合作，化解分歧，这将有助于全球经济和全球贸易穿越不确定性迷雾，为世界提供更多发展机遇。

关键词： 进出口　外贸结构　多元化

2016年以来，全球经济仍处于复合型危机后的深度调整期，经济复苏乏力，市场需求疲弱，我国外贸发展下行压力持续。在各方努

---

* 刘建颖，商务部研究院副研究员，博士；金柏松，商务部研究院研究员、教授。

力下，尽管 2016 年全年我国外贸增速有所下降，但以人民币计价的降幅和以美元计价的降幅分别较 2015 年收窄 6.1 个和 1.2 个百分点，并呈现前低后高、稳中向好的态势。2017 年，国际环境复杂性进一步凸显，地缘政治风险、国际政治格局变化、经济规则受到挑战等将带来诸多不确定性和多重影响，中国对外贸易依然面临较大压力和困难。

一 当前我国外贸运行要点

2016 年全年，按人民币计价，我国货物贸易进出口总值 24.3 万亿元，比上年下降 0.9%。其中，出口 13.8 万亿元，下降 2.0%，与我们上年初预测完全一致；进口 10.5 万亿元，增长 0.6%，好于我们的预测值；贸易顺差 3.4 万亿元，收窄 9.1%。按美元计价（见图 1），2016 年我国货物贸易进出口总值 3.7 万亿美元，下降 6.8%。其中，出口 2.1 万亿美元，下降 7.7%；进口 1.6 万亿美元，下降 5.5%；贸易顺差 5099.6 亿美元，收窄 14.2%。2017 年前两个月，我国外贸开局明显向好：按人民币计价，进出口增长 20.6%；按美元计价，进出口增长 13.3%，说明我们 2016 年底预测外贸将企稳回升的结论正在应验①。

（一）进出口呈现逐季回稳态势

2016 年我国进出口呈现前低后高、逐季回稳向好态势。按人民币计价，第一至第四季度，我国进出口增速分别为 - 8.2%、 - 1.1%、0.8% 和 3.8%。其中，出口增速分别为 - 7.9%、 - 0.8%、 - 0.3% 和 0.3%；进口增速分别为 - 8.6%、 - 1.5%、2.3% 和

---

① 李扬主编《2016 年中国经济前景分析》，社会科学文献出版社，2016。

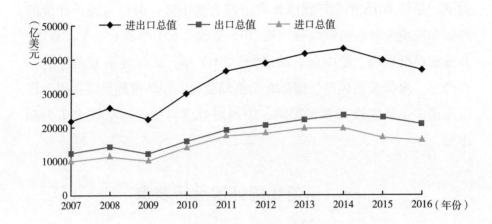

图1　我国货物贸易进出口
总值年度统计

8.7%。2017年前两个月，按人民币计价，我国进出口、出口和进口增速分别为20.6%、11.0%和34.2%；贸易顺差收窄46.1%。

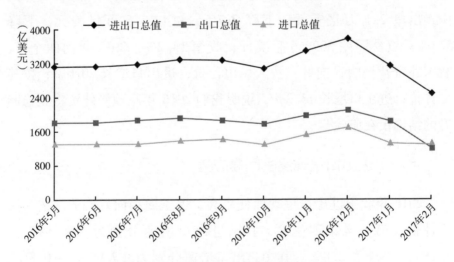

图2　我国货物贸易进出口总值月度
统计（以美元计价）

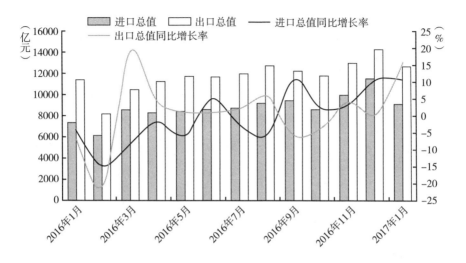

图3　我国货物贸易进出口月度统计（以人民币计价）

（二）贸易方式结构持续优化

按人民币计价，2016年我国一般贸易进出口13.39万亿元，增长0.9%，占我国进出口总值的55%，比2015年上升1个百分点。加工贸易进出口7.4万亿元，下降4.9%，占我国进出口总值的30.2%。其中，中西部地区加工贸易进出口同比增长3.2%，占我国外贸总值的比重较2015年提升1.3个百分点。我国加工贸易增值率为45%，提高约1个百分点。按美元计价，2016年我国一般贸易进出口20283.1亿美元，下降5.1%。加工贸易进出口11125.8亿美元，下降10.5%。跨境电子商务、市场采购贸易、外贸综合服务企业等外贸新业态继续保持良好增长态势，正成为我国对外贸易新的增长点。

2017年前两个月，我国一般贸易进出口2.18万亿元，增长20.5%，占我国外贸总值的56%，与上年同期基本持平。其中出口1.11万亿元，增长5.4%，占出口总值的53.1%；进口1.07万亿元，增长41.5%，占进口总值的59.4%；一般贸易项下顺差438.7亿元，收窄 85.4%。同期,我国加工贸易进出口 1.12 万亿元,增长 15.5%,占我国外贸总值的 28.9%,比上年同期回落 1.3 个百分点。其中出口 7156.2 亿元,增长 14.3%,占出口总值的 34.2%;进口 4083.2 亿元,增长 17.8%,占进口总值的 22.7%;加工贸易项下顺差 3073 亿元,扩大 10%。我国以海关特殊监管方式进出口 4222.8 亿元,增长 31.3%,占我国外贸总值的 10.9%。其中出口 1299.2 亿元,增长 11.9%,占出口总值的 6.2%;进口 2923.6 亿元,增长 42.3%,占进口总值的 16.3%。

(三)积极向"优进优出"转变

进口方面,部分先进技术、关键零部件和重要设备等高新技术产品进口有较快增长。按人民币计价,2016 年我国机电产品进口增长 1.9%,其中涡轮喷气发动机进口增长 26.8%,船舶增长 26.6%,计量检测分析自控仪器及器具增长 10.7%。大宗商品方面,进口铁矿石、原油、煤、钢材和铜的数量分别增长 7.5%、13.6%、25.2%、3.4% 和 2.9%。2016 年,我国进口价格总体下跌 2.1%。原油、铁矿石、铜精矿等 10 类大宗商品减少付汇约 4100 亿元,进口质量和效益进一步提升。

2017 年前两个月,我国机电产品进口 7794.6 亿元,增长 22.2%;其中汽车 16 万辆,增加 41.3%。我国铁矿砂、原油、煤等主要大宗商品进口量价齐升。具体地,我国进口铁矿砂 1.75 亿吨,增加 12.6%,进口均价为每吨 532.1 元,上涨 83.7%;原油 6578 万吨,增加 12.5%,进口均价为每吨 2673.6 元,上涨 60.5%;煤 4261 万吨,增加 48.5%,进口均价为每吨 640.7 元,上涨 1.1 倍;成品油 498 万吨,减少 5.9%,进口均价为每吨 3305.6 元,上涨 48.6%;初级形状的塑料 472 万吨,增加 30.9%,进口均价为每吨 1.12 万元,上涨 9.7%;钢材 218 万吨,增加 17.6%,进口均价为每吨 6993.2

元，上涨6.3%；未锻轧铜及铜材72万吨，减少15.8%，进口均价为每吨4.31万元，上涨31.5%。

出口方面，机电产品、传统劳动密集型产品仍为出口主力。按人民币计价，2016年我国机电产品出口下降1.9%，占我国出口总值的57.7%。但其中部分商品出口增长，汽车整车出口同比增长7.2%，医疗仪器及器械、电动机及发电机、蓄电池、汽车零配件和纺织机械出口分别增长6.1%、5%、4%、3.5%和3%。传统七大类劳动密集型产品出口下降1.7%，占出口总值的20.8%。其中，纺织品、塑料制品和玩具出口分别增长1.9%、0.5%和24.9%，依然保持良好的竞争优势。按美元计价，2016年我国机电产品出口1.2万亿美元，同比下降7.7%。传统七大类劳动密集型产品出口4362.3亿美元，同比下降7.6%，其中，纺织品、服装、箱包、鞋类、玩具、家具、塑料制品出口分别下降4.1%、9.7%、11.9%、12.1%、17.3%、9.5%和5.7%。

按人民币计价，2017年前两个月，我国机电产品出口增长13.8%，占出口总值的58.4%。传统七大类劳动密集型产品合计出口增长1.1%，占出口总值的20%。此外，肥料出口330万吨，减少13%；钢材1317万吨，减少25.7%；汽车12万辆，增加35.8%。

表1　2016年我国进出口价格、数量、价值同比指数（上年同期 = 100）

月份	出口价格同比指数	出口数量同比指数	出口价值同比指数	进口价格同比指数	进口数量同比指数	进口价值同比指数
1	93.9	99.4	93.3	86.9	98.2	85.3
2	99.0	80.2	79.4	90.5	101.7	92.1
3	96.3	123.3	118.7	88.4	111.2	98.3
4	97.4	106.9	104.1	96.1	98.1	94.3
5	96.7	104.6	101.2	95.2	110.4	105.1
6	97.7	103.7	101.3	96.6	101.1	97.7
7	98.1	104.9	102.9	97.1	97.1	94.3
8	99.1	106.9	105.9	101.0	109.7	110.8

续表

月份	出口价格 同比指数	出口数量 同比指数	出口价值 同比指数	进口价格 同比指数	进口数量 同比指数	进口价值 同比指数
9	96.9	97.4	94.4	99.2	103.0	102.2
10	98.7	97.9	96.6	101.0	102.2	103.2
11	97.9	108.2	105.9	104.0	108.6	113.0

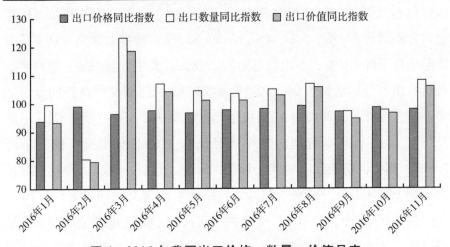

图4　2016年我国出口价格、数量、价值月度
同比指数（上年同期＝100）

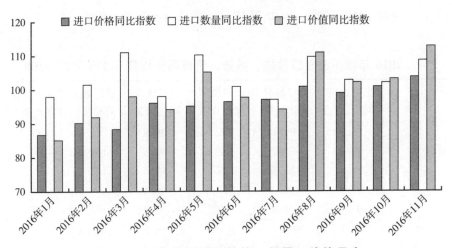

图5　2016年我国进口价格、数量、价值月度
同比指数（上年同期＝100）

表2 2015年我国进出口价格、数量、价值同比指数（上年同期＝100）

月份	出口价格同比指数	出口数量同比指数	出口价值同比指数	进口价格同比指数	进口数量同比指数	进口价值同比指数
1	100.4	96.5	96.8	90.4	88.8	80.3
2	96.7	153.9	148.9	90.7	88.1	79.9
3	99.7	85.6	85.4	89.5	98.1	87.7
4	98.5	95.2	93.8	87.2	96.2	83.9
5	97.7	99.5	97.2	87.2	93.9	81.9
6	100.5	101.6	102.1	90.7	102.8	93.3
7	99.3	92.0	91.3	88.7	103.0	91.4
8	96.5	97.2	93.9	85.0	100.7	85.6
9	101.1	97.8	98.9	86.6	95.1	82.3
10	101.1	97.8	98.9	86.6	95.1	82.3
11	101.0	95.1	96.1	88.0	107.3	94.4
12	97.1	105.3	102.3	87.6	109.5	96.0

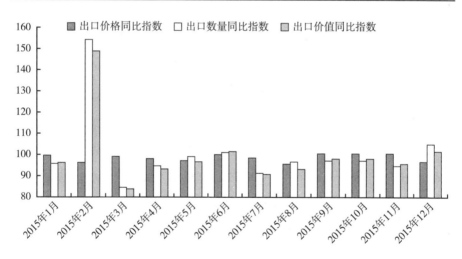

图6 2015年我国出口价格、数量、价值月度
同比指数（上年同期＝100）

（四）贸易伙伴继续呈多元化发展

按人民币计价，2016年我国对欧盟出口增长1.2%、对美国出口

265

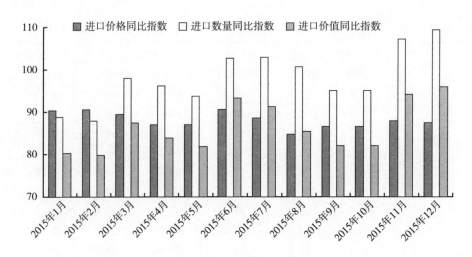

图7 2015年我国进口价格、数量、价值月度
同比指数（上年同期＝100）

微增0.1%、对东盟出口下降2%，三者合计占我国出口总值的46.7%。我国对部分"一带一路"沿线国家出口增长较快。2016年，我国对巴基斯坦、俄罗斯、波兰、孟加拉国和印度等国出口分别增长11%、14.1%、11.8%、9%和6.5%。按美元计价，2016年我国对美国、欧盟、日本进出口同比分别下降6.7%、3.1%和1.3%。

2017年前两个月，欧盟、美国、东盟和日本依次为我国前四大贸易伙伴：中欧贸易总额5830.2亿元，同比增长15%，占我国外贸总额的15%；中美贸易总额5473.1亿元，同比增长18.9%，占我国外贸总额的14.1%；中国与东盟贸易总额4748.2亿元，同比增长24.2%，占我国外贸总额的12.2%；中日贸易总额2942.9亿元，同比增长20.1%，占我国外贸总额的7.6%。

（五）民营企业对外贸易活力迸发

我国民营企业出口占比继续保持首位，内生动力进一步增强。民营企业对外贸易活力迸发，表明我国外贸的创新能力、活跃程度和质

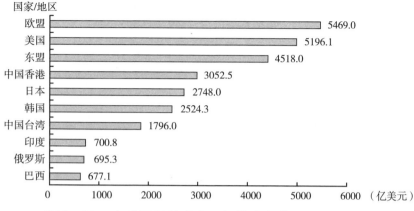

图8 2016年我国累计进出口规模排名前十大贸易伙伴

量效益持续增强。一大批外贸企业通过持续不断的创新驱动、自主研发取得了逆势增长，我国外贸竞争新优势培育工作成效明显。

按人民币计价，2016年我国民营企业进出口9.3万亿元，增长2.2%，占我国外贸总值的38.1%，比上年上升1.2个百分点。其中，出口6.4万亿元，下降0.2%，占出口总值的45.9%，继续保持出口份额居首的地位；进口增长8.1%。我国外商投资企业、国有企业进出口分别下降2.2%和5.6%。

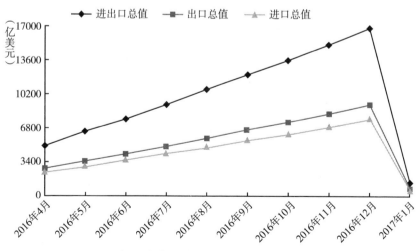

图9 我国外商投资企业进出口总额（月度）

2017 年前两个月，我国民营企业进出口 1.42 万亿元，增长 18.8%，占我国外贸总值的 36.5%，较上年同期下降 0.6 个百分点。其中，出口 9344 亿元，增长 10.1%，占出口总值的 44.7%；进口 4863.4 亿元，增长 40.1%，占进口总值的 27%。外商投资企业进出口 1.76 万亿元，增长 17.3%，占我国外贸总值的 45.1%。其中，出口 9224.4 亿元，增长 11.7%，占出口总值的 44.1%；进口 8327.5 亿元，增长 24.1%，占进口总值的 46.3%。国有企业进出口 6998.6

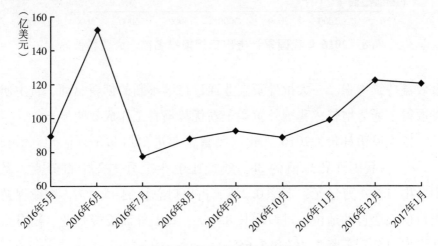

图 10　我国实际使用外资金额情况（月度）

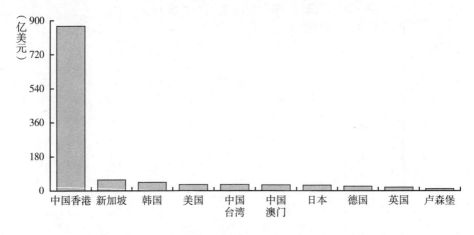

图 11　2016 年对中国直接投资排名前十位国家/地区

亿元，增长35.6%，占我国外贸总值的18%。其中，出口2331.8亿元，增长11.9%，占出口总值的11.1%；进口4666.8亿元，增长51.7%，占进口总值的26%。

二　我国地方省份经济、贸易情况

（一）地方省份GDP增速排名情况

如表3所示，2016年，在我国31个省份中，GDP排名前三的省份依次是广东、江苏和山东。其中，广东省的GDP总量已经连续28年保持全国首位。从GDP总量看，2016年排名前六的省份依次是广东、江苏、山东、浙江、河南和四川，和上年相同。从人均GDP来看，2016年我国东部省份表现总体较好，前三名依次是天津、北京和上海，其人均GDP均超过11万元/人。从GDP增长速度看，2016年重庆的GDP增速位居全国之首，中西部省份如贵州和江西等也表现出色，辽宁、山西和黑龙江三省的GDP增速已经连续三年垫底。

【经验借鉴】广东省国内生产总值（GDP）领跑全国的金钥匙

广东省GDP总量已连续28年居全国之首。由于其技术含量、第三产业占经济的比重以及经济对外开放水平均较高，广东省的GDP含金量高，经济增长消耗的资源环境成本相对较低，增长潜力大。广东省聚集了全国最多的高新技术企业，智能制造、创新发展等促进了广东省实体经济的提质增效。2016年全年，广东省共有11264家企业获得科技部的高新技术企业认定，是高新技术企业数量排名第二的江苏省的两倍多。截至2016年底，广东省高新技术企业达到19857家，居全国第一。其中，珠三角地区18880家，深圳8073家，广州4744家。广东省民营企业活力空前，正成为其经济增长的主力军。2016年，广东省民营经济增加值为42578.76亿元，同比增长7.8%，占其GDP的比重为53.6%，对全省经济增长的贡献度为55.5%。其

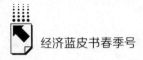
表3 我国31个省份2016年GDP总量及其增速

单位：亿元，%

地区	2016年GDP总量	GDP总量排位	2016年GDP增速	排位
广东	79512.05	1	7.5	20
江苏	76086.17	2	7.8	14
山东	67008.19	3	7.6	16
浙江	46484.98	4	7.5	20
河南	40160.01	5	8.1	9
四川	32680.50	6	7.7	15
湖北	32297.91	7	8.1	9
河北	31827.86	8	6.8	26
湖南	31244.68	9	7.9	13
福建	28519.15	10	8.4	8
上海	27466.15	11	6.8	26
北京	24899.26	12	6.7	28
安徽	24117.87	13	8.7	6
辽宁	22037.88	14	−2.5	31
陕西	19165.39	15	7.6	16
内蒙古	18632.57	16	7.2	24
江西	18364.41	17	9.0	4
广西	18245.07	18	7.3	23
天津	17885.39	19	9.0	4
重庆	17558.76	20	10.7	1
黑龙江	15386.09	21	6.1	29
吉林	14886.23	22	6.9	25
云南	14869.95	23	8.7	6
山西	12928.34	24	4.5	30
贵州	11734.43	25	10.5	2
新疆	9617.23	26	7.6	16
甘肃	7152.04	27	7.6	16
海南	4044.51	28	7.5	20
宁夏	3150.06	29	8.1	9
青海	2572.49	30	8.0	12
西藏	1150.07	31	10.0	3

民营经济的产业结构持续改善，第三产业比重为50.8%，较上年提高0.4个百分点。2017年广东省政府工作报告中提出了"9＋6"融合发展，将珠三角9市和环珠三角6市组成大珠三角经济区，推动珠三角和环珠三角地区融合发展，这将为广东省经济的继续腾飞再次带来崭新的发展机遇。

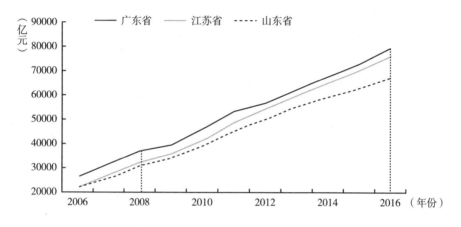

图12 2006～2016年广东、江苏和山东三省份GDP

（二）地方省份进出口额情况

2016年，出口额排名前五的省份依次是广东、江苏、浙江、上海和山东。其中，广东、江苏分别出口5989亿美元和3193亿美元，同比分别下降6.9%和5.7%，降幅较上年同期扩大6.5个和4.8个百分点；浙江、山东分别出口2679亿美元和1372亿美元，同比分别下降3.1%和4.7%，增速同比均回落4.3个百分点；上海出口1835亿美元，同比下降6.4%，降幅收窄0.4个百分点。上述五省市出口额合计15066亿美元，占全国出口总额的71.8%。

分东中西部看，2016年，我国东部地区出口17822亿美元，同比下降6.4%，降幅扩大4.4个百分点。中部地区出口1639亿美元，同比下降7.8%，降幅扩大5.9个百分点。西部地区出口1520亿美元，同比下降20.7%，降幅扩大9.0个百分点。

2016年，进口额排名前五的省份依次是广东、上海、北京、江苏和山东。其中，广东、北京分别进口3566亿美元和2302亿美元，同比分别下降6%和13.1%，降幅同比收窄5.9个和11.9个百分点；上海、江苏分别进口2504亿美元和1903亿美元，同比分别下降1.2%和8.0%；山东进口971亿美元，同比增长0.4%，上年为下降26.1%。上述五省份进口额合计11245亿美元，占全国进口总额的70.8%。

分东中西部看，2016年，我国东部地区进口13734亿美元，同比下降6.2%，降幅收窄8.1个百分点。中部地区进口1089亿美元，同比下降5.8%，降幅收窄5.5个百分点。西部地区进口1051亿美元，同比增长6%，较上年上升20.8个百分点。

【经验借鉴】山东省进出口增速领跑全国

2016年，山东省进出口总额1.55万亿元，同比增长3.5%，进出口增速居全国之首。其中，出口额9052亿元，增长1.2%；占全国出口总额的6.5%，较上年提高0.2个百分点；出口增速居全国第三。进口额6414亿元，增长6.8%，进口增速居全国之首。2016年，山东全省进出口、出口、进口增速分别高出全国4.4个、3.2个和6.2个百分点。一般贸易进出口增长，占比继续提升，贸易方式结构持续优化。2016年，山东省一般贸易进出口额9762.6亿元，增长5.4%，占全省进出口总额的63.1%，较2015年上升1.2个百分点；加工贸易进出口额4514.5亿元，下降2.3%，占全省进出口总额的29.2%，较上年下降1.7个百分点；海关特殊监管区域进出口额1074.1亿元，增长8.6%，占6.9%，较上年增加0.3个百分点。2016年，山东省民营企业进出口额8594.4亿元，增长10.1%，高于全省进出口总体增速6.7个百分点，占55.6%，较上年提升3.4个百分点。民营企业外贸主力军作用凸显，进出口大幅增长且占比提升，外贸自主性进一步增强。

出口方面，农产品、纺织服装、汽车零配件和轮胎等传统优势出口商品的出口稳定增长，对外贸回稳向好发挥了基础性作用。山东省不断加快外贸转方式调结构的步伐，外贸新业态活力迸发，对进出口增长的拉动作用凸显。2016年，山东省外贸综合服务企业出口208亿元，增长1.5倍，其中，山东一达通企业服务有限公司出口130亿元，增长6.8倍。跨境电商出口0.93亿美元，同比增长90.8%；进口2.3亿元，同比增长74%。旅游购物出口18.9亿元，增长1.1倍。市场采购贸易方式出口0.4亿元，开启了全省小商品市场采购出口的新模式。进口方面，山东省主要大宗商品进口量额齐增，消费品进口增长强劲，进口商品结构进一步优化。食品、烟酒、日化用品、文体娱乐、交通运输等的进口额均呈现两位数增长，其中，汽车、化妆品进口分别增长了2.2倍和3.3倍。

表4 2016年高新技术产品分地区进出口情况

单位：亿美元，%

序号	地区	进出口			出口			进口		
		金额	增长	占比	金额	增长	占比	金额	增长	占比
1	广 东	4031.3	− 5.3	35.7	2136.3	− 8.1	35.3	1895.0	− 2.0	36.2
2	江 苏	1957.2	− 11.8	17.3	1169.8	− 10.8	19.4	787.4	− 13.3	15.0
3	上 海	1567.7	− 7.0	13.9	790.8	− 7.2	13.1	777.0	− 6.9	14.8
4	河 南	482.3	− 3.2	4.3	283.3	2.4	4.7	199.0	− 10.1	3.8
5	天 津	388.8	− 10.9	3.5	153.5	− 22.1	2.5	235.3	− 1.6	4.5
6	重 庆	381.4	− 5.3	3.4	251.3	− 10.6	4.2	130.1	6.9	2.5
7	北 京	367.8	− 8.5	3.3	113.2	− 19.3	1.9	254.6	− 2.6	4.9
8	四 川	314.4	17.2	2.8	156.4	3.5	2.6	157.7	35.2	3.0
9	山 东	293.8	− 16.7	2.6	147.8	− 16.5	2.4	146.0	− 17.0	2.8

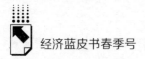

续表

序号	地区	进出口			出口			进口		
		金额	增长	占比	金额	增长	占比	金额	增长	占比
10	福 建	262.8	-6.9	2.3	125.0	-14.6	2.1	137.8	1.5	2.6
11	浙 江	248.4	1.9	2.2	168.5	0.4	2.8	79.9	5.2	1.5
12	陕 西	210.6	-1.5	1.9	112.6	13.7	1.9	98.0	-14.5	1.9
13	湖 北	150.8	11.1	1.3	94.1	17.4	1.6	56.7	2.0	1.1
14	辽 宁	96.3	4.5	0.9	48.1	5.3	0.8	48.2	3.7	0.9
15	山 西	95.7	51.4	0.9	62.9	58.9	1.0	32.8	38.9	0.6
16	安 徽	88.8	-13.1	0.8	60.0	-10.4	1.0	28.8	-18.4	0.6
17	江 西	82.8	-0.9	0.7	44.6	-13.1	0.7	38.2	18.5	0.7
18	广 西	74.0	-3.8	0.7	36.2	-2.0	0.6	37.7	-5.5	0.7
19	湖 南	41.4	-32.9	0.4	26.2	-27.2	0.4	15.2	-40.8	0.3
20	河 北	29.7	-9.5	0.3	19.0	-19.8	0.3	10.8	16.7	0.2
21	海 南	27.3	-11.4	0.2	2.0	-31.4	0.0	25.3	-9.3	0.5
22	云 南	21.3	13.8	0.2	15.1	31.8	0.3	6.2	-14.8	0.1
23	吉 林	20.7	0.9	0.2	3.0	-3.6	0.1	17.8	1.6	0.3
24	贵 州	12.7	-47.2	0.1	9.9	-27.6	0.2	2.8	-73.0	0.1
25	内蒙古	11.8	127.6	0.1	3.8	12.8	0.1	8.0	338.1	0.2
26	甘 肃	10.3	76.5	0.1	5.2	36.2	0.1	5.1	151.0	0.1
27	黑龙江	6.0	4.8	0.1	1.9	-12.9	0.03	4.1	15.9	0.1
28	新 疆	3.8	-21.2	0.03	2.9	-9.5	0.05	0.9	-44.2	0.02
29	西 藏	2.4	10.9	0.02	0.03	-23.9	0.00	2.3	11.6	0.0
30	宁 夏	1.7	-45.3	0.02	1.3	-43.1	0.02	0.4	-52.1	0.01
31	青 海	0.3	-26.0	0.0	0.3	-33.0	0.00	0.1	23.7	0.00
	深 圳	2276.7	-10.5	20.2	1215.6	-13.4	20.1	1061.1	-6.9	20.3
	厦 门	207.1	-6.2	1.8	96.7	-11.4	1.6	110.4	-1.2	2.1
	宁 波	76.5	-1.6	0.7	43.3	-5.0	0.7	33.1	3.2	0.6

续表

序号	地区	进出口			出口			进口		
		金额	增长	占比	金额	增长	占比	金额	增长	占比
	青 岛	71.1	−7.7	0.6	41.0	−7.2	0.7	30.1	−8.3	0.6
	大 连	70.1	23.2	0.6	33.3	28.3	0.6	36.8	18.9	0.7
	东 部	9243.8	−7.6	81.9	4872.0	−9.6	80.6	4371.8	−5.4	83.5
	中西部	2040.4	0.6	18.1	1173.2	0.6	19.4	867.1	0.6	16.6
	中 部	995.7	−0.6	8.8	577.9	3.4	9.6	417.8	−5.6	8.0
	西 部	1044.6	1.8	9.3	595.3	−1.9	9.9	449.3	7.2	8.6
总 计		11284.2	−6.2	100.0	6045.2	−7.7	100.0	5238.9	−4.4	100.0

表5 2016年机电产品分地区进出口情况

单位：亿美元，%

序号	地区	进出口			出口			进口		
		金额	增长	占比	金额	增长	占比	金额	增长	占比
1	广 东	6476.6	−5.0	32.7	4068.1	−7.1	33.6	2408.5	−1.3	31.2
2	江 苏	3224.3	−8.3	16.3	2080.3	−7.4	17.2	1144.0	−9.8	14.8
3	上 海	2521.0	−5.7	12.7	1289.4	−5.9	10.7	1231.6	−5.5	16.0
4	浙 江	1264.7	−2.5	6.4	1135.6	−2.5	9.4	129.1	−2.4	1.7
5	北 京	927.6	−4.7	4.7	272.9	−13.0	2.3	654.7	−0.7	8.5
6	山 东	786.0	−9.8	4.0	524.9	−8.9	4.3	261.1	−11.7	3.4
7	天 津	667.4	−10.2	3.4	304.3	−15.6	2.5	363.1	−5.2	4.7
8	福 建	544.8	−6.5	2.8	361.6	−10.0	3.0	183.2	1.2	2.4
9	河 南	542.0	−3.6	2.7	323.1	1.8	2.7	218.9	−10.5	2.8
10	重 庆	507.8	−12.1	2.6	341.5	−18.5	2.8	166.3	4.8	2.2
11	四 川	380.4	5.7	1.9	199.7	−8.5	1.7	180.6	27.7	2.3
12	辽 宁	306.9	−5.8	1.6	174.9	−9.7	1.4	132.1	−0.2	1.7
13	陕 西	240.5	−2.7	1.2	132.4	9.5	1.1	108.1	−14.4	1.4
14	湖 北	228.2	0.7	1.2	143.2	3.0	1.2	85.0	−3.0	1.1
15	安 徽	198.2	−9.1	1.0	153.7	−9.5	1.3	44.6	−7.5	0.6

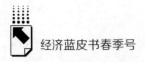

续表

序号	地区	进出口			出口			进口		
		金额	增长	占比	金额	增长	占比	金额	增长	占比
16	江　西	174.2	−5.1	0.9	123.8	−11.2	1.0	50.4	13.8	0.7
17	广　西	143.4	−12.1	0.7	92.7	−15.9	0.8	50.7	−4.3	0.7
18	吉　林	128.2	−0.3	0.7	12.8	−8.3	0.1	115.4	0.7	1.5
19	湖　南	125.4	−16.6	0.6	84.9	−14.9	0.7	40.5	−20.0	0.5
20	河　北	112.3	−2.7	0.6	82.7	−6.0	0.7	29.7	7.9	0.4
21	山　西	111.6	31.1	0.6	72.6	36.0	0.6	39.0	22.8	0.5
22	新　疆	42.6	−26.0	0.2	37.4	−25.5	0.3	5.2	−29.3	0.1
23	云　南	37.7	−30.0	0.2	28.9	−34.6	0.2	8.8	−8.8	0.1
24	海　南	32.6	−6.4	0.2	3.3	−17.5	0.0	29.3	−5.0	0.4
25	黑龙江	27.4	−28.0	0.1	16.8	−40.0	0.1	10.6	5.5	0.1
26	甘　肃	22.9	−2.6	0.1	15.9	−22.8	0.1	7.0	137.9	0.1
27	贵　州	22.7	−57.6	0.1	18.4	−52.1	0.2	4.3	−71.6	0.1
28	内蒙古	15.5	−3.3	0.1	5.3	−44.7	0.0	10.3	56.9	0.1
29	宁　夏	6.4	−40.0	0.0	4.9	−36.0	0.0	1.5	−50.2	0.0
30	青　海	3.8	−33.2	0.0	3.4	−31.6	0.0	0.4	−44.4	0.0
31	西　藏	2.2	−1.6	0.0	0.4	−50.2	0.0	1.9	21.3	0.0
	深　圳	3149.2	−8.5	15.9	1868.7	−11.2	15.4	1280.6	−4.4	16.6
	青　岛	242.8	−6.5	1.2	179.9	−7.0	1.5	62.9	−5.1	0.8
	宁　波	411.6	−7.3	2.1	360.0	−7.4	3.0	51.6	−6.5	0.7
	大　连	190.0	4.8	1.0	120.6	1.6	1.0	69.3	10.8	0.9
	厦　门	349.1	−5.8	1.8	213.2	−7.7	1.8	135.9	−2.7	1.8
	东　部	16831.6	−6.1	84.9	10294.5	−7.2	85.0	6537.0	−4.2	84.7
	中西部	2993.6	−6.4	15.1	1814.8	−9.6	15.0	1178.8	−0.8	15.3
	中　部	1567.8	−3.7	7.9	934.1	−3.2	7.7	633.7	−4.4	8.2
	西　部	1425.8	−9.2	7.2	880.7	−15.7	7.3	545.1	3.6	7.1
总计		19825.2	−6.1	100	12109.3	−7.6	100	7715.8	−3.7	100.0

三 国际经贸环境对我国外贸的影响

2017 年世界经济波诡云谲，美国新任总统特朗普及其团队对经济政策的调整近乎"颠覆"，平添了诸多不确定性。2017 年 3 月 18 日在德国召开的 G20 财长和央行行长会议上通过的会议公报是否意味着 2017 年贸易保护主义将名正言顺地登堂入室？是否意味着全球化将遭遇重创？显然，只有回答上述问题，才能贴切展望 2017 年世界经济贸易发展的基本趋势。

（一）经济全球化是调整还是倒退？是贸易保护还是贸易自由？

此前历年蓝皮书中有关我们对世界经济分析一直认为全球化进入调整时期，调整的结构深度、范围广度和时间长度达到"超级"水准[①]。然而，2017 年在德国召开的 G20 会议上通过的会议声明中剔除了"反对任何形式的贸易保护主义"。美国新任总统对贸易自由主义持批判立场，特朗普奉行民粹主义，对全球化持反对立场，正在全面冲击世界经济全球化和贸易自由化的发展。我们看到，特朗普任总统初期，英国、日本、加拿大、德国等国领导人先后到访，显示出对特朗普政策有所妥协，且日本、德国对美献出厚礼，提出支持美国经济发展的合作方案。人们不禁要问，世界经济全球化、贸易自由化是否正在发生逆转，是否将发生颠覆性改变。对此，我们可以从重要国际组织对 2017 年世界经济将如何表现的立场中找到答案。

国际货币基金组织（IMF）2017 年 3 月指出，全球经济前景总体上有所改善，这主要是得益于全球制造业和贸易的明显周期性上升和

---

① 请见金柏松、刘建颖，2013～2016 年历年经济蓝皮书外贸报告，社会科学文献出版社。

表6 IMF《世界经济展望》报告预测总览

单位：%

| 经济体 | 年度同比 | | | | 与2016年10月《世界经济展望》预测的差异 | | | 第四季度同比 | | |
| | 估计 | 预测 | | | | | | 估计 | | 预测 |
	2015年	2016年	2017年	2018年	2016年	2017年	2018年	2016年	2017年	2018年
世界产出	3.2	3.1	3.4	3.6		0.0	0.0	3.1	3.6	3.6
发达经济体	2.1	1.6	1.9	2.0	0.1	0.1	0.2	1.8	1.9	2.0
美国	2.6	1.6	2.3	2.5	0.1	0.1	0.4	1.9	2.3	2.5
欧元区	2.0	1.7	1.6	1.6	0.1	0.1	0.0	1.6	1.6	1.5
德国	1.5	1.7	1.5	1.5	0.0	0.1	0.1	1.7	1.6	1.5
法国	1.3	1.3	1.3	1.6	0.0	0.0	0.0	1.1	1.7	1.5
意大利	0.7	0.9	0.7	0.8	-0.2	-0.2	-0.3	1.0	0.7	0.8
西班牙	3.2	3.2	2.3	2.1	0.1	0.1	0.2	2.9	2.2	2.0
日本	1.2	0.9	0.8	0.5	0.2	0.2	0.0	1.5	0.8	0.5
英国	2.2	2.0	1.5	1.4	0.4	0.4	-0.3	2.1	1.0	1.8
加拿大	0.9	1.3	1.9	2.0	0.0	0.0	0.1	1.6	2.0	2.0
其他发达经济体	2.0	1.9	2.2	2.4	-0.1	-0.1	0.0	1.7	2.5	2.6
新兴市场和发展中经济体	4.1	4.1	4.5	4.8	-0.1	-0.1	0.0	4.2	5.1	5.1
独联体	-2.8	-0.1	1.5	1.8	0.1	0.1	0.1	0.3	1.3	1.5
俄罗斯	-3.7	-0.6	1.1	1.2	0.0	0.0	0.0	0.3	1.1	1.3

续表

经济体	年度同比				与2016年10月《世界经济展望》预测的差异		第四季度同比		
	估计		预测					估计	预测
	2015年	2016年	2017年	2018年	2017年	2018年	2016年	2017年	2018年
除俄罗斯外	-0.5	1.1	2.5	3.3	0.2	0.4	...	...	...
新兴和发展中亚洲	6.7	6.3	6.4	6.3	0.1	0.0	6.1	6.6	6.3
中国	6.9	6.7	6.5	6.0	0.3	0.0	6.6	6.5	6.0
印度	7.6	6.6	7.2	7.7	-0.4	0.0	6.2	7.9	7.6
东盟五国	4.8	4.8	4.9	5.2	-0.2	0.0	4.3	5.3	5.3
新兴和发展中欧洲	3.7	2.9	3.1	3.2	0.0	0.0	2.8	2.6	3.3
拉美和加勒比	0.1	-0.7	1.2	2.1	-0.4	0.0	-0.7	1.7	2.0
巴西	-3.8	-3.5	0.2	1.5	-0.3	0.0	-1.9	1.4	1.7
墨西哥	2.6	2.2	1.7	2.0	-0.6	-0.6	1.9	1.4	2.4
中东、北非、阿富汗和巴基斯坦	2.5	3.8	3.1	3.5	-0.3	-0.1	...	...	...
沙特阿拉伯	4.1	1.4	0.4	2.3	-1.6	-0.3	...	...	...
撒哈拉以南非洲	3.4	1.6	2.8	3.7	-0.1	0.1	...	...	...
尼日利亚	2.7	-1.5	0.8	2.3	0.2	0.7	...	...	...
南非	1.3	0.3	0.8	1.6	0.0	0.0	0.6	1.0	...
备忘项									
低收入发展中国家	4.6	3.7	4.7	5.4	-0.2	0.2	...	...	...

279

续表

经济体	年度同比						与2016年10月《世界经济展望》预测的差异			第四季度同比			
	估计		预测							估计		预测	
	2015年	2016年	2017年	2018年			2016年	2017年	2018年	2016年	2017年	2018年	
按市场汇率计算的世界增长	2.6	2.4	2.8	3.0			0.0	0.0	0.1	2.5	2.9	2.9	
世界贸易总量（货物和服务）	2.7	1.9	3.8	4.1			0.0	0.0	-0.1	…	…	…	
发达经济体	4.0	2.0	3.6	3.8			-0.1	-0.3	…	…	…		
新兴市场和发展中经济体	0.3	1.8	4.0	4.7			9.1	0.4	…	…	…		
商品价格（美元）													
石油	-47.2	-15.9	19.9	3.6			2.0	-1.2	15.0	7.6	2.5		
非燃料商品（按世界商品出口权重取平均值）	-17.4	-2.7	2.1	-0.9			1.2	-0.2	6.6	0.2	-1.4		
消费者价格													
发达经济体	0.3	0.7	1.7	1.9			0.0	0.0	1.0	1.8	2.0		
新兴市场和发展中经济体	4.7	4.5	4.5	4.4			0.1	0.2	3.9	4.0	3.9		
伦敦同业拆放利率（百分比）													
美元存款(6个月)	0.5	1.0	1.7	2.8			0.4	0.7	…	…	…		
欧元存款(3个月)	-0.0	-0.3	-0.3	-0.2			0.1	0.2	…	…	…		
日元存款(6个月)	0.1	0.0	0.0	0.0			0.1	0.1	…	…	…		

对美国扩张性财政政策的预期。此前，IMF 在其最新一期《世界经济展望》报告（2017 年 1 月 16 日）中指出，2017 ~ 2018 年发达经济体以及新兴和发展中经济体的经济增长都将加快，预计 2017 年全球经济增长 3.4%，2018 年全球经济增长 3.6%；预计全球贸易（包括商品和服务）2017 年增长 3.8%，2018 年增长 4.1%，均快于同期全球经济增速。对照 2016 年全球经济增速（3.1%）和全球贸易增速（1.9%），显然，2017 年和 2018 年全球贸易增速快于全球经济，已经恢复常态。如果以世界贸易占世界经济比重作为衡量全球化主要指标的话，2017 年世界贸易快于经济增长的表现说明全球化步伐并未停滞。

世界贸易组织（WTO）预计 2017 年全球货物贸易增长 1.8% ~ 3.1%①。这是 WTO 首次提出区间预测，表明 2017 年全球贸易将有一定程度的回暖，同时，不确定因素也在加大。世界贸易组织 2 月 14 日发布的最新世界贸易景气指数（World Trade Outlook Indicator, WTOI）显示，全球贸易在 2016 年第四季度增长的基础上，将在 2017 年第一季度继续温和增长。近几个月以来，国际航空货运量（105.8）、汽车销售和生产数据（103.1）、出口订单数据（102.2）和集装箱吞吐量数据（101.0）等贸易相关指标都在稳步增长，表明 2017 年前几个月的货物贸易量将呈现更快增长。我们预计，不仅 2017 年前期，而且 2017 年全年，贸易景气指数都将处于扩张状态，增速高于趋势水平。

经济合作与发展组织（OECD）近期发布报告指出，各国政府对

---

① 世界贸易景气指数主要关注出口订单数据、国际航空货运量、集装箱吞吐量数据、汽车销售和生产数据、电子元器件贸易数据、农业原料贸易流数据共 6 个指标的月度数据。该指数以 100 为基准，大于 100 意味着贸易增长高于趋势水平，小于 100 则意味着贸易增长低于趋势水平。世界贸易景气指数旨在提前 3 ~ 4 个月提供商品贸易统计数据轨迹的"实时"信息。它将几个贸易相关指数合并成单一的综合指标，以衡量短期绩效与中期趋势。

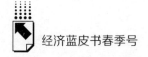

提高生产力的政策调整出现了放缓迹象，这为全球经济摆脱"低增长陷阱"带来了风险，2017年全球经济增长存在隐忧。

综上，当前全球经济复苏有所加强，全球贸易增速在恢复常态，有望高于全球经济增速。但总体处于超长周期调整过程，调整缓慢且不平衡，贸易、投资和生产率等增长缺乏动力，地缘冲突、政治社会动荡在干扰经济运行，英国"脱欧"带来的不确定性上升。

（二）主要经济体相关经济指标

从全球制造业采购经理指数（PMI）分析，2016年第四季度以来，美国、欧盟和日本的制造业PMI均位于荣枯线上方，12月达到阶段性新高。新兴市场经济体中，俄罗斯、印度等的采购经理人指数也保持在荣枯线上方。这预示着2017年世界经济、贸易复苏势头较好。

1. 美国经济复苏态势较好

美国2017年2月工业产出率与前月持平，前值为下降0.3%。2月就业市场状况指数远逊于预期。3月消费者信心指数上升；消费者现况指数创逾16年来新高。3月15日，美联储加息25 BP，符合市场预期。加息决定公布后，美股、黄金上扬，美元下跌，非美货币则普遍上行。2017年加息最大的不确定性来自特朗普总统的政策，但考虑到各种因素，其政策效果2017年或难以体现。综合来看，本次美联储会议对经济的信心明显上升，但货币政策仍然呈中性态度。预计2017年美元以震荡为主，对人民币汇率不必悲观。考虑到此前欧洲央行的偏鹰派态度，全球货币政策的同步收紧迹象显现，需关注美欧货币政策外溢效应导致国内利率的跟随上行。

2016年美国对外贸易大幅下滑，全年贸易逆差5023亿美元，创2012年以来年度逆差新高。商品与服务贸易逆差在2016年美国GDP中的比重为2.7%，低于2015年的占比（2.8%）。2016年，美国对中国的贸易逆差相较2015年减少201亿美元至3470亿美元。

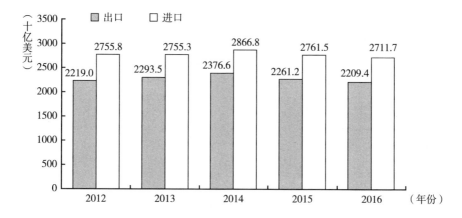

图 13　2012～2016 年美国商品和服务贸易进出口总额

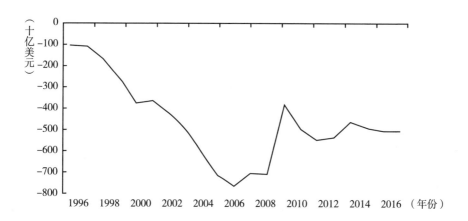

图 14　1996～2016 年美国商品和服务贸易差额

2017 年前两个月，中国对美国出口 3837.8 亿元，增长 11.5%；自美国进口 1635.3 亿元，增长 41%；对美贸易顺差 2202.5 亿元，收窄 3.5%。

2. 欧洲经济复苏略有改善

欧元区的季度经济增速从 2016 年第二季度以来略有回升，2016 年第四季度达到 2% 左右。2017 年 1 月欧元区未经季调贸易逆差为 6

亿欧元，为三年来首现逆差。其主要原因是 1 月能源进口需求大增，且食品和饮料出口下降。德国智库 ZEW 3 月 14 日发布的报告显示，3 月德国经济景气指数从 2 月的 10.4 升至 12.8。投资者信心改善程度不及预期，因欧洲几个主要国家大选结果的不确定性，及其对德国经济增长前景的影响都很大。英国"脱欧"对全球经济可能带来的负面影响尚需观察。

2017 年前两个月，中国对欧盟出口 3565.9 亿元，增长 8.7%；自欧盟进口 2264.3 亿元，增长 26.4%；对欧盟贸易顺差 1301.6 亿元，收窄 12.6%。

3. 日本经济在中国因素带动下保持温和复苏但缺少政策空间

2017 年 1 月日本央行货币政策会议纪要指出，日本经济延续温和复苏的趋势，经济和物价面临下行风险；因消费者支出温和增加，企业或将涨价，多数委员同意物价动能尚未坚稳。2016 年，日本对外贸易大幅下滑。受钢铁、汽车等出口低迷影响，2016 年日本出口额 700392 亿日元，同比下降 7.4%，是时隔四年再现出口额下降；因原油和液化天然气价格走低以及日元对美元平均汇率升高等，2016 年日本进口额 659651 亿日元，同比下降 15.9%。2016 年日本实现贸易顺差 40741 亿日元，是自 2011 年以来首现年度贸易顺差。

2017 年前两个月，中国对日本出口 1392.6 亿元，增长 9.1%；自日本进口 1550.3 亿元，增长 32%；对日贸易逆差 157.7 亿元，对日本经济复苏起到显著拉动效应。

4. 部分新兴市场经济状况有所改善

在全球经济增长缓慢的背景下，新兴经济体仍面临外需疲弱与跨境资本波动等潜在风险。

2017 年前两个月，中国对东盟出口 2552.3 亿元，增长 14.7%；自东盟进口 2195.9 亿元，增长 37.4%；对东盟贸易顺差 356.4 亿元，收窄 43.2%。

（三）小结

展望未来，去全球化和国际贸易投资保护主义抬头，正在上升为全球经济复苏的重大风险之一。欧洲银行业风险仍有不确定性。意大利银行业不良贷款问题仍待解决，恢复长期经营能力和投资者信心长路漫漫。地缘政治冲突多点爆发，风险因素加速累积。大国博弈使中东地区地缘政治更趋复杂，土耳其军事政变进一步加剧中东地区的紧张局势。此外，恐怖主义威胁、欧洲难民危机、俄乌冲突、朝鲜半岛局势紧张等风险点也可能为世界经济复苏蒙上阴影。2017年全球政局亦面临不确定因素，可能给现有政策走向带来变数，或加剧全球范围内贸易保护主义抬头的态势。

四　中国经济与贸易形势展望

（一）中国经济形势展望

2016年中国国内生产总值为74.4万亿元，同比增长6.7%。居民消费和服务业成为经济增长的主要动力，服务业增加值占GDP比重达到51.6%，居民收入和就业稳定增长。中国经济运行缓中趋稳，稳中向好，发展质量和效益持续提高，传统动能改造、新动能培育和经济结构升级步伐加快。2017年是中国社会政治周期关键年，政府强调一个"稳"字，力争稳中求进。政府工作报告对全年经济工作进行了部署，将继续深入推进供给侧结构性改革，简政放权，创新驱动。中国经济新的动能正在积聚，传统制造业的改造升级也在加快，去产能、去库存取得一定进展，企业杠杆率有所趋稳，新经济、新产业、新的商业模式快速发展，新登记企业快速增长，高端制造业和服务业发展加快。同时，国家采取了一系列宏观调控措施，适度扩大总

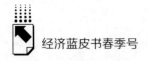

需求，货币信贷和社会融资总量较快增长，均显示开局良好势头。

1. 人民币汇率走势

未来，国际市场将继续受到美国新任总统政策、美联储加息以及国际政治经济领域中可能出现"黑天鹅"事件的影响。尽管不确定性犹存，但中国国内经济运行中的积极变化和亮点频增，基本面因素将继续支撑人民币作为稳定的强势货币，人民币汇率将继续在合理均衡水平上保持基本稳定，并按照国际汇市和市场供求变化，进一步增强弹性、双向浮动。

2. 中国经济隐忧若现

国际货币基金组织经济学家 Joong Shik Kang 和 Wojciech S. Maliszewski 共同撰文指出，中国的企业债务水平已经非常高且在继续增加，中国迫切需要解决企业债务问题，否则这将成为全球第二大经济体增长的掣肘。他们建议，中国高层应立即做出决策，停止对困难企业的贷款发放，加强公司治理，降低社会成本，并接受短期内经济增长可能放缓。为此，中国政府可采取如下举措。①分类。对财务困难企业进行识别，甄别出需要重组的企业、没有生存希望并应退出的"僵尸企业"等。设立一个新的机构来履行此职责。②确认损失。要求银行确认并管理受损资产，并迫使所谓的"影子银行"（信托、证券和资产管理公司）确认损失。③分担负担。必要情况下，可在银行、企业、投资者和政府之间分担损失。④预算硬约束。改善国有企业等的公司治理结构和取消隐性担保，防止出现信贷和损失错配。

3. 中国应继续全面推动改革

经济合作与发展组织在其最新《中国经济调查报告》中指出，随着中国经济步入逐步放缓但可持续的成熟经济增长轨道，政府政策应具有效率、稳定性和包容性。报告指出，在可预见的未来，中国仍将是全球经济增长的主要推动力。到2020年，中国人均GDP将几乎是 2010 年的两倍。为此，应开展更多的工作以促进从投资到消费的再平衡，并应对企业高负债、过剩工业产能和过高房价等风险。经合组织秘书长古里亚强调，在经历了几十年的惊人扩张之后，中国经济应更少地依赖实物投资，更多地以创新作为推动力以实现去杠杆化，使经济更加绿色。中国应进一步开展结构性改革，扩大对研发的支持范围，使目前过于集中在高科技产业的研发扩展至其他部门，以促进整个中国经济的创新和可持续发展。

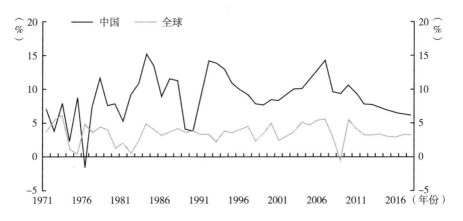

**图 15　中国和全球 GDP 增速——中国仍是
全球经济增长的主要引擎**

资料来源：OECD 经济展望数据库。

（二）中国外贸形势展望

如前所述，全球经济已现温和复苏态势，若能继续保持此前复苏态势，有望看到全球经济加快复苏，各国经济有所回升。但很遗憾，若欧美新政中出现新的"黑天鹅"事件且前后产生叠加效应，将给世界政治经济格局带来剧烈冲击。2017 年国际环境依然严峻复杂，全球经济低增长、低通胀的格局或将持续，这从外部决定了中国对外贸易发展正在步入"调整、转型、升级"的阶段。国内方面，中国经济是暂时企稳还是中长期企稳尚不明确，不确定因素很多，支撑中国外贸持续向好的基础尚不稳固，中国对外贸易面临的压力依然较大。

值得欣喜的是，中国经济、对外贸易表现出较强韧性，结构调整稳步推进，将成为全球经济和全球贸易发展的"压舱石"和"稳定器"，"中国因素"不容小觑。中国进口是全球经济温和回升的强劲动力。2017年前两个月，按美元计价，中国进口同比增长26.4%；自美国的进口同比增长32.8%，自欧盟的进口同比增长19.4%。按人民币计价，中国进口同比增长34.2%；自美国的进口同比增长41.0%，自欧盟的进口同比增长26.4%。这表明中国对主要经济体的经济增长和市场需求的回升做出了积极贡献。

随着中国新一轮高水平对外开放的推进，中国经济与世界经济已深度融合，你中有我，我中有你。中国将坚定不移地推进贸易投资自由化便利化，维护多边贸易主渠道地位，主张建设开放透明的区域自由贸易安排。中国将进一步放宽服务业、制造业、采矿业等领域的准入限制，支持外商投资企业来华投资。双向投资（"引进来"与"走出去"）对中国外贸的带动作用将进一步凸显。

供给侧结构性改革助力中国外贸发展。"去产能"需与外贸结构调整、国际产能合作等相配合，"降成本"需通过提升通关效率、减少进出口环节税费来实现，"补短板"则需通过扩大先进技术设备、关键零部件及国内紧缺能源原材料进口加以支持。

"一带一路"国家战略助力中国外贸发展。自2013年中国国家主席习近平提出"一带一路"倡议，迄今已有100多个国家和国际组织积极响应，40多个国家和国际组织与中国签署合作协议。即将于2017年5月在北京召开的"一带一路"国际合作高峰论坛，致力于为当前全球和区域经济面临的问题寻求解决方案，共奏合作共赢新乐章。未来5年，中国将进口8万亿美元的商品，吸收6000亿美元的外来投资，对外投资总额将达到7500亿美元，出境旅游人次将达到7亿。

从先行指标看，2017年2月，中国外贸出口先导指数为40.2，较上月上升1.2。其中，根据网络问卷调查数据，当月，中国出口经理人指数回升0.1～41.6；新增出口订单指数、经理人信心指数分别回升0.2～44.1、0.6～47.8，企业综合成本指数回落1.2～21.6。综上，出口方面，中国的自贸区战略、"一带一路"战略和RECP谈判等将为中国的出口进一步创造增长空间。预计2017年中国出口将企稳回升，以人民币计价的出口总额同比增长7%～9%。预计2017年中国的初级产品和中间产品进口量增长将前高后低，全年以人民币计价的中国进口总额增长10%～13%。

五 政策建议

（一）力促外贸优化升级

其一，进一步提升外贸企业自主创新能力和产品国际竞争力，深耕国际市场中高端需求。其二，发挥进口政策与产业政策的协调联动效应，促进我国国内要素资源结构和制造业的转型升级。通过扩大关键技术和设备等的进口，优化国内要素资源结构，提高出口产品附加值，实现以进口促出口。其三，创新外贸发展模式。扩大跨境电商、市场采购和外贸综合服务企业试点等新型贸易方式，拓展服务贸易新业态。

（二）力促加工贸易转型升级

分类提高加工贸易增值率。对技术知识密集型产业及装备制造等资本密集型产业等列入加工贸易允许类目录。对技术含量和附加值低

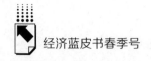

但对经济增长仍有一定拉动作用的产业列入加工贸易限制类目录。对
"两高一资"行业列入禁止类目录。对不同类别产业实行差别化监管
政策。优化加工贸易区域布局,提升加工贸易价值链。

（三）主动开展对美合作,以合作化纠纷

美国新任总统特朗普及其团队的经济政策、主张的基本轮廓告诉
外界,美国对贸易逆差十分在意。在德国举办的 G20 财长会议声明
中罕见地删去"反对贸易保住主义"关键词,体现了美国财长的意
志。美国总统特朗普已利用各种机会充分表达了其认为美国与中国、
德国、日本和墨西哥之间的贸易是不公平的立场！显然从美国方面看
来,扭转贸易逆差势在必行！

通过分析中美贸易失衡结构可知,中国在货物贸易领域有优势,
对美国有顺差;美国在服务贸易领域优势突出,对中国有顺差。美国
还在高科技、军民两用领域的货物与服务贸易中占据优势,但多数产
品被列入禁止对中国出口清单。美国企业还十分担心对中国出口高科
技产品和服务将使其知识产权不能得到有效保护。

因此,我们建议中美贸易纠纷解决方案如下。

一是中国与美国尽快签署投资协定,扩大中美相互投资。

二是希望中美实现政治和解,抛弃冷战思维,美国放宽禁止出口
清单,中国在此领域需求巨大。

三是加强中国电商与美国中小企业合作,特别是美国中西部地
区中小企业存在出口不便问题,正适合与中国电商合作发挥潜在
优势。

四是中国应积极扩大从美国服务贸易进口。目前,我国在旅游、
留学、游学、专业服务、金融等领域从美国进口服务较多,但仍有巨
大潜力。美国在教育、医疗、文化影视、金融、高科技等领域拥有国
际一流竞争力。中国通过进一步扩大开放,吸引美国企业投资合作,

带动美国对中国服务贸易出口。

中美两国开展全面经济合作，充分发挥各自优势，不仅有利于中美货物和服务贸易在发展中逐步实现综合平衡，还有利于提高两国经济增长水平。经测算，全面合作可分别提高两国经济增长 0.5 个百分点，而且双方持续开展合作将取得持续效果。

Abstract

In the international context of the deepening adjustment of the world economy, the trend of "anti - globalization" and the tendency of trade protectionism and the increase of various uncertain factors, China's economy maintains a steady and rapid growth in 2017, the economic structure is optimized, and employment remains stable. China's economic growth is expected to be around 6. 6% in 2017, achieving an expected economic growth target of 6. 5% which has been set at the beginning of the year, and continues to be maintained in a reasonable operating range.

In 2017, the consumer price is expected to rise by 2. 1% ; industrial producer prices rises by 6. 4%. The proportion of added value of the tertiary industry continues to increase, the fixed asset investment growth rate falls slightly, the consumption growth remains stable, the import and export growth declines, the trade surplus is stable, the CPI and PPI deviation narrows, and there is a steady increase in the resident income.

In 2017, we should increase the implementation of active fiscal policy, expand the scale of the fiscal deficit moderately, set "steady growth" as a goal and step up efforts insupply side structural reform while expanding domestic demand; reduce the corporate tax burden effectively, reduce the value - added tax rate properly and promote personal income tax reform; give full play to the role of active fiscal policy in promoting enterprise innovation; It is also suggested that the reform of fiscal and taxation system should be promoted, the mismatch of supply and demand structure and distortion of factor allocation should be corrected, and the efficiency of resource allocation should be improved. In the meanwhile, in order to prevent liquidity risk, it is important to regulate and guide the total amount of money growth by using various monetary policy tools and innovation.

Contents

Abstract: Supported by a series of preferential policies, China's agricultural economy and rural development remain a stable progression in 2016. The proportion of the primary industry in the national economy has further declined. , Although the output of grain has another harvest, the total grain production has declined slightly over the previous year, ending its continuous growth for 12 years. Rice and wheat imports increased, corn imports declined. The income of rural residents keeps growing, and the urban −rural income ratio declines to 2. 72. Domestic producer prices of wheat, rice and maize all fall obviously, which affected by the reduction of international grain prices, while pork price has a significant increase. In general, China's agricultural economic growth still has a strong endogenous momentum. However, the inherent problems in agricultural economy are increasingly prominent. Potential contradiction between grain supply and demand still exists. The excessive use of fertilizer results in serious non – point source pollution and food safety issues. China's agriculture economy still suffers from low competitiveness in global market. And it becomes more difficult to further increase farmers' income. Accordingly, we should adjust the national food security policy, attach more importance toimprove the international competitiveness of agriculture, establish a long –term mechanism to promote farmers'income, and provide policy support for the green transformation of agriculture and rural areas.

Keywords: Agricultural Economy; Rural Development; Food Security; Farmer's Income

B. 3　China's Industrial Economy: Characteristics of

2016 and Challenges of 2017　　*Huang Qunhui* / 054

Abstract: The overall characteristics of China's industrial economic operation show that the industrial growth rate has slowed steadily in 2016, industrial prices, industrial exports and industrial enterprises profits are showing positive changes and the supply side structural reform shows an initial result; Industrial structure continues to show an advanced trend, particularly, the features of new economic normality of optimized structure and the new and old kinetic energy conversion are more significant. The industrial leaders in the central region and the industrial areas in the western region are declining rapidly, and the internalization of the industrial areas in the northeastern region is significant.

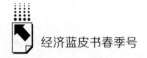

経済藍皮書春季号

Keywords: Industrial Economy; Economical Operation; Structural Adjustment

B. 4 The Effect of "External Revenue" on the Synchronization between Residents' Income and Economic Growth

—*Comparative analysis of two kinds of statistical caliber*

Zhang Chewei, Zhao Wen / 067

Abstract: The 'External revenue' is one of the most important factors which affect the income and the synchronization of economic growth. This article compares the National Bureau of statistics of household survey data with the "cash flow" data. Based on this fact, itestimates the scale and structure of the recent 'external revenue' and also analyses the factors which impact the synchronization between residents' income and economic growth. Based on the recent research, the income of urban and rural residents on the basis of household survey data is known as 'external revenue'. According to the "funds flow statement", the missing rate of the disposable income per capital fluctuates between 18 to 27 percent. Since 2012, the omission rate has started to decrease gradually and in 2014 the rate has been 20. 6 percent. The economic situation leads to a low rate of wage and transfer income and a high rate of operating and property income, and also brings a negative impact on omission rate due to the reform of statistical system. The existence of the large number of 'external revenue' means that the actual residential income level is higher than the expected level and the synchronization between income and economic growth will be positive. On the other hand, this also means that it will be more difficult to double the residential income per capita in 2020 compared with that in

2010. Overall, the growth of income and economic growth will be maintained.

Keywords: Disposable Income; Omission Rate; Cash Flow Statement; Household Survey; Synchronization

B. 5   The judgement of China's fiscal operation situation
        and the prospect of China's fiscal policy at present
                                                    He Dexu, Yu Shuyi / 095

Abstract: Implementing fiscal policy to achieve the intended policy objectives includes the financial revenue and expenditure scale, structure, growth rate and the relationship between income and expenditure. At present, more proactive fiscal policy implementation can achieve the dual goals of the stable development of economy and the modernization of national governance, which requires a greater degree of fiscal incremental reduction, and then it will put forward the challenge to the financial operation under the new economic normal. It is an urgent major task faced by the fiscal policy designers in 2017 or even longer period, which needs to design a more scientific and rational policy to enhance the fiscal capacity space.

Keywords: Fiscal operation; Fiscal policy; Budget

B. 6   China's Financial Business Cycle and Forecast
                            Chen Shoudong, Sun Yanlin and Liu Yang / 127

Abstract: In this paper, the initial index system design ideas of the

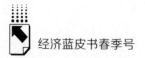
经济蓝皮书春季号

Goodhart and Hofmann (2001) is continued to be used here, in which the selection of index variables is from three aspects: monetary policy, external shocks and internal shocks. Based on the idea of dimensionality reduction, the PCA method is used to extract the Chinese financial condition index (FCI), and the HP filter, K−L information and other research methods are used to investigate the lead−lag relationship between FCI and macroeconomic variables. The results show that, during the sample period, China is in a slow recovery period of the third round of the financial business cycle, and a new round of rapid recovery of the financial cycle; Variables relating to price−based monetary policy instruments, real estate markets and commodity prices have a significant importance to FCI; In 2017, there is a high probability event for China to achieve steady economic growth, and systemic financial risk is a small probability event, but need to prevent the occurrence of local and regional financial risks.

Keywords: FCI; Financial Business; Cycle

B. 7　Energy Situation Analysis and Policy Recommendation

in 2017　　　　　　　　*Li Ping, Liu Qiang and Wang Qia* / 146

Abstract: This report reviews the situation changes of both domestic and global energy marketsfor the year 2016, focusing on some key issues such as world crude oil price, consumption structure, as well as domestic structure changes in domesticsupply and demand side. In 2017, China canpromote the energyrevolution bytaking advantage of low oil and gas prices, improve the structure of supply and accelerate the transition to cleaner energy mix and market−oriented reforms, and can diversify oil and natural gas import in order to improve the situation of energy security.

Keywords: Energy Revolution; Oil Price; Energy Market Reform; Energy Transition; New and Renewable Energy; Distributed Energy

B. 8 An analysis of the impact of climate change policies and
Objectives on Employment   *Pan Jiahua, Zhang Ying* / 175

Abstract: It is designed to reduce the greenhouse gas emissions, the policy on the induction and adjustment of energy structure will create a profound impact on the economy and society. Energy saving and emission reduction targets are closely related. In order to correctly select the policy objectives and evaluate the impact of policies, it is essential to respond actively to climate change and improve the situation of global warming, which has become a global consensus; low carbon development is an inevitable choice of economic development in the future; to examine the potential impact of climate policy and action on employment. Climate policy is able to offer more job opportunities in the field of new energy, energy conservation, forestry services and other emerging industries. On the other hand, this will also create a negative impact on the field of coal mining and other high coal consumption which leads to employment reduction. In order to achieve the double bonus on emission reduction and job creation in the field of climate policy, it is essential to assess the impact of every department present policy suggestions based on research, and encourage the rapid development of industries with potential creation. At the same time, it is better to solve the potential problem to reduce the pressure of employment.

Keywords: Climate Change; Energy Structure; Economic Structure; Low Carbon Economy

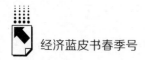

B. 9   Analysis and forecast of China's macroeconomic

fluctuation and trend in 2017   *Wang Jinming, GaoTiemei* / 202

Abstract: As the starting year of the "13th Five – Year", China's economy has achieved remarkable results. The quality and efficiency of economic growth has been improved, the new momentum has also accelerated its growth. This article uses the econometric methods such as synthetic index and pre –warning signal system to monitor and forecast the economic cycle in China. The followings are the brief conclusions: the current round of economic growth cycle has reached its bottom line by the end of October in 2015, its decline duration is up to 25 months. In the year 2016, the tendency shows a slight increase in economic growth in China. Based on the previous index, China's economic growth is expected to increase in the first half of year 2017; it will reach its peak in around June, and then follow with a slightly steady decline. By considering China's current economy situation, transition period from high speed to medium speed, the pressure of economic growth decreasing is still heavy. The forecast for the year 2017 real GDP growth rate will reach 6.5% or higher, the price growth cycle will lag behind economic growth cycle in PPI driven by the increase in amplitude, and the CPI will slow up, however, prices still could be controlled within 3%.

Keywords: Economic Growth Cycle; Boom Index; Early Warning Signal System; Economic Forecast

Abstract: Based on the situation of China's housing system, this report analyzes the development environment of China's real estate industry by collecting and sorting out a lot of real estate economy and tax data, and using a combined quantitative and qualitative research method. This report reviews the real estate development process, and the real estate tax situation, combined with the development of the real estate economy and taxation, to find out the main problems in the development of China 's real estate industry, and put forward the suggestions for the future development of the real estate industry.

Keywords: Real Estate; Economy; Tax; Statistical Analysis

Abstract: In the context of the continued global economic adjustment, weak recovery and rising challenges, the growth rate of China's foreign trade has declined in 2016, but the decreasing amplitude in RMB – denominated and dollar – denominated has decreased by 6. 1 and 1. 2 per cent, respectively. Import and export volume index shows a steady rising trend. In 2017, the complexity of international environment is further highlighted. Geopolitical risks, changes in the international political landscape and economic rules are facing unprecedented challenges, which will lead to a lot of uncertainty and multiple effects. China's foreign trade is still facing a greater pressure, but China's economy and foreign trade

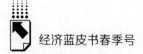

demonstrate greater toughness, and structural adjustment is in process. This will be the "ballast stone" and "stabilizer" of the global economy and global trade. It is suggested that China and the United States should carry out economic cooperation to resolve mutual difference, which will help the global economy and global trade pass through the uncertainty of fog, and provide more development opportunities to the world.

Keywords: Import and Export; Foreign Trade Structure; Diversification

❖ 皮书起源 ❖

"皮书"起源于十七、十八世纪的英国,主要指官方或社会组织正式发表的重要文件或报告,多以"白皮书"命名。在中国,"皮书"这一概念被社会广泛接受,并被成功运作、发展成为一种全新的出版形态,则源于中国社会科学院社会科学文献出版社。

❖ 皮书定义 ❖

皮书是对中国与世界发展状况和热点问题进行年度监测,以专业的角度、专家的视野和实证研究方法,针对某一领域或区域现状与发展态势展开分析和预测,具备原创性、实证性、专业性、连续性、前沿性、时效性等特点的公开出版物,由一系列权威研究报告组成。

❖ 皮书作者 ❖

皮书系列的作者以中国社会科学院、著名高校、地方社会科学院的研究人员为主,多为国内一流研究机构的权威专家学者,他们的看法和观点代表了学界对中国与世界的现实和未来最高水平的解读与分析。

❖ 皮书荣誉 ❖

皮书系列已成为社会科学文献出版社的著名图书品牌和中国社会科学院的知名学术品牌。2016年,皮书系列正式列入"十三五"国家重点出版规划项目;2012~2016年,重点皮书列入中国社会科学院承担的国家哲学社会科学创新工程项目;2017年,55种院外皮书使用"中国社会科学院创新工程学术出版项目"标识。

中国皮书网

发布皮书研创资讯，传播皮书精彩内容
引领皮书出版潮流，打造皮书服务平台

栏目设置

关于皮书：何谓皮书、皮书分类、皮书大事记、皮书荣誉、

皮书出版第一人、皮书编辑部

最新资讯：通知公告、新闻动态、媒体聚焦、网站专题、视频直播、下载专区

皮书研创：皮书规范、皮书选题、皮书出版、皮书研究、研创团队

皮书评奖评价：指标体系、皮书评价、皮书评奖

互动专区：皮书说、皮书智库、皮书微博、数据库微博

所获荣誉

2008 年、2011 年，中国皮书网均在全
国新闻出版业网站荣誉评选中获得"最具商
业价值网站"称号；

2012 年，获得"出版业网站百强"称号。

网库合一

2014 年，中国皮书网与皮书数据库端
口合一，实现资源共享。更多详情请登录
www.pishu.cn。

权威报告·热点资讯·特色资源

皮书数据库
ANNUAL REPORT(YEARBOOK)
DATABASE

当代中国与世界发展高端智库平台

所获荣誉

- 2016年，入选"国家'十三五'电子出版物出版规划骨干工程"
- 2015年，荣获"搜索中国正能量 点赞2015""创新中国科技创新奖"
- 2013年，荣获"中国出版政府奖·网络出版物奖"提名奖
- 连续多年荣获中国数字出版博览会"数字出版·优秀品牌"奖

成为会员

　　通过网址www.pishu.com.cn或使用手机扫描二维码进入皮书数据库网站，进行手机号码验证或邮箱验证即可成为皮书数据库会员（建议通过手机号码快速验证注册）。

会员福利

　　● 使用手机号码首次注册会员可直接获得100元体验金，不需充值即可购买和查看数据库内容（仅限使用手机号码快速注册）。

　　● 已注册用户购书后可免费获赠100元皮书数据库充值卡。刮开充值卡涂层获取充值密码，登录并进入"会员中心"—"在线充值"—"充值卡充值"，充值成功后即可购买和查看数据库内容。

数据库服务热线：400-008-6695
数据库服务QQ：2475522410
数据库服务邮箱：database@ssap.cn
图书销售热线：010-59367070/7028
图书服务QQ：1265056568
图书服务邮箱：duzhe@ssap.cn

社会科学文献出版社 皮书系列
SOCIAL SCIENCES ACADEMIC PRESS (CHINA)
卡号：452475838432
密码：

S 子库介绍
ub-Database Introduction

中国经济发展数据库

涵盖宏观经济、农业经济、工业经济、产业经济、财政金融、交通旅游、商业贸易、劳动经济、企业经济、房地产经济、城市经济、区域经济等领域，为用户实时了解经济运行态势、把握经济发展规律、洞察经济形势、做出经济决策提供参考和依据。

中国社会发展数据库

全面整合国内外有关中国社会发展的统计数据、深度分析报告、专家解读和热点资讯构建而成的专业学术数据库。涉及宗教、社会、人口、政治、外交、法律、文化、教育、体育、文学艺术、医药卫生、资源环境等多个领域。

中国行业发展数据库

以中国国民经济行业分类为依据，跟踪分析国民经济各行业市场运行状况和政策导向，提供行业发展最前沿的资讯，为用户投资、从业及各种经济决策提供理论基础和实践指导。内容涵盖农业，能源与矿产业、交通运输业，制造业，金融业，房地产业，租赁和商务服务业，科学研究，环境和公共设施管理，居民服务业，教育，卫生和社会保障，文化、体育和娱乐业等100余个行业。

中国区域发展数据库

对特定区域内的经济、社会、文化、法治、资源环境等领域的现状与发展情况进行分析和预测。涵盖中部、西部、东北、西北等地区，长三角、珠三角、黄三角、京津冀、环渤海、合肥经济圈、长株潭城市群、关中—天水经济区、海峡经济区等区域经济体和城市圈，北京、上海、浙江、河南、陕西等34个省份及中国台湾地区。

中国文化传媒数据库

包括文化事业、文化产业、宗教、群众文化、图书馆事业、博物馆事业、档案事业、语言文字、文学、历史地理、新闻传播、广播电视、出版事业、艺术、电影、娱乐等多个子库。

世界经济与国际关系数据库

以皮书系列中涉及世界经济与国际关系的研究成果为基础，全面整合国内外有关世界经济与国际关系的统计数据、深度分析报告、专家解读和热点资讯构建而成的专业学术数据库。包括世界经济、国际政治、世界文化与科技、全球性问题、国际组织与国际法、区域研究等多个子库。

法 律 声 明

"皮书系列"（含蓝皮书、绿皮书、黄皮书）之品牌由社会科学文献出版社最早使用并持续至今，现已被中国图书市场所熟知。"皮书系列"的LOGO（），与"经济蓝皮书""社会蓝皮书"均已在中华人民共和国国家工商行政管理总局商标局登记注册。"皮书系列"图书的注册商标专用权及封面设计、版式设计的著作权均为社会科学文献出版社所有。未经社会科学文献出版社书面授权许可，任何使用与"皮书系列"图书注册商标、封面设计、版式设计相同或者近似的文字、图形或其组合的行为均系侵权行为。

经作者授权，本书的专有出版权及信息网络传播权为社会科学文献出版社享有。未经社会科学文献出版社书面授权许可，任何就本书内容的复制、发行或以数字形式进行网络传播的行为均系侵权行为。

社会科学文献出版社将通过法律途径追究上述侵权行为的法律责任，维护自身合法权益。

欢迎社会各界人士对侵犯社会科学文献出版社上述权利的侵权行为进行举报。电话：010－59367121，电子邮箱：fawubu@ ssap. cn。

社会科学文献出版社